Mai-Anh Boger

Politiken der Inklusion

Die Theorie der trilemmatischen Inklusion zum Mitdiskutieren

edition assemblage

Mai-Anh Boger

Politiken der Inklusion

Die Theorie der trilemmatischen Inklusion zum Mitdiskutieren

1. Auflage, 2019
ISBN 978-3-96042-054-5

edition assemblage
Postfach 27 46
D-48041 Münster

info@edition-assemblage.de | www.edition-assemblage.de

Mitglied der Kooperation book:fair

Verlegerische Betreuung: Willi Bischof und Hannah C. Rosenblatt

Umschlag: Hannah C. Rosenblatt

Druck: CPI Clausen & Bosse, Leck | Printed in Germany 2019

edition assemblage

Band 1:
Die Methode der sozialwissenschaftlichen Kartographierung – Eine Einladung zum Mitfühlen – Mitdiskutieren – Mitdenken

Band 2:
Subjekte der Inklusion
– Die Theorie der trilemmatischen Inklusion zum Mitfühlen

Band 3:
Politiken der Inklusion
– Die Theorie der trilemmatischen Inklusion zum Mitdiskutieren

Band 4:
Theorien der Inklusion
– Die Theorie der trilemmatischen Inklusion zum Mitdenken

Die Theorie der trilemmatischen Inklusion auf einen Blick

Methodisch bedingte Basisthesen:

Es ist möglich, die Grundformen des Begehrens diskriminierter Subjekte zu kartographieren.
Diese sind – wie alles menschliche Begehren – dissonant.
Das Begehren ist daher entweder selbstwidersprüchlich oder unerfüllbar.
(Ersteres ist die These der Schizoanalyse nach Deleuze und Guattari; Letzteres die These der Lacan'schen Psychoanalyse; Disjunktiver Syllogismus).

Basisthesen – Die drei Lemmata

Es gibt drei Knotenpunkte, an denen sich das Begehren, nicht diskriminiert zu werden, regelhaft verdichtet. Diese sind die Einsatzpunkte inklusiver/anti-diskriminierender Bewegungen. Sie lauten:

Inklusion/Anti-Diskriminierung ist Empowerment.
Inklusion/Anti-Diskriminierung ist Normalisierung.
Inklusion/Anti-Diskriminierung ist Dekonstruktion.

Abstrahierte Kernthesen (fallunabhängig):

Die Dissonanz des Begehrens, nicht diskriminiert zu werden, folgt der Form eines Trilemmas. Für ein Trilemma gilt, dass die Annahme zweier Lemmata zum Ausschluss des Dritten führt. Die drei Hauptsätze des Trilemmas zum Ausschluss des jeweiligen Dritten lauten:

Wer sich als anders* versteht und somit als Andere_r* ein Begehren nach Teilhabe an einer Normalität* artikuliert, kann die Dichotomie normal*-anders* in diesem Moment nicht dekonstruieren. Das unterdrückte Begehren ist sodann jenes danach, nicht als anders* wahrgenommen und adressiert zu werden (EN → non-D).

Wer sich nicht als anders* versteht, weil er nicht an Normalität* glaubt, sondern diese Dichotomie dekonstruiert, kann in diesem Moment nicht die andere* Stimme erheben. Das unterdrückte Begehren ist sodann jenes nach Anerkennung der Andersheit* (ND → non-E).

Wer sich als fundamental anders* versteht und gegen die Entwertung dieser Andersheit* kämpft, emanzipiert sich von Normalvorstellungen. Das unterdrückte Begehren ist sodann jenes nach Normalisierung (DE → non-N).

Empirische Thesen (fallspezifisch):

Es gibt verschiedene Subjektstrategien im Umgang mit dieser Dissonanz. Manche pendeln im Trilemma und richten ihr Begehren situationsspezifisch auf andere Aspekte. Manche halten einen Punkt fest und betrauern den verlorenen Punkt. Andere sind zwischen zwei Positionen gespalten. Wieder andere suchen den verlorenen Punkt. Es ist möglich, diese Subjektstrategien zu untersuchen und in biographischen Ankern ihr nicht-kontingentes Gewicht zu finden: Traumatische Erfahrungen und andere biographische Wendepunkte, Erziehungsgrundsätze, Glaubenssätze und Sozialisationsbedingungen können spezifische Subjektpositionierungen im Trilemma verstehbar machen.

Auf politischer Ebene bedeutet dies, dass gesellschaftliche Verhältnisse und politische Bedingungen zu überzufälligen Häufungen von Knotenpunkten des Trilemmas innerhalb einer politischen Bewegung führen. Wird zum Beispiel eine Anderen*-Gruppe durch die Mittel der Zwangssegregation in ihrer Teilhabe an einer Normalität* systematisch behindert (Diskriminierung mit Vektor DE), ist es wahrscheinlich, dass sich ein Widerstand formiert, der dieses Begehren nach Normalisierung ins Zentrum stellt (Widerstand mit Vektor N). Handelt es sich hingegen um ein Regime, das im Gegenteil Diskriminierung vor allem über Zwangsassimilation und Gleichschaltung der Anderen* perpetuiert (Diskriminierung mit Vektor N), ist es wahrscheinlich, dass sich ein Widerstand formiert, der in segregierten Räumen ermöglichen soll, seine Andersheit* zu leben und sich nicht dermaßen normalisieren zu lassen (Widerstand mit Vektor DE). Eine Analyse der politischen Bedingungen erlaubt daher, diese Häufungen von Begehrensformationen zu verstehen sowie strategische Abwägungen zu Form und Inhalt widerständiger Bewegungen anzustellen.

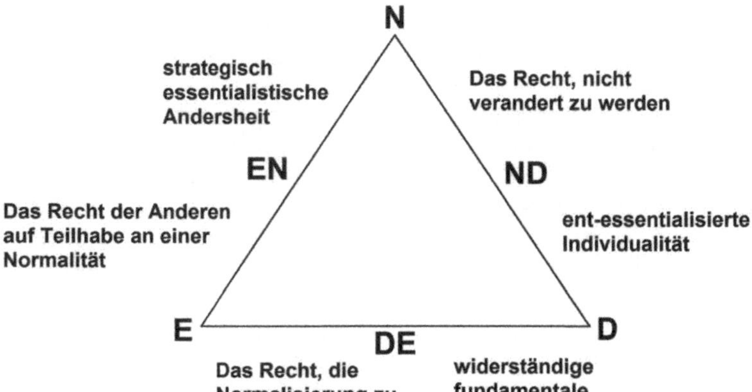

Vorwort

María do Mar Castro Varela

Zwei widersprüchliche Phänomene sind an der Oberfläche des Sozialen und Politischen heute sichtbar: Einerseits scheint Rassismus so aktuell wie noch nie. Rassistische Praxen scheinen mehr und mehr normalisiert. Vor unseren Augen vollzieht sich die zunehmende Barbarisierung des Landes. Anderseits hat es im deutschsprachigen Raum wohl noch nie so viel (auch ernsthaftes) Bemühen um soziale Gerechtigkeit und Inklusion gegeben. Und doch bleiben die Fragen, die Mai-Anh Boger im vorliegenden Band stellt, virulent: Was heißt Diskriminierung? Und was kann man dagegen tun?

Das Nachdenken über Diskriminierung und Widerstand ist wirklich nicht neu. Neu scheint aber die Dominanz des Verzagens und Verzweifelns an dem So-wie-es-ist zu sein. Eine Verzweiflung, die ganz sicher nicht nur Folge politischer Rückschläge ist, die bei dem Versuch, ein Mehr an sozialer Gerechtigkeit zu etablieren, hingenommen werden mussten. Vielmehr scheint es an Erklärungen für das konstante Scheitern der Bewegung(en) zu fehlen. Und was nicht erklärt werden kann, zieht uns runter; lässt uns depressiv zurück. Das eigene Scheitern kann nicht hingenommen werden, weil es nicht erklärbar scheint. In Konsequenz wird es verzerrt gelesen. Gewissermaßen um den Schmerz zu lindern oder als Form der Dissonanzreduktion heißt es dann: »Das war kein Scheitern, sondern eine erlebte Enttäuschung!« »Die anderen* sind schuld!« (notfalls sind es immer die anderen*). Wir lügen (uns an) und behaupten, wir hätten aus freien Stücken den Weg des politischen Widerstands verlassen. Und wir sind klug und finden (gute) Erklärungen für das Verlassen des politischen Kampfes. Am Ende verklären wir unser langweiliges bürgerliches Leben, welches wir uns genötigt sehen zu führen: »Es geht mir so gut wie nie!« »Ich kümmere mich jetzt um *mich*!« Die Folgen dieses Manövers sind vielschichtig, die fatalste Konsequenz ist womöglich, dass die De-politisierung des Scheiterns kapitalistisch vermarktet wird. Yoga statt Debatte, Coaching statt Protest, Wellenreiten statt politischer Intervention. »Uns geht es gut!« Während immerzu über Krisen gesprochen wird, der Neoliberalismus für alles was einem nicht gefällt, verantwortlich gemacht wird und rechte Argumente schleichend hegemonial werden, ist die (zustimmende) Unterwerfung überall spürbar.

Was würde passieren, wenn eine politisch motivierte Selbstkritik den Weg frei machen würde, um eine neue politisch-strategische Handlungsmacht zu erringen? Selbstkritik sei hier nicht verstanden als Selbstkasteiung

oder gar als eine sich in endlose Reflexionsschleifen hingebende (Non-) Praxis. Vielmehr geht es darum, eine präzise und geschliffene Analyse vorzulegen, die sich, wie Foucault dies schreibt »einer eifrigen Ungeniertheit« bedient und uns in einen Zustand bringt, in dem wir »nicht mehr *dermaßen* regiert werden« können.
So lese ich den hier vorgelegten Text. Eine kämpferische Analyse. Eine *gute* Analyse, die über das Durchspielen der strategischen Möglichkeiten und der Gründe für das Scheitern politischer Bewegungen, die Enttäuschung verstehbar macht. Die kollektive Handlungsmacht wird – fast paradoxerweise – dabei gestärkt, ohne dass eine Widerspruchsfreiheit gepredigt oder gar versprochen wird. Die Vorannahme ist, dass Menschen, die diskriminiert werden, dieses nicht wollen und deswegen nach Einsatzpunkten suchen und diese auch finden, von denen aus die Hegemonie angegriffen und mithin in Bewegung versetzt werden kann. Der Einsatz geht aber nicht reibungslos vonstatten. Im Gegenteil. Widerstand geht immer einher mit starken Reibungsverlusten.

Die drei Marker, die die trilemmatische Theorie rahmen, heißen »Empowerment«, »Normalisierung« und »Dekonstruktion«. Sie werden als »Lemma« bezeichnet, was Stichwort bedeutet oder eben etwas Angenommenes darstellen kann. Das passt sehr gut zu dem, was der Text vorlegt: Es wird angenommen und dann kombiniert, erläutert und verworfen. Tänzelnd wirbeln wir durch den Text: 2 Schritte vor und einen zurück. Manchmal lächelnd sich wiedererkennend; manchmal atemlos und verwirrt. Virtuos wird eine Theorie entfaltet, indem die drei Lemmata wie auf einem Schachbrett taktisch klug hin- und hergeschoben werden. Ziel ist es, politische Bewegungen zu beschreiben, die sich nicht mit der eigenen Unterwerfung arrangieren, sondern stattdessen Forderungen stellen und mit der Hegemonie ringen. Dafür ist es notwendig, den Glauben an die eigene Widerspruchsfreiheit aufzugeben, denn diese steht letztlich der Klarheit im Weg, die notwendig ist, um selbstwiderspruchsfreie Aussagen zu treffen. Judith Butler bemerkt in einem Gespräch mit Gayatri Chakravorty Spivak: »Man ist auf den Widerspruch angewiesen, man muß ihn exponieren und bearbeiten, um zu etwas zu gelangen. Einen anderen Weg scheint es nicht zu geben.« Geradeso betont Mai-Anh die Dringlichkeit, eine *Theorie der Widersprüche* vorlegen zu müssen, die sich streng logisch zeigt, gerade weil die Disharmonien offengelegt und die Widersprüche und Aporien benannt werden. »Das Abstellgleis«, so lesen wir, »wird so zur Hauptstraße des Denkens«. Ein schönes Bild. Wo wirklich *nach*gedacht wird, da kann nicht gerast werden, da muss auch manches Mal die Sackgasse als Sackgasse erkannt und anerkannt werden. Die Betonung der Kompliziertheit, die nach einer logisch-strategischen Vorgehensweise ruft, ist betörend. Dabei wird das Kartieren als Methode genutzt. Eine Methode, die im Chaos sortiert, die aber keineswegs intendiert das Gewirr zu bändigen. Vielmehr geht es darum, Verbindungen zu beleuchten (vielleicht auch zu stiften), die ungewöhnlich (vielleicht auch unangemessen) sind. Es hilft uns die (unheilvollen) Debatten innerhalb politischer Bewegungen zu verstehen und »das Scheitern von *Allianzen* zu analysieren«.

In Zeiten zunehmend normalisierter rechter Gewalt müssen wir uns unweigerlich die Lenin'sche Frage wieder stellen: »Was tun?«. Lenin legt in seinem Hauptwerk, dessen Titel eben „Was tun?" ist, dar, warum es wichtig ist, dass das Proletariat mit dem Bildungsbürgertum eine Allianz eingehen sollte und entwickelt Strategien, die zu mehr Gerechtigkeit führen sollen. 1994 fragt sich Jacques Derrida daran anschließend: »Was tun – mit der Frage ›Was tun‹?«. Für Derrida ist die Frage weder praktisch noch theoretisch. Sinnvoll ist sie jedoch alle Male, denn in dem Augenblick, in dem wir fragen: »Was tun?«, ist es nicht mehr möglich einem unbedachten Aktionismus anheimzufallen. Es ist aber gleichsam nicht möglich, sich in reflexiven Endlosschleifen dem Tun zu verweigern. Gerechtigkeit bleibt dann »im Kommen«, wie Derrida sagen würde. Die trilemmatische Idee tut genau das, sie zwingt uns über das »Was tun?« nachzudenken und regt dabei gleichzeitig an, beim Denken das Tun nicht zu vergessen.
Mai-Anh schreibt, dass ihre größte Hoffnung beim Schreiben des Buches war, dass man die Dissonanz des Begehrens diskriminierter Subjekte nicht nur versteht, sondern vor allem damit aufhört, ihnen diese Dissonanz vorzuwerfen. Dies gelingt auch durch den scharfen analytischen Blick mit dem die politischen Gruppen unter die Lupe genommen werden, die angetreten sind, den diskriminierenden Status Quo in Deutschland nicht (mehr) hinzunehmen. Als wunderbarer Nebeneffekt wird eine dichte Karte von Widerstandspunkten sichtbar, die irgendwie (auf seltsame Weise) Orientierung stiften. Auch wenn sich die Analyse insbesondere damit beschäftigt, die Sackgassen aufzuzeigen, in die diese unweigerlich geraten, so wird doch gleichzeitig die Kraft spürbar, die die widerstehenden Gruppen teilen. Das Buch spricht vom Widerstand; zeigt den Widerstand; droht der Hegemonie gewissermaßen den Widerstand an.

Es ist aber auch ein Handbuch, das denjenigen, die sich in Kämpfe verstrickt sehen, die sie nicht mehr zu verstehen in der Lage sind, die Dissonanzen erklärt und damit Wege des (Über-)Denkens anbietet.
Das vorliegende Buch, der zweite Band in der »edition« der Theorie der trilemmatischen Inklusion, ist wie eine Entdeckung aus dem »Archiv der Philosophie der Praxis«. Es wird ganz sicher nicht ungelesen in der

Remittendenkiste landen, es wird gelesen und diskutiert werden. Ich hoffe, es wird rücksichtslos kritisiert, denn es ist ein ernsthafter Text, dem es um etwas geht. Und wir sollten gerade das, was wir an Wissen (für den politischen Kampf) benötigen, anerkennend der Kritik unterwerfen – alles andere ist Gerede.

María do Mar Castro Varela

Berlin im November 2018

Eine Karte zum Mitfühlen – Mitdiskutieren – Mitdenken

Jedes der drei Bücher der Reihe zur ‚Theorie der trilemmatischen Inklusion' ist ein Zugang zu einer Karte, die dabei helfen soll, sich im Themenfeld um Diskriminierung, Anti-Diskriminierung und Inklusion zu orientieren. Um handlungsfähig zu werden, braucht es alle drei Ebenen: Man muss mitfühlen – erkunden, wie Diskriminierung von den betroffenen Menschen wahrgenommen wird, und sich in Empathie üben. Man muss mitdiskutieren, denn bei Diskriminierung handelt es sich stets um eine Frage der politischen Verhältnisse. Und man muss mitdenken, denn die Zusammenhänge zu beschreiben, die diskriminierende Systeme kennzeichnen, ist äußerst komplex.

Alle drei Bände arbeiten sich an derselben Fragestellung ab: Was ist Diskriminierung? Und was kann man dagegen tun? Will man die zweite Frage mit einem positiven Begriff formulieren, sodass man auch *für* etwas kämpft und nicht nur *gegen* etwas, bietet es sich an, ‚Inklusion' als Synonym zu ‚Anti-Diskriminierung' oder ‚Diskriminierungskritik' zu verstehen. Sodann landet man bei der Fragestellung: Was ist Inklusion?

Demgemäß handelt es sich um ein Projekt zur Grundlagenforschung. Es lädt gleichzeitig ein, mit den beiden Grundfragen ‚Was ist Diskriminierung?' und ‚Was ist Inklusion' noch einmal von vorne anzufangen und versucht im selben Moment daran zu erinnern, dass wir bereits vor einem riesigen Schatz an Literatur sitzen. In diesem Sinne handelt es sich um einen Versuch, *von vorne anzufangen ohne etwas Neues zu erschaffen*. Stattdessen konzentriert es sich darauf, den vorhanden Reichtum an Gedanken, Perspektiven, Widerstandsformen und Argumentationslinien zu vernetzen.

Das Ganze heißt ‚Karte', da ich dazu mit der Methode der Rhizombildung nach Deleuze und Guattari (1977; 1992) gearbeitet habe. Ziel dieses Verfahrens ist es, Verbindungen zu stiften und das insbesondere zwischen Dingen, die künstlich getrennt gehalten werden. In diesem Fall sind das die Welten des akademischen Denkens, des politischen Parketts und der von Diskriminierung betroffenen Menschen, über die in beiden zuvor genannten Welten häufig diskutiert wird ohne sie selbst zu fragen. Ich wollte wissen was erscheint, wenn man diese drei wieder stärker verknotet. Was das wissenschaftstheoretisch in präzisen Begriffen und systematisch hergeleitet bedeutet, steht in dem ebook, das gratis zum

download bereitsteht. Dort findet sich der ausführliche Methodenteil zur Rhizombildung nach Deleuze und Guattari:
https://www.edition-assemblage.de/buecher/trilemma-methodenteil

Der Kerngedanke, der diese Neurahmung altbekannter Theorien, Politiken und Subjektstrategien ermöglicht, ist jener der schizoanalytischen Synthese. Im Vergleich zur tradierten Psychoanalyse wird im schizoanalytischen Verfahren der Selbstwiderspruch anders konzipiert. Dies hat weitreichende Konsequenzen im diskriminierungskritischen Kontext, da sich Diskriminierung aus der Subjektperspektive mit dem Gefangensein in einer Reihe von double binds verbindet. Betrachtet man zum Beispiel das etablierte Begriffspaar von Gleichheit und Differenz, so betrifft dies auf Subjektebene das Begehren nach Gleichbehandlung sowie das Begehren danach, in der eigenen Andersheit* nicht übersehen und übergangen zu werden. Es finden sich demnach zwei *gegenstrebige Formen des Begehrens*. Geht der Mensch diesen nach, wird er folglich mal das eine und mal das andere wünschen, er wird mit sich Hadern, wird bereuen, dass er sich dieses und nicht jenes ersehnt hat und dann wieder eine dieser Facetten unter die andere subordinieren und verleugnen. Derzeit leben wir in einem Kulturraum, in dem der Selbstwiderspruch stark negativ bewertet wird: Konsistente und widerspruchsfreie Charaktere und Plots gelten als überzeugender. Was aber, wenn man genau diese Annahme irritiert? Sodann erscheint ein Konzept von Selbstwiderspruch, das im positiven Sinne Agilität, strategische Klugheit und Kontextsensibilität kennt. Man analysiert sodann, in welchen Kontexten Menschen welchem Begehren nachgehen und fragt, was dies über die soziale Situation sagt. Statt dabei eine Einheit des Subjekts anzuvisieren, die darauf zielt, eine widerspruchsfreie Persönlichkeit zu entfalten, wird von einem multiplen Subjekt ausgegangen. Die ganze Karte besteht daher aus Widersprüchen.

Auf der subjektiven Ebene zeigt sie das dissonante Begehren. Dies erlaubt ein Mitfühlen und Verstehen der Gründe, warum ein Mensch in diesem Kontext anders handelt als in jenem. So ist die Grundidee der Schizoanalyse, dass wir vor Sackgassen flüchten: Wenn wir merken, dass wir auf einem Weg nicht weiterkommen, wechseln wir in die andere Richtung. Im Bild der Sackgasse sieht man es sehr klar: Dieses selbstwidersprüchliche Verhalten – zuerst in die eine Richtung zu fahren, dann im Angesicht der Ausweglosigkeit eine 180-Grad-Drehung machen und in die exakte Gegenrichtung fahren – ist nicht sinnlos oder blöd; es ist sogar das einzige sinnvolle Verhalten, wenn das Hindernis sich nicht überwinden lässt. Wenn ein Auto in einer Sackgasse rumdreht, kämen wir auch nicht auf die Idee, den Fahrer für irre zu halten. In komplexeren und abstrakteren Beispielen zeigt sich jedoch häufig genau diese Entwertung der Fähigkeit, sich selbst zu widersprechen.

Auf der politischen Ebene zeigt die Karte, wie dieses dissonante Begehren einen Widerstreit unterschiedlicher feministischer, rassismuskritischer, behindertenpolitischer, etc. Strömungen organisiert. Im Sackgassenbild gesprochen geht es also um Fragen wie: Wer hält diese Form von Feminismus für eine Sackgasse? Warum steht dieser Zweig der Behindertenpolitik auf dem nicht barrierefreien Abstellgleis der Geschichte? Warum kommen wir gerade weder mit Integrationsbemühungen noch mit der Kritik am Integrationsbegriff weiter? All diese Fragen kann man rege diskutieren. Es sind Streits darüber, welchen Umweg man gehen sollte, in welche Richtung sich flüchten ließe im Angesicht einer politischen Ausweglosigkeit. Gerade in der Politik ist es Usus, dass man Politiker_innen harsch dafür angeht, wenn sie sich selbst widersprechen. Das Verrückte daran ist, dass man ihnen dadurch die Möglichkeit nimmt, aus Fehlern zu lernen und begründerterweise eine Kehrtwende zu machen, wenn sie etwas an die Wand zu fahren drohen. Laut Deleuze und Guattari ist genau dies der Grund dafür, dass Europa voller Dogmatiker_innen ist. Es gibt Dutzende Begriffe, mit denen Politiker_innen gelobt werden für Selbstwiderspruchsfreiheit: glaubwürdig, verlässlich, klare Linie. Gleichzeitig gibt es kaum positive Begriffe für die Fähigkeit, sich zu widersprechen, etwas zurückzunehmen: lernfähig, adaptiv, einsichtig, kontextsensibel, strategisch gewandt. Stattdessen gibt es wiederum zahlreiche Beleidigungen, die sich über Selbstwidersprüche empören: Opportunist, Wendehals, rückgratlos! Die negativen Begriffe für allzu widerspruchsfreie Menschen fehlen wiederum in der öffentlichen Diskussion von Politiker_innen: starrhalsig, borniert, dogmatisch. Genau an dieser Asymmetrie erkennt man die Dominanz der Kultur des Einförmigen und Widerspruchsfreien.

Ein streng formal-logisches, widerspruchsfreies Argument zeigt jedoch schnell, warum dies gefährlich ist: Entweder eine Politik ist ungerecht oder sie ist gerecht. Es gibt also zwei Fälle: A und B. In Fall A gilt, x ist eine ungerechte Politik. In Fall B gilt, x ist eine gerechte Politik. In Fall A will der gerechte Mensch also, dass die Vertreter_innen von x eine Kehrtwende machen, dass sie sehen, dass dies in eine Sackgasse führt und ob dieser Einsicht, ihre Behauptungen und Taten zurücknehmen, kurz: er will, dass sie sich selbst widersprechen. In Fall B hingegen will der gerechte Mensch, dass die Politik konsequent auf diesem gerechten Pfad bleibt und diesen widerspruchslos, glaubwürdig und konsistent verfolgt. Angenommen die Menschen, die so über Politik sprechen wie oben

gezeigt, seien gerecht, dann müsste eine Welt, in welcher der Selbstwiderspruch derart negativ konnotiert ist, dass er deutlich häufiger als Beleidigung erscheint denn als Kompliment, eine Welt sein, in der es deutlich häufiger der Fall ist, dass eine Politik gerecht ist (sodass man sich als gerechter Mensch nicht wünschen kann, sie möge eine 180-Grad-Drehung machen und lernen, sich selbst zu widersprechen).
Wir lernen also – genau dann, wenn wir an die Kraft widerspruchsfreier formal-logischer Strenge glauben – dass ein Mensch, der deutlich häufiger einen Selbstwiderspruch als Problem auffasst (Fall B) und der desweiteren der Meinung ist, die meisten Politiken seien ungerecht, sich selbst widerspricht. Er sollte sich selbst also widersprechen, um diesen Selbstwiderspruch aufzulösen.
Dass ich gleichzeitig an formale Logik glaube und nichts davon halte, von Menschen zu fordern, sie mögen sich selbst nicht widersprechen, ist übrigens kein Selbstwiderspruch. Ersteres betrifft nämlich selbstwidersprüchliche Aussagen – gänzlich losgelöst vom Menschen, der diese ausspricht – während Letzteres eine kulturelle Doktrin ist, die sich nach der Einheit eines souveränen Subjekts sehnt. Hinter dem Wortspiel im letzten Absatz verbirgt sich also kein Wortspiel: Er (der er schon wieder daran gescheitert ist, ein souveränes Subjekt zu sein) sollte sich selbst also widersprechen (die Unmöglichkeit ungebrochener Souveränität umarmen und ein Anderer werden), um diesen (formal-logischen) Selbstwiderspruch (auf Aussagenebene) aufzulösen.
Badiou haben wir zu verdanken, dass er dies über Deleuze klargestellt hat: Die Phantasie des selbstwiderspruchsfreien Subjekts behindert die formal-logische Strenge und Klarheit, die zu selbstwiderspruchsfreien Aussagen führt. Daher wird im oben erwähnten Methodenteil mit einer Unterredung zwischen Badiou und Deleuze (und Guattari) gearbeitet. Die Idee ist sodann genau umgekehrt: Wer an logischem Denken wahrhaft interessiert ist, muss bereit sein, sich selbst zu widersprechen. Die Fähigkeit, eine Sackgasse zu erkennen und das Gesagte zurückzunehmen, sich in eine andere Richtung zu flüchten, wird sodann als eine Form nomadisch-wandernder Intelligenz anerkannt. Sie ist kein Manko, keine Degeneration und auch nicht psychopathologisch, sondern eine kognitive, emotionale und auch politische Kapazität.

Auf der theoretischen Ebene zeigt die Karte wiederum, warum eine selbstwiderspruchsfreie Theoriebildung zu Diskriminierung und Inklusion das Subjekt der Inklusion auslöschen muss. Im Grunde genommen folgt es bereits aus den obigen zwei Absätzen: Wenn das Begehren des diskriminierten Subjekts dissonant-widerstrebend ist, dann kann eine Theorie ohne Widersprüche dieses weder adäquat repräsentieren, noch verstehen, noch erklären (je nach Paradigma). Man muss also mit der Widersprüchlichkeit arbeiten statt gegen sie. Wenn man dabei aber über das Ziel hinausschießt und das logische Denken suspendiert (weil man nicht zwischen der Widerspruchsfreiheit von Aussagen und der ersehnten Widerspruchsfreiheit von Subjekten unterscheidet), produziert man keine nennenswerte Theorie mehr, sondern nur noch Prosa (und die Inklusions- und Diskriminierungsforschung ist voll davon – nahezu überfüllt von profaner Prosa). Aus dieser doppelten Sackgasse gibt es aber einen Ausweg: Man muss eine Theorie der Widersprüche vorlegen, die sich also genau deshalb die logische Strenge bewahren kann, weil sie alle Dissonanzen ausspricht, jeden Widerspruch als solchen benennt und die Sackgasse dadurch zum Zentrum des Denkens erhebt. Statt es konsistent machen zu wollen, muss man zeigen, *warum* es nicht konsistent zu machen ist. Das Abstellgleis wird so zur Hauptstraße des Denkens.

Wenn die Fähigkeit mitzufühlen, mitzudiskutieren und mitzudenken sich konzertiert entfaltet, so meine Hoffnung, müsste jener Moment der Orientierung einsetzen, bei dem das Handeln seine Richtung kennt (die Ebene des Politischen), der Reflexion zugänglich ist (die Ebene des kritischen Denkens und der Analyse) und mit dem eigenen Erleben übereinstimmt (die Ebene des Subjektiven). Das Handeln bekommt freilich kein eigenes Buch, denn dazu muss man die Welt der Bücher verlassen. Es liegt drunter, drüber oder quer zu den drei Dingen, die Bücher können: durch das Erzählen von Geschichten zum Mitfühlen einladen, durch das Aufstellen von Thesen Diskussionen anzetteln und durch das Analysieren das Denken kultivieren.

Dies ist nun der Band zum Mitdiskutieren

Die „edition“ der Theorie der trilemmatischen Inklusion, zu der dieser Band über die Politiken der Inklusion gehört, ist tatsächlich eine „assemblage“: Es handelt sich um eine Karte der Landschaft der politischen Bewegungen zum Themenfeld Inklusion und Diskriminierungskritik. Während im Band zu den Subjekten der Inklusion herausgearbeitet wurde, welche Formen des Begehrens sich in biographischen Erzählungen finden lassen, geht es nun darum, welche politischen Bewegungen sich daran abarbeiten, dieses Begehren unterdrückter Subjekt zu hören, zu repräsentieren, Forderungen daraus abzuleiten, es zu hegemonisieren, es gegen Vereinnahmungen zu schützen, es zu kollektivieren oder zu universalisieren.

Dabei stellt sich heraus, dass sich für jedes Konzept von Inklusion und/oder Diskriminierungskritik eine Betroffenengruppe finden lässt, die sich diesem entgegenstellt. Jede diskriminierungskritische Bewegung und auch jede Inklusionspädagogik läuft alsbald Gefahr ihr eigenes Solidarnosc zu erleben. Der Begriff ‚Solidarnosc' wird daher in diesem Buch als Konzeptmetapher verwendet. Historisch war es der Name einer vollendeten Paradoxie: Arbeiter lehnen sich gegen einen Staat auf, der behauptet zuvorderst ebenjenen Arbeitern zu dienen und sie an erste Stelle zu setzen. Generalisiert man dies zu einer Konzeptmetapher und löst es von dem spezifischen historischen und regionalen Kontext gilt: Wann immer einer glaubt, allzu sicher zu wissen, was eine unterdrückte Gruppe will, wann immer er glaubt, diese befreien zu können oder gar befreit zu haben, wenn er sich in Sicherheit wiegt, ihr legitimer Stellvertreter zu sein, ihre Interessen zu kennen und zu verfolgen, riskiert er es, ein solches Solidarnosc zu erleben: *einen Aufstand der Unterdrückten gegen ihren vermeintlichen Befreier.* Diese Arbeit kartographiert in diesem Sinne nicht nur die verschiedenen Ansätze der Diskriminierungskritik und Inklusion, sondern eben auch ihre jeweiligen ‚Solidarnosc-Gruppen' im Sinne obiger Definition: Sie zeigt auf, welche (Unter-)Gruppe sich durch ein Konzept der Diskriminierungskritik nicht nur nicht befreit, sondern erneut unterdrückt, übersehen und verarscht fühlt.

Dies bedeutet die *internen* Debatten zwischen diskriminierungs-/herrschaftskritischen/inklusiven Bewegungen zu fokussieren, was im zweiten Schritt erlaubt, die Möglichkeiten sowie das Scheitern von *Allianzen* zu analysieren: Woran liegt es, dass sich aktivistische Gruppierungen so häufig gegenseitig blockieren? Warum genau gelingt es so oft nicht, ein gemeinsames Begehren zu artikulieren? Wie lässt sich entscheiden, welche Blockaden und Spaltungen überflüssig sind und welche Kritiken an aktivistischen Bewegungen berechtigt sind und gehört werden müssen? Wann ist strategischer Essentialismus strategisch klug? Und wann ist er in Wahrheit nur identitäres Gehabe? Zur Diskussion dieser Fragen soll der vorliegende Band dienen. Er ist in diesem Sinne ein Übungsbuch für strategische Abwägungen. In einer sarkastischen Überspitzung ließe sich sagen: Die Theorie der trilemmatischen Inklusion versucht die Frage zu beantworten, warum genau sich linke Gruppen nicht nur ausnahmsweise sondern *im Regelfall* dermaßen zerstreiten, dass sie es schaffen, sich gegenseitig ‚Diskriminierung' vorzuwerfen, obwohl (oder weil) sie alle behaupten, gegen Diskriminierung zu kämpfen. In diesem Sinne ersucht sie, das Streiten zu kultivieren.

Die Aufgabe besteht zunächst schlicht darin zu zeigen, worin der Wahrheitsanspruch einer jeden Argumentation besteht und wo dieser endet. Es gilt zu kartographieren, wovon man *begründeterweise* sagen kann, dass es wahr sei. Sodann geht es darum zu zeigen, welche Aussagen formal-logisch inkommensurabel sind. Das bedeutet aufzuzeigen, welche Positionen man nicht gleichzeitig vertreten kann, ohne in einem Selbstwiderspruch zu enden. Exerzieren wir dies an zwei fortlaufenden Beispielen durch: einem leichtfüßigen und einem sehr ernsten.

Ein leichtfüßiges Beispiel: ‚Queer Tango'

Das Trilemma wird komponiert durch die drei Grundbegriffe (1) Empowerment, (2) Normalisierung/Normalität und (3) Dekonstruktion und das widerstrebende Begehren dieser drei Facetten. Verbindet man zwei davon, ist die dritte logisch ausgeschlossen. Ein einfaches Beispiel wird dadurch möglich, dass im Paartanz so äußerst platt und klar ist, worin seine fragwürdige Normalität besteht: Der Mann führt. Die Frau folgt. Was würde es nun bedeuten, diese herrschende Normalität in Bewegung zu setzen?

EN: Die Erfindung der weiblichen Ästhetik*
und der Kampf um deren Anerkennung als gleichwertig

Die erste Frage lautet: Wie lässt sich eine Emanzipation der Frau darin tanzen? Der älteste – gewissermaßen ‚klassische' Weg – befasste sich mit dieser Frage und brauchte zunächst keine queere Kritik. Er bestand darin, das Folgen zu einer eigenen Kunstform zu erheben und klarzustellen, dass es sich um eine genauso komplexe Tätigkeit handelt wie das Führen. *Innerhalb* der gegebenen Aufgabenteilung wurde kritisiert, dass das Führen als die komplexere und wichtigere Tätigkeit gilt. Dies ist vor allem im Breitensport der Fall (Profis haben schon immer die Rollen getauscht; es ist Teil jeder Tanzlehrer_innen-Ausbildung und in diesem Sinne sicher keine Revolution; es gibt sogar eine eigene ‚All-female'-Turnier-Liga...). Man konzentrierte sich also darauf, das unter Profis bereits klare Gesetz, dass es sich bei Führen und Folgen um zwei distinkte und gleichwertige Künste handelt, in die breiten Massen zu tragen. Als ‚diskriminierend' wurde folglich die Äußerung erlebt, dass das Folgen ja viel einfacher sei. Als ‚internalisierte Diskriminierung' wurde es erlebt, wenn Frauen die eigene Aufgabe des Folgens so geringschätzen, dass sie glauben jeder Fehler sei die Schuld des Mannes. Aus diesem platten Grund waren die meisten Männer auch schnell mit an Bord: Die Idee, dass Führen die höherwertige Tätigkeit sei, geht damit einher, die ganze Verantwortung bei ihm abzuladen. Die Frau bleibt dabei das hinterherstolpernde Dummchen; und selbst das soll *seine* Schuld sein.

Der Empowerment-Aspekt bestand damals darin, an die Möglichkeit einer weiblichen* Ästhetik zu glauben. Erst wenn man die internalisierte Diskriminierung aufhebt und das Folgen als Kunstform achtet, kommt man auf die Idee, sich tatsächlich mit dem *eigenen* Ausdruck zu befassen. Während die sexistische Reduktion behauptet, Folgen sähe weiblich aus, wenn ein Rock dranhängt, wird hier die Deutungshoheit darüber, was Weiblichkeit* bedeutet wieder in den selbstbestimmten Körper der Frau gelegt. Es ging darum, überhaupt erst einmal zu rekonstruieren, wie man weiblich* *wird*, was es ermöglicht, sodann darüber nachzudenken, *welche* Frau man sein will. Dies ist ein direkter Angriff auf das Konzept, dass nur der führende Mann den Tanz – als Macher, Schöpfer und Bestimmer – gestaltet. Ziel war es ‚gemeinsam Schuld zu sein', weil beide ihren jeweiligen (vergeschlechtlichten) Ausdruck in diesen Tanz legen. Unermüdlich wurde in den Tanzschulen wiederholt, dass Führen und Folgen dialektisch zu denken seien, da man nicht führen kann, wenn das Gegenüber nicht folgt: es gehören tatsächlich immer zwei dazu. Deren Aufgaben sind different, aber auch gleich; und nur in dieser *Dialektik aus Gleichheit und Differenz* lässt es sich verstehen. Dadurch wurde der Gedanke normalisiert, dass die Frau im Paartanz genauso viel Macht hat wie der Mann. Die Ermächtigungsbewegung kulminierte in der Erkenntnis, woran frau so alles Schuld sein könnte, wenn frau nur wollte. So wurde sie vom passiven Opfer seiner Führung zur freien Gestalterin, die über ihren Körper verfügt und erkennt, dass *er* es nicht tut (Wirklich nicht; so funktioniert Paartanz nicht; genau das ist das sexistische Klischee. In einem gut gemachten Paartanz bewegen sich zwei Körper zur Musik – die Musik ist das Dritte, das die Dialektik dieser zwei Körper ermöglicht; Nicht *er* bestimmt, sondern *die Musik* bestimmt).

Die Kritik an dieser Form von Frauenbewegung liegt jedoch auf der Hand: Erstens findet dies alles *innerhalb* des tradierten Systems statt (Affirmation der Normalität* der Rollenverteilung) und zweitens ist fraglich, ob die selbstbestimmte Inszenierung der eigenen Weiblichkeit* nicht regelhaft in den immergleichen Essentialismen endet. Wie der erste Hauptsatz des Trilemmas vorhersagt: Wer innerhalb des Rahmens einer herrschenden Normalität um Teilhabe und Mitgestaltung kämpft, reproduziert diese dichotomen Logiken statt sie zu dekonstruieren (EN → non-D).

Was geschieht nun, wenn man die anderen beiden Punkte – Normalisierung und Dekonstruktion – verbindet? Sodann ginge es darum, die Normalität des ‚Er führt – Sie folgt' dadurch zu irritieren, dass man ebenjene Rollenzuweisung dekonstruktiv auflöst. Alle Geschlechter, auch jene jenseits der Dichotomie von Mann* und Frau*, können sodann führen und folgen wie und mit wem sie wollen. Es geht also nicht mehr um Frauen*-Emanzipation im emphatischen Sinne, sondern um eine Befreiung *aller* (Geschlechter). Es gilt somit der zweite Hauptsatz des Trilemmas: Wer sich auf die Befreiung *aller* konzentriert und niemandem mehr Andersheit* zuschreibt, verunmöglicht es, die andere* Stimme zu erheben (ND → non-E). Das bedeutet in diesem Beispiel, das sich um das andere* Geschlecht dreht: Mit dem Fokus auf das freie Spiel individueller Körper, das Gender-Kategorien aufheben soll, war die Frage nach dem weiblichen* Ausdruck und dessen Anerkennung vom Tisch.
Die meisten Menschen halten das heutzutage für ‚Freiheit': Keine Kategorisierungen, die einen in eine Rolle quetschen, mit der man sich nicht wohlfühlt; maximale Wahlfreiheit und ein Fokus auf einen *individuellen*, nicht in geschlechtliche Raster pressbaren Stil.
Doch ist es wie mit jeder Freiheit: sie überfordert die meisten Menschen zunächst. Im Queer Tango lassen sich dementsprechend zwei Extreme beobachten: Da ist einerseits eine Profi-Liga, die ihren heterosexuellen Peers an Kreativität und technischem Können weit voraus ist. Eine elitäre Avantgarde hat sich erhoben, um den Tango wieder zur Kunstform zu machen, mit allen Regeln zu brechen, musikalische Fusionen einzuleiten und neue Formen zu prägen. Und daneben ist da andererseits eine Horde ‚befreiter' Tänzer_innen, die auf der Tanzfläche irgendetwas machen – Hauptsache, sie fühlen sich wohl damit. Dies ist bei jeder Dekonstruktion einer Normalität* der Fall, wie wir später noch genauer sehen werden: Ein elitärer Innenkreis ist befähigt, mit allen Normalvorstellungen und starren Regeln zu brechen, eben weil er diese kennt und beherrscht. Wer jedoch nicht die Mündigkeit erlangt hat, dergestalt mit Formen zu spielen, besticht mit peinlich berührenden Inszenierungen, die das Bild reproduzieren, dass die Regeln offensichtlich doch zu etwas dienten. Auf der ND-Linie werden paradoxerweise stets nur jene ‚befreit', die davor schon die freisten waren.

Dieses Kippbild der kunstvollen und gekonnten Dekonstruktion zu einer haltlos entgleitenden Destruktion geschieht durch halbherzige und halbgebildete Einübung vormals geschlechtlich konnotierter Bewegungs-

abläufe. Wenn man es mit der Dekonstruktion geschlechtlicher Normalität* ernst meint, muss man wirklich mit dem figurativen Seziermesser ran: Die kleinsten Details können in der Wahrnehmung durch das Publikum vergeschlechtlicht eingelesen werden. Eine mehrere Epochen und Musikstile umfassende Geschichte der Gleichsetzung von Männlichkeit* und Führen* bzw. Weiblichkeit* und Folgen* wischt man nicht einfach weg, indem man den anderen Arm zum Paartanz erhebt. Wer mit Leichtigkeit an die Sache herangeht, wird daher diese Stolpersteine übersehen: Es braucht Zeit, zentimetergenau auszufiddeln, ob zum Beispiel ein Hüftschwung nur weiblich* eingelesen wird oder ob er tatsächlich notwendig ist, weil er eine technische Funktion im Halten der (Paar-)Balance hat. Wenn sich jemand nun aber auf den eigenen individuellen Ausdruck konzentriert statt die stets als technisch und zeitraubend zu verstehende dekonstruktive Arbeit zu leisten, wird er manche Bewegungsabläufe nie verstehen, weil sie ‚sich nicht gut anfühlen'. Eine überzeugende dekonstruktive Trennung von Weiblichkeit* und Folgen erfordert jedoch, dass man sich von jedem Detail fragt, ob es wirklich weiblich* war oder ob Frauen das vielleicht getan haben, weil es technisch erforderlich ist. Durch gewisse Erkenntnisse muss man sich einfach durcharbeiten: Breitbeinig laufen ist nicht männlich*, sondern technisch falsch. Ende der Diskussion. Eine Daumenregel lautet daher: Je ‚freier' einem der Queer Tango vorkommt, desto schlechter ist er gemacht.
Hinter der Narration der Befreiung steckt eine hochdisziplinierte Hegemonie des Fluiden, die nicht zufällig sehr gut in neoliberale Zeiten passt: Der kapitalistisch perfektionierte, elitäre Körper kann alles – führen, folgen, mitten im Flug dazwischen wechseln, technisch präzise und ohne Ansehen körperlicher Verklemmtheiten oder persönlicher Hemmungen. Die Profis leben es vor; die Laien stolpern dieser verdeckten Rückseite der vollendeten Körperdisziplinierung verwirrt hinterher.

Die Banalisierung des Queer Tango außerhalb dieser elitären Kreise geschieht dadurch, dass die alten Differenzen – Mann*/Frau*; Führen*/ Folgen* – zu oberflächlichen Bildern plattgedrückt werden. Übrig bleiben sodann die wüstesten Klischees; und diese gehen – wie so oft – auf Kosten der Frauen*. So wollten an den meisten Orten durch die queere Befreiung zunächst einmal ganz viele Frauen das Führen lernen; Männer, die folgen lernen wollten, waren deutlich seltener. Dies ist sehr verständlich ob der oben dargelegten sexistischen Tradition, das Folgen zu entwerten. Im Ergebnis erhält man dadurch jedoch eine noch stärkere Entwertung des Folgens. Schlimmstenfalls lässt sich dieser Sexismus sodann noch nicht einmal mehr thematisieren, da das Folgen in diesem ach so queeren Raum ja angeblich nicht mehr mit Weiblichkeit* assoziiert

wird: Wie könnte es da frauenfeindlich sein, das Folgen zu entwerten, wenn doch alle* folgen dürfen? Die vollendete Perversion feministischer Politik findet sich dort, wo man EN-positionierten Feministinnen vorwirft, sie seien sexistisch, weil ja sie es wären, die an den alten Rollenzuschreibungen festhalten. Diese Form des zum Schweigen Bringens der anderen* Stimme ist eines der größten Probleme der Illusion in einer neuen queeren Normalität zu leben.
Neben Frauen* trifft dies auch Menschen, die wirklich trans* oder inter* sind, und nicht nur zum Spaß eine Runde Transvestit spielen. Die Suggestion, dass man alles einfach so haben und erfahren könne, droht in eine Respektlosigkeit gegenüber den Menschen zu verfallen, für die das eben kein Scherz ist. Ein Mensch, der Tag für Tag Transphobie ausgesetzt ist, könnte es sich nicht leisten, eine peinlich berührende, schlechte Performance eines Geschlechtscharakters abzuliefern. Das ist es, das den Elitarismus der ND-Linie so berechtigt macht:
Eine wirklich gut inszenierte ‚Queer Tango'-Show, die künstlerischen Ansprüchen genügt, vermag es tatsächlich, Normalvorstellungen zu irritieren und dekonstruktiv in Bewegung zu setzen. Ein schlecht gemachte, dilettantische Show hingegen richtet mehr Schaden an als Nutzen: Sie reproduziert mehr Stereotype als sie bricht und bestätigt dadurch die konservative Angst, dass die queere Bewegung zu Chaos und Hässlichkeit führt und nicht zu einer echten Befreiung der Geschlechter.

DE: Stone Butch Tango
und sein subkulturelles Erbe

Aber es gibt noch ein zweites Verständnis von ‚Queer Tango' – eines, das sich auf die Subkultur konzentriert und andere Hobbies hat als gelangweilte Heten zu befreien. In diesen Räumen merkt man sofort, dass es kaum bis keine heterosexuellen Menschen in ihnen gibt, denn obige Angst, eine peinlich berührende Performance hinzulegen, die in den heterosexuellen Augen alle negativen Klischees bestätigt, fällt sofort weg. Wenn in einem schwul-lesbischen Raum eine Junglesbe ihren Erstgehversuch im Führen macht, ist das niedlich und nicht peinlich. Es weckt in den Älteren Erinnerungen an das eigene Coming Out und zaubert ein Schmunzeln auf die Lippen der alten Butches.

Eine Vielfalt der Geschlechter wird in diesen Räumen entfaltet; diese sind meistens jedoch nicht frei flottierend, sondern ziemlich verlässlich: Doms mit harten Gesichtszügen und festem Griff tragen verzückte Tucken über die Tanzfläche; Warmherzige soft butches plüschen mit ihrem Spiegelbild. Hier habe ich beschlossen, dass es den Begriff ‚water femme' braucht, weil es noch keinen Gegenbegriff zur ‚stone butch' gibt: Über Steine muss frau (zer-)fließen wie Wasser. Auch das sind also Polaritäten und Dichotomien, aber es sind *unsere*. Wir füllen sie selbst mit Inhalt und erfinden die dazugehörigen tänzerischen Formen ebenso selbst. Genau diese fehlenden Polaritäten waren es, die den Laien-Queer Tango auf der ND-Linie oft so spannungslos, entsexualisiert, albern oder eben einfach ungekonnt aussahen lassen. Da die Normalität* hier aber draußen vor der Tür bleibt, kann innerhalb der Szene umso hemmungsloser kategorisiert werden. Nicht selten werden die Kategorien ‚Führen' und ‚Folgen' in den Ansagen schwuler Tanzlehrer einfach gleich zu ‚top & bottom' bzw. ‚Dom & Sub'. Es gibt eine lesbische Gegenbewegung dazu, die daran festhält, diese Form der Dichotomienbildung sei patriarchal. Sie tanzen wie Elfen – ganz kraftlos und weich. Häufig sind sie barfuß und lächeln. Sie glauben, man müsse sich ‚mit der Erde verbinden' bevor man Tango tanzt. Meine Butch und ich glauben das nicht. Wir schätzen den ernsten Gesichtsausdruck im klassischen Tango sehr – jedenfalls ihrerseits. Unser Vorbild ist ‚Gigola' aus dem gleichnamigen Film; im Frack mit Taschenuhr auf dem Place Pigalle – wo der Tango auch historisch hingehört – zwischen federleichten Mädchen, die aber sicher keine Elfen sind (außer sie sind grün...), und ihren schwulen Kolleg_innen. Es geht an dieser Stelle nicht darum, welche Inszenierung des Tangos jemand präferiert; es geht darum, dass es überhaupt einen Raum gibt, in dem diese Diskurse Platz haben und in dem diese Bilder, (identitären) Kategorien und Gegenentwürfe entfaltet werden können.

Jede queere Subjektposition wird auf diese Weise mit einem tänzerischen Stil in Verbindung gebracht. Diese wechselt man nicht als wären sie abstreifbare Klamotten, sondern man trainiert sie jahrelang. Es sind unter Tränen und Schweiß erworbene Inkorporationen. An diesem Ort werden die technischen und stilistischen Besonderheiten ausgefeilt, die dann in die oben genannten elitären Kreise Einzug halten. Während es auf der ND-Linie eine Hegemonie des Fluiden gab, welche suggerierte, die Besten könnten alles, ist hier das Gegenteil der Fall: Die ‚switcher' stehen – ähnlich wie in der BDSM-Szene auch – am untersten Ende der Fressleiter. Man sagt über sie, sie könnten alles ein bisschen und nichts richtig.
Das Spiel mit dem Regelbruch basiert auf dieser kategorialen Klarheit und Konstanz: Bärchen mit Bauch sind gemütlich, denn man kann sich tatsächlich einfach auf ihnen ablegen. Das ist ihr special feature. Es ist eigentlich ‚technisch illegal', aber wenn man es jahrelang trainiert, wird es so perfekt, dass es das negative Klischee, dicke Menschen würden schlechter tanzen, völlig zerstört – gar ins Gegenteil verkehrt. Um diese Verwandlungen geht es: Was unter den Augen eines normalistischen

Regimes ein ‚Nachteil' oder eine ‚Abweichung' war, soll ein positives Verständnis gewinnen und zur wiederangeeigneten Eigenheit werden.

Man trainiert hier also nicht nur, was man kann, sondern was man *ist*. Gleichzeitig gilt, dass man *ist*, worauf man trainiert hat, was den Konstruktionscharakter dieser Kategorien hell erleuchtet. Da es im vollen Sinne des Wortes eine Gegenkultur ist, fühlen sich die Menschen dabei nicht von allen Kategorien befreit, sondern von den szenespezifischen Kategorien ergriffen und gerastert. Diese Kategorien sind zuweilen sehr starr, aber sie bleiben selbstbestimmt, da man schließlich hart daran gearbeitet hat, in diese Kategorie eingelesen zu werden und erfolgreich damit zu sein. Wenn ein Bärchen 30 Kilo abnimmt und zum Military Dom mutiert, tanzen nicht mehr dieselben Menschen mit ihm; und er weiß das. Die hauseigenen Kategorien haben zwar nichts mit den stereotypen Kategorisierungen der Normalen* zu tun, sind jedoch genauso disziplinierend – was wie Don Foucault unermüdlich betonte – stets eine ermöglichende und eine begrenzende Seite hat: Würde zum Beispiel ein Fahrgestell des Modells ‚Adonis mit blonden Löckchen' versuchen zu führen und sich dabei blamieren, wäre das sicherlich einen Lacher Wert. Auch spontane Versuche, sich weiblich* zu gebaren, weil man ja nun ‚in Ruhe unter Lesben' ist und nichts mehr beweisen muss, können übel enden. Unkoordinierte Abweichungen werden bestraft. Die prototypischen Bewegungsabläufe der dergestalt kategorisierten Gegenentwürfe zum Normalen* werden aber umso ausgefeilter. Mit Vorsatz und Anlauf werden hier Kategorien konstruiert: ‚Ich möchte eine_r dieser Führenden mit prominentem Torso werden, die den Arm schwingen wie ein Matador' oder aber ‚Ich möchte eine_r dieser entspannten Führenden werden, die unbeeindruckt und gelassen spazieren gehen'. Ähnlich wie es vorhin um den fraglichen weiblichen* Ausdruck ging, glaubt man hier an eine ‚Queere Ästhetik' – und so finden sich nun in diesem Raum auch endlich die ersehnten pluralen Weiblichkeiten: So sind alle Zweisteller ‚Führen – Folgen', ‚Butch - Femme', ‚sanft - hart', ‚gewichtig - federleicht', ‚drahtig - muskulös', ‚Dom – Sub', etc. gänzlich unabhängig voneinander. Manche Kombinationen etablieren sich dabei und bilden sodann die besagten, verlässlichen, erkennbaren, berechenbaren Kategorien wie ‚soft butch' (führt, butcht, sanft, flach-besohlt, gewichtig, vanilla, swingt (der Musikstil ‚Swing' ist gemeint, nicht das, was ihr schon wieder denkt ;-)...)) oder eben ‚Elfe' (switcht, sanft, leicht, drahtig, barfuß oder flach-besohlt, nimmt Unterricht in Kontakt Improvisation) oder eben ‚water femme' (folgt, femme, sanft, hoher Absatz, federleicht *und* muskulös, wozu man Ballett trainiert).

Der segregierte Raum, der vom kontrollierenden Blick der Normalen* frei macht, erlaubt es auch, andere Menschen zum Objekt (der Begierde) zu machen, ohne dass es abrutscht. Während in der Hetera-Welt gerade wieder vermehrt Aufsätze darüber erscheinen, wie sich ein aktives, lebendiges weibliches* Begehren denken ließe, ist dies unter uns Perversen (man darf niemals vergessen, dass ‚queer' einmal ‚pervers' hieß...) längst geklärt. Die Aufforderungsregeln sind tausendfach unverkrampfter. Wenn ich wissen will, wie sich ein Mensch anfühlt, stehe ich auf und sage ‚Hey. Ich will dich mal ausprobieren! Wie fühlst du dich an?'. In der Hetera-Tango-Welt sind wir davon noch kilometerweit entfernt (Villa 2011). In der Heten-Welt nämlich hat man so lange einen Sexismus gelebt, in dem *nur* die Frauen zum Sexobjekt gemacht wurden, dass es dort nun zwei Formen der Verkrampfung gibt: einen entsexualisierten, domestizierten Tango und einen nahezu anachronistisch anmutenden Sexismus.

Typisch für segregierte DE-Räume ist auch diese Inversion der Zuschreibung einer Opferrolle: Viele von uns sind von aufrichtigem Mitleid mit den dergestalt gefangenen Heterosexuellen erfüllt. In den subkulturellen Räumen werden neue Formen erfunden und erprobt. Das war schon immer die Serviceleistung der queeren Frauen an ihre heterosexuellen Schwestern. Das Problem ist nur: Solange diese Formen in den subkulturellen Räumen verbleiben, wird sich das nicht rumsprechen und in der Welt der Normalen* Schule machen. Und so steht auch diese Politik letzten Endes vor einer Sackgasse. Der Rundgang durch das Trilemma ist just an diesem Punkt abgeschlossen, an dem die Frage nach der Emanzipation der Frau*, mit der wir oben begonnen haben, wieder erscheint: Ist die oben genannte Teilung in entsexualisierten Elfchen-Tango und einen spannungsgeladenen, von Polaritäten getragenen erotischen Tango denn nichts anderes als die altbekannte Unterscheidung zwischen der ‚femme fragile' und der ‚femme fatale'? Kamen sich soeben noch beide Lesben ganz besonders vor und glaubten eine widerständig andere Weiblichkeit zu leben, entbergen sie sich jetzt doch wieder als Ergebnis einer patriarchalen Figur. So schnell wird jede Subversion wieder eingezogen. Man muss tatsächlich immer wieder von vorne anfangen. Fassen wir also zusammen, was wir in diesem relativ kleinen, überschaubaren Feld des Queer Tango sehen konnten:

Solange man konsequent in der Dichotomie ‚Mann-Frau' dachte und das Verhältnis innerhalb dieser Dyade fokussierte, war es möglich eine starke Frauenpolitik zu vertreten, die sich mit weiblicher Ästhetik, selbstbestimmter Weiblichkeit und einer Anerkennung als gleichwertig und

gleichberechtigt befasste. Diese trug aber nichts zur Dekonstruktion der Geschlechterkategorien und der zugrundeliegenden Aufgabenteilung von Führen und Folgen bei (EN → non-D).
Mitunter aus diesem Grund wurde der Queer Tango erfunden und fokussierte sodann auf der ND-Linie die Dekonstruktion ebenjener normalisierten Vergeschlechtlichungen und Rollenzuschreibungen. Da darin alle Kategorisierungen individualistisch aufgelöst wurden, war es aber nicht mehr möglich, die strukturelle Asymmetrie zwischen Frau* und Mann* – zwei Worte, die dort quasi nicht mehr benutzt werden, da dies ja nur soziale Konstruktionen seien – zu bearbeiten. Das Projekt der Neuerfindung von Weiblichkeit* starb aus; Befreiung meinte nicht mehr die Befreiung der Frau*, sondern die Befreiung aller* von heteronormativen Zwängen und Kategorisierungen. Dazu wurden alle Schritte ‚geschlechtslos' gemacht: Zwei Clowns könnten diesen Tango tanzen (Das war kein fiktives Beispiel...). Problematisch waren in diesen Räumen vor allem die latente Abwertung des Weiblichen* sowie das Übersehen der Anschmiegsamkeit an eine neoliberale Ideologie gemäß der die zeitgemäße Frau alles können *muss*: führen und folgen und flexibel zwischen diesen Rollen hin- und herwechseln (ND → non-E).
Die letzte Version wiederum war ebenso ein dekonstruktives Unterfangen; sie arbeitete sich aber nicht an dem Versuch ab, eine Normalität* zu verändern, sondern blieb ganz glücklich eine von den Normalen* übersehene Subkultur. Dieser Queer Tango glaubte an die Möglichkeit einer queeren Ästhetik, die dezidiert nicht normal* sein wollte. In den dergestalt segregierten Räumen werden Gegenentwürfe gezeichnet, die anderen Formen von Geschlechtlichkeit und Sexualität zum Ausdruck verhelfen. Diese sind jedoch nicht einfach so in die heterosexuelle Welt transportierbar (DE → non-N): Hier gelten andere Schönheitsideale, andere kulturelle Formen und andere Hierarchien, die sich mit denen der Hetero-Welt beißen – jedenfalls dann, wenn man diese fundamentale Andersheit* nicht im ND-Stil zu einer klischeegetränkten Party verflacht.

Ein ernstes Beispiel: Zur Enteignung des Begehrens am Beispiel des Antisemitismus

Während es im Tango-Beispiel nur so von menschlichem Begehren wimmelte, zeigt sich das andere Extrem in (proto-)faschistischen Situationen: Hier erlischt das vielstimmige und dissonante Begehren zu einem nackten Überlebenskampf. So wie das Trilemma benutzt werden kann, um widerstreitende Begehrensartikulationen in diskriminierungskritischen Bewegungen zu verstehen, kann es daher auch verwendet werden, um deren

grausamstes Ende nachzuvollziehen. Die Dissonanz des Begehrens, nicht diskriminiert zu werden, rührt nämlich nicht vom diskriminierten Subjekt her, sondern von der *widerstrebenden Gleichzeitigkeit diskriminierender Vektoren*.
Derartige Regime sprechen paradoxe Befehle aus wie zum Beispiel: ‚Integrier dich!' *und gleichzeitig* ‚Geh doch zurück, wo du herkommst!'. Ist ein Diskurs so verroht, dass diese paradoxen Befehle nicht mehr als unmöglich erfüllbare Forderungen erkannt werden, droht er ins Faschistoide zu kippen, wobei ‚faschistoid' in diesem Verständnis ein Regime bezeichnet, das in einer unberechenbaren Willkürherrschaft beliebige und dissonante Projektionen auf Minderheiten bzw. Anderen*-Gruppen ablädt. Sodann kommt es auf Betroffenenseite zu einer Enteignung des Begehrens, da kein Wunsch und kein Hoffen mehr sicher vor dieser faschistischen Verdunklung ist. Der drohende Angriff auf das nackte Leben sorgt dafür, dass alles Begehren sich darum dreht, sich zu schützen. Dergestalt in die Defensive gedrängt, kann sich keine widerständige Bewegung formieren, da sich die internen Debatten der jeweiligen Betroffenengruppe sodann nicht mehr darum drehen, was man will, sondern nur noch darum, wie man überlebt.

Bis heute zeigen sich Dynamiken dieser Form in einem postnationalsozialistischen Deutschland (zum Begriff siehe Messerschmidt 2018). Wenn roheste Formen von Antisemitismus dazu führen, dass die Forderungen darauf reduziert werden, nicht getötet oder verprügelt zu werden, erscheinen viele der hier verhandelten Themen wie z.B. Fragen der Repräsentation oder der Kritik an diversity-Inszenierungen wie ‚Luxusprobleme'. Dieses Verstummen hinsichtlich Begehrensartikulationen, die über das nackte Überleben hinausgehen, hat starken Einfluss auf die Aufmerksamkeitsökonomie und die massenmedialen Diskurse:

> „Die in Emanzipationsbestrebungen oft angenommene Formel, dass mehr Sichtbarkeit auch mehr (gesellschaftliche) Anerkennung bedeutet, geht gerade am Beispiel der Jüd*innen in Deutschland nicht auf. Viel eher entsteht eine Unsichtbarkeit bei gleichzeitiger Überrepräsentation – oder sogar durch diese. [...] Ferner finden Jüd*innen oft nur dann Gehör, wenn sie sagen, was von ihnen erwartet wird" (Peaceman & von Haselberg 2017, 102)

Daher ist auch hier keine Deutungshoheit der Betroffenen gegeben – mit dem Unterschied, dass dies nicht über offenes Ignorieren, Schweigen und Wegreden geschieht, sondern über eine Enteignungsstruktur, welche das Begehren der Nicht-Betroffenen zentriert und zugleich das Begehren der Anderen* auf den Überlebenswillen reduziert. Alles, was mehr als das nackte Leben betrifft, wird dabei überhört, indem man das Gesagte auf

jenes hin beschränkt und vereindeutigt, das für das Sichern des nackten Lebens vermeintlich oder tatsächlich wichtig ist. Gleichzeitig werden dabei enge Rollenerwartungen abgesteckt, die es verunmöglichen, dass widerständiges Begehren *als* widerständiges in der Öffentlichkeit erscheinen kann.
Die Enteignung geschieht dabei durch eine perfide Dopplung: Solange es völlig verrohten Antisemitismus gibt, bringt dieser auf Seiten der verbündeten Nicht-Betroffenen ein Verhalten hervor, das ich als ‚vereinnahmend-advokatorischen Philosemitismus' bezeichnen möchte. Um das nackte Leben aus der nicht-betroffenen, also privilegierteren Stellung heraus zu schützen, schwingt man sich zum Anwalt der Opfergruppe auf, wodurch den Betroffenen die Deutungshoheit ein zweites Mal entrissen wird. Die erste Enteignung geschieht also durch faschistoide Verdunklung des Begehrens (also durch offen antisemitische Menschen); die zweite durch den Versuch, dies zu unterbinden.

Tab.1: Antisemitische Enteignung des Begehrens

	Das trilemmatische Begehren	und dessen faschistoide Enteignung
EN	Versuch *als* jüdischer Mensch die jüdische Präsenz in Deutschland zu normalisieren.	wird enteignet durch den antisemitischen Imperativ, einen auf gut gelaunt und versöhnlich zu machen.
ND	Versuch hier *als* Mensch (i.S.v. *als* Individuum) zu leben ohne ständig auf das eigene jüdische Erbe angesprochen und essentialistisch darauf reduziert zu werden	wird enteignet durch den antisemitischen Imperativ, sich unsichtbar zu machen. Die Desidentifikation mit dem jüdischen Erbe wird darin pervertiert zum Vorwurf der Selbstannihilation.
DE	beide Formen des Begehrens nach Normalisierung aufgeben und sich in segregierte subkulturelle Räume oder nach Israel flüchten	wird enteignet durch den antisemitischen Imperativ, doch am besten zu verschwinden, weil man sowieso nicht hierher gehöre.

Die Grundstruktur der ersten Enteignung des Begehrens besteht darin, dass *jeder* Versuch der Anderen*-Gruppe, sich der Diskriminierung zu entziehen, damit beantwortet wird, dass man genau dies gewollt habe, wodurch die minoritäre Gruppe in ihrem Widerstand lächerlich gemacht wird. Dies wird begleitet durch zwei Manöver: (1) das gegeneinander Ausspielen der Betroffenen und (2) einer Schuldprojektion, gemäß der die von Diskriminierung Betroffenen stets selbst Schuld an ihrer Diskriminierung seien – egal welche der Fluchtlinien sie wählen (Täter-Opfer-Umkehr).

Die zweite Enteignung folgt auf diese erste und geschieht durch den gut gemeinten vereinnahmend-advokatorischen Philosemitismus, der hofft, jüdische Menschen vor den in der Tabelle genannten Phänomenen (und Schlimmerem) schützen zu können. In einem Stellvertreterkampf dieser gegen den Antisemitismus werden sodann die Rollen festgelegt, welche die Betroffenen ihres Erachtens zu spielen hätten:
Kämpfen diese nicht-betroffenen Stellvertreter_innen gegen das Befriedungsverbrechen (Zeile EN) laden sie jüdische Menschen ein, um sie vom Überleben und ihren Traumata erzählen zu lassen und wünschen sich dazu eine derart dramatische Geschichte, dass Normalisierung undenkbar wird. Kämpfen sie gegen geschichtsvergessenen Individualismus (Zeile ND), betonen sie auf nahezu theatralische Weise, dass diese Künstlerin, dieser Autor, dieser Maler, diese Schauspielerin jüdisch ist, stolpern über jeden Stein und verunmöglichen damit jedwede Chance als jüdischer Mensch auch mal einfach nur ein Mensch – also tatsächlich ein Individuum – sein zu können. Kämpfen sie gegen die Kontaktvermeidung und das Desinteresse (Zeile DE), laden sie zum interreligiösen/interkulturellen Dialog ein und fordern von jüdischen Menschen ein, den Aufklärbär zu machen. Das Begehren der philosemitischen ‚Helfer_innen' wird dadurch im ungünstigsten Fall (der immer eintritt, wenn das Begehren dieser nicht kongruent zu dem Begehren der eingeladenen Person ist) zu einem zweiten Hindernisparcours hinter dem ersten. Solange diese glauben, sich die Deutungshoheit darüber anmaßen zu können, was gegen Antisemitismus zu tun sei, gibt es keine Chance für jüdische Menschen, eines dieser Begehren in Ruhe zu entfalten.
Die Enteignung des Begehrens geschieht also kurz gefasst dadurch, dass die Existenz faschistoider Diskurse dazu führt, dass die Gegendiskurse sich nicht mehr an dem Begehren der minoritären Gruppe orientieren, sondern nur noch an der Frage, wie diesen faschistoiden Äußerungen und dunklen Begehrensartikulationen zu begegnen sei.

Viele Menschen haben sich mit den offen aggressiven und wenig subtilen Formen des Antisemitismus befasst. Das Trilemma dreht sich jedoch – nicht nur bezüglich dieser Diskriminierungsform, sondern im Allgemeinen – nicht um diese offenkundigen Feindlichkeiten, sondern (deutlich psychoanalytischer) um das Begehren der Menschen und deren Abwehrmechanismen. Demnach sieht es problematische Muster auch dort, wo keinerlei böser Wille oder feindliche Absicht vorliegt. So geschehen schließlich alle oben genannten philosemitischen Gesten in bester Absicht: Sie zielen auf *Anti*-Diskriminierung, sind von Hoffnung getragen und oft das Beste, das wir tun können. Doch jede Anti-Diskriminierungspolitik hat eine Schattenseite – und das zu sagen ist der ganze Kern des Trilemmas.

Die Theorie der trilemmatischen Inklusion sucht das Problematische daher nicht in einzelnen Äußerungen, sondern darin, dass es in der Gesamtheit dieser Szenen nur um das Begehren der Nicht-Betroffenen geht (vgl. Czollek 2018, 77ff.): Wenn diese Lust auf interreligiösen Austausch und Dialog haben, sollen die jüdischen Gemeinden mitspielen; und wenn dieselben Nicht-Betroffenen sodann morgen keine Lust mehr haben zu reden, werden sie auf einmal Fans der areligiös halb-versteckt lebenden jüdischen Menschen, die am liebsten gar nicht mehr als solche adressiert werden wollen. All dies ist gut gemeint, nicht feindlich gesonnen, geschieht aber konsequent nach dem Geschmack der herrschenden Normalen*.
Wird dabei in einem Akt reduktiver Repräsentation durch die Nicht-Betroffenen ein real vorhandenes Begehren eines *Teils* der Anderen*-Gruppe übergeneralisiert und als ‚richtiges Begehren' dargestellt, wird die Anderen*-Gruppe dadurch gespalten. Das Perfide ist also, dass die jeweiligen normalisierten Subjekte nicht dafür sorgen, dass es die ganze Zeit nur um ihre Interessen geht, indem sie offen ihr Begehren äußern würden, nein: sie nehmen das Begehren eines anderen* Subjekts, enteignen dieses, halten es für ‚Solidarität' mit diesen Betroffenen, wenn sie in der Übergeneralisierung behaupten, sie wüssten, was der richtige Weg ist, und übersehen oder leugnen dabei all jene Anderen*, die dabei nicht mitspielen wollen. Zuletzt wird schlimmstenfalls dann noch behauptet, diese Anderen*, deren Begehren sich auf etwas anderes richtet als das, was gerade bei den herrschenden Normalen* angesagt ist, seien der Grund für den Fortbestand der Diskriminierung. Je mehr Erfahrungen ein Mensch oder eine minoritäre Gruppe mit dieser enteignenden Diskursführung macht, desto stärker wird das Ohnmachtsgefühl. Von Seiten der unterdrückten Subjekte fühlt es sich dann so an als gäbe es nichts mehr, das man fordern, wünschen oder schlicht sagen könnte, das nicht instrumentalisiert und dadurch pervertiert werden würde.

Eingangs sagten wir, dass die Schizoanalyse nach Deleuze und Guattari die Fähigkeit, sich selbst zu widersprechen und die Dissonanz zu umarmen, als strategische Klugheit, Gewandtheit und Agilität versteht. Auch in den kleinen, alltäglichen Spitzen zeigt sich diese Fluchtkompetenz: Da hat man vor zwanzig Minuten noch gesagt, es sei einem wichtig, dass jüdisches Leben in Deutschland nicht auf das Überleben der Shoah reduziert wird, und machte sich zur Kulturbotschafterin (EN), schon steht auf einmal jemand vor einem, der einen so ungebremst mit philosemitischem Exotismus zuschleimt, dass einem schlecht werden könnte. Kurswechsel. Abrupt hört man auf, über jüdische Kultur zu sprechen, erzählt stattdessen, dass man gerne Puzzle-Spiele macht und HipHop hört, in der

Hoffnung auf eine Chance als Individuum wahrgenommen zu werden, das nicht auf sein Jüdisch-Sein reduzierbar ist (ND). Zuverlässig erweist sich das Gegenüber jedoch als eine dieser Trantüten, die dieses Verhalten als Einladung verstehen, nun nie wieder über Geschichte zu sprechen. Schon wieder Kurswechsel. In die andere Richtung flüchten: Die eigene Familiengeschichte erzählen in der Hoffnung, sie wird gehört (EN). Sagen, dass man an die Möglichkeit eines normalen Verhältnisses zwischen jüdischen und nicht-jüdischen Menschen glaubt, dass man gerne hier bleiben und dies in ferner oder naher Zukunft erleben will, dass man nicht nach Israel auswandern, sondern daran arbeiten will, dass diasporisches Leben schön und gut und friedlich sein kann. Und dann wieder in diesem Dialogspiel spüren müssen, wie man auf eine Rolle festgelegt wird, die mehr den anderen dient als einem selbst; sich dem also entziehen, aus dem Dialog flüchten, den man soeben noch begehrte (DE).
Was soll man da am Ende des Tages noch wollen? Einfach seine Ruhe? Die Tür zumachen; die Jalta lesen: sich auf den inner-jüdischen Dialog konzentrieren (DE); und dann wieder: die Tür einen Spalt weit aufmachen und nach Allianzen fragen (EN). So drehen wir uns im Kreis. Im besten Fall strategisch gewandt und klug. Im ungünstigsten Fall ad infinitum. In jedem Fall in einer doppelbödigen Kreisbewegung des Suchens nach *Allianzen*:

Zur (Un-)Vergleichbarkeit verschiedener Diskriminierungsformen

Das soeben Dargelegte macht außerdem deutlich, dass in der vorliegenden Arbeit bezüglich des umkämpften ontologischen Status von Andersheit und den entsprechenden strategischen Fluchtlinien nicht nur nicht zwischen Antisemitismus und Rassismus unterschieden wird, es wird insgesamt eine gemeinsame Struktur *aller* Formen von Diskriminierung unterstellt. Dies liegt daran, dass die Methode der Rhizombildung nach Deleuze und Guattari nicht historisch argumentiert, sondern von *präsentischen* (Un-)Gleichzeitigkeiten ausgeht. Sie fragt nicht danach, wie eine Diskriminierungsform historisch entstanden ist, sondern nur danach, was sie ganz gegenwärtig am Leben hält. Dabei ist es wichtig festzuhalten, dass diese *präsentischen* Vergleiche, die Singularität der Shoah sowie die Fragen nach (Un-)Vergleichbarkeit historischer Ereignisse im Allgemeinen unberührt lassen: In dieser Arbeit werden nur *gegenwärtige* Reproduktionen diskriminierender Ordnungen und Widerstandsstrategien gegen diese verglichen; niemals aber werden historische Ereignisse verglichen. Dies ist analytisch trennbar, wenn man nicht den Fehler macht, der geschichtsdeterministischen Abkürzung zu verfallen, die behauptet, die Geschichte sei kausal – sogar monokausal – der Grund für das Fortbestehen von Diskriminierung. Die Karte fokussiert unsere präsentische Verantwortlichkeit für das Arbeiten an einer besseren Welt. Für alles, was hier und heute geschieht, tragen wir als Nachgeborene die volle Verantwortung. Dies umfasst die hohe Bedeutung von Geschichtsbewusstsein und Biographiearbeit, ist aber nicht auf diese reduzibel.

Da die Geschichte alleine zur Erklärung der Gegenwart nicht genügt und diese auch nicht determiniert, lässt sich unabhängig voneinander und in jeder Kombination entscheiden, welche historischen Ereignisse man für wie vergleichbar hält und – *in einer separaten Frage* – ob man präsentische Reproduktionen diskriminierender Ordnungen vergleichen kann oder nicht. Diese Arbeit befasst sich nur mit der zweiten Frage und beantwortet diese mit ja:

Diese Vergleichbarkeit *präsentischer* Diskriminierungsformen ist gegeben, da jede Diskriminierungsform in die dissonanten Kämpfe um den ontologischen Status von Andersheit* eingelassen ist. Daher kann in dieser Arbeit prinzipiell keine Diskriminierungsform aus der Karte exkludiert werden, da dies eine Verbesonderung durch Unvergleichbarmachen bedeuten würde, die eine *Festlegung* der dergestalt Adressierten auf die DE-Linie (= Verteidigung *fundamentaler Andersheit**) bedeuten würde. Dies festzulegen steht mir jedoch nicht zu. Ich darf nicht jene sein, die für eine Anderen*-Gruppe festlegt, dass diese fundamental anders* ist; ich darf mir nicht anmaßen, diese Festschreibung zu vollziehen. Es ist eine Frage für die internen Debatten der jeweiligen Betroffenengruppe. Man könnte es auch so formulieren: Um die Deutungshoheit aller von Diskriminierung betroffenen Anderen*-Gruppen zu wahren, muss diese Karte das Identifikationsangebot stets offenhalten.

So gibt es zum Beispiel jüdische Menschen, die sich sehr klar dagegen aussprechen, Rassismus und Antisemitismus zu vergleichen (exemplarisch s. Schwarz-Friesel 2018) und solche, die in einer Identifikation mit der afro-amerikanischen Bewegung inspirierende Impulse für die eigene aktivistische Praxis gefunden haben (exemplarisch s. Czollek 2018, 19). Die Methode der Kartographierung erfordert nun zunächst, keiner der beiden Seiten Recht zu geben, sondern lediglich zu bezeugen, dass beide Begehrensartikulationen existieren: eines nach Unvergleichbarkeit in Verteidigung fundamentaler Andersheit (DE) und eines nach Allianzbildung in einem intersektionalen Geflecht multipler widerständiger Bewegungen, in dem auch jüdische Stimmen Platz haben (ND). Es wäre also ein Methodenfehler beim Rhizombilden einer der beiden Argumentationen Recht zu geben: Würde ich stets der ersten Argumentation folgen, würde dies nämlich bedeuten, Antisemitismus in dieser Karte zu dethematisieren. Würde ich der zweiten Argumentation ungebrochen und allerorts folgen, wären alle Unterschiede zwischen Diskriminierungsformen nivelliert. Beides wäre in dieser Pauschalität falsch. Daher muss stets Kapitel für Kapitel gefragt werden, mit welchen Erfahrungen von Diskriminierung man sich als Teil einer Anderen*-Gruppe identifizieren kann, auch wenn das Beispiel in dem gewählten Kapitel sich gerade auf eine andere Anderen*-Gruppe bezieht. Der Streit muss für jeden Absatz neu eröffnet werden – und die Infragestellung von (Un-)Vergleichbarkeiten verlässt uns dabei niemals. Dass die performativen Dopplungen beim Rhizombilden nicht aufhören bedeutet also, dass es auch hier drei Möglichkeiten gibt.

Tab. 2: ‚Meta'-Witze, die keine sind

	Reaktion auf die Unterstellung einer gemeinsamen Grundstruktur aller Diskriminierungsformen
EN – strategisch-essentialistische Andersheit	Es geht um ein (dialektisches) Pendeln zwischen allgemeiner* Diskriminierungstheorie und den Besonderheiten* einzelner Diskriminierungsformen. Das ist in anderen wissenschaftlichen Bereichen doch auch ganz normal, dass man besondere* Phänomene unter einer allgemeinen* Theorie bündelt und dann wiederum Spezifika herausarbeitet.
ND – entessentialisierte Individualität (und wahrhaft Allgemeines)	Erst wenn wir die wahrhaft allgemeine* und daher notwendig abstrakte Grundform der Diskriminierung erkannt haben, können wir aufhören, die Diskriminierungsforschung nach Gruppenzugehörigkeiten, die intersektionale Überkreuzungen in ihrer Individualität* unsichtbar machen und Allianzen erschweren, zu zerstückeln.
DE – fundamentale Andersheit	Bei Geschlecht geht es um ein anderes* Anderes. Klasse ist sowieso etwas *ganz* Anderes. Antisemitismus funktioniert auch völlig anders* als Rassismus. Und sowohl Deaf Studies als auch Mad Studies dürfen nicht unter das Banner Disability Studies subsummiert werden. Ja, wir sind alle fundamental andere* fundamental Andere* als die Anderen* da drüben. PS: Und dazu haben wir jedes Recht!

Die ‚Meta'-Kommentare sind also keine Meta-Kommentare, denn sie fallen sogleich wieder auf dieselbe Ebene der hier diskutierten (Nicht-)Verteidigung fundamentaler Andersheit, deren (Nicht-)Dekonstruktion und (Ent-)Normalisierung ‚herunter'. Daher ist das Rhizom ‚flach'. So steht es also allen von Diskriminierung betroffenen Menschen offen, sich in diesem oder jenem Rhizomabschnitt (wieder) zu finden, sich damit zu identifizieren oder auch nicht. Die performativ gedoppelte Generalansage im inter- und cross-kategorialen Gespräch dieser Arbeit lautet also: Ihr

gehört in dieser Arbeit zu uns*, als eine der vielen Minderheiten in diesem Land, die von Veranderung, Verbesonderung, Exotisierung, Herabsetzung, aber auch von Nivellierung, Vereinnahmung, Instrumentalisierung, schräger Repräsentation, Enteignung und Vergessen betroffen sind, und die sich in ebenjener performativen Dopplung darüber freuen können, in eine Allianz eingezogen zu werden oder nicht, sich dadurch vereinnahmt und nivelliert fühlen können oder umarmt, sich darin erstickt oder befreit oder verbündet fühlen. Jede diskriminierte Gruppe kennt diese Gefühle, diese Ängste, diese Hoffnungen. Genau das ist, was uns eint. Herzlich Willkommen in unserer Allianz! No Exit!
Hauptsache, wir hören nicht auf zu streiten, dergestalt miteinander und zusammen verhaftet: Meine größte Hoffnung beim Schreiben dieses Buches war, dass man die Dissonanz des Begehrens diskriminierter Subjekte nicht nur versteht, sondern vor allem damit aufhört, ihnen diese Dissonanz vorzuwerfen. Es ist nicht unsere Schuld, dass das Begehren, nicht diskriminiert zu werden, stets in eine Sackgasse läuft. Es ist nicht unsere Schuld, dass wir nicht einfach an einem Begehren festhalten und geradeaus durchziehen können. Dies lässt sich an jeder Diskriminierungsform zeigen – und manche davon waren einst oder sind heute in diesem oder jenem Kontext dermaßen von faschistoider Verdunklung bedroht, dass das Begehren erlischt und zu einem nackten Überleben reduziert wird, da sich alles Wünschen falsch anfühlt. Deshalb liebe ich alle unsere internen Debatten um das Begehren: Wo Begehren ist, da ist noch Leben – dissonant und selbstwidersprüchlich, kakophon und streitend, aber es ist da. In den kleinen, schönen Dingen des Alltags wie dem Tango, aber auch in den großen Fragen dieser Zeit.

Das Trilemma dreht sich also tatsächlich im Kreis und in dieser Kreisrichtung sind nun auch die Kapitel angeordnet, in welchen die jeweiligen Sackgassen an verschiedensten Beispielen aus verschiedensten diskriminierten Gruppen vertieft werden. Solange wir uns im Kreis drehen, zirkuliert das Begehren noch und ist mehr als Überlebensinteresse. Wir gehen zunächst die drei Grundkonzepte – Empowerment, Normalisierung und Dekonstruktion – durch und befassen uns sodann mit dem Schlussmuster zum Ausschluss des jeweiligen Dritten (EN → non-D; ND → non-E; DE → non-N). Und das nur, um am Ende wieder von vorne anzufangen.

Wie man dieses Buch benutzt: Der Kompass

Dieses Buch ist für die aktivistische Praxis geschrieben worden. Das Wörtchen ‚anders*' mit Stern ist ein Platzhalter, für den man die jeweilige Betroffenengruppe, für/mit/in der man arbeitet, einsetzen kann (also zum Beispiel schwul*, lesbisch*, Schwarz*, of Color*, be_hindert* etc). Analog gilt, dass ‚normal*' ein Platzhalter für den entsprechenden Gegenbegriff ist (also zum Beispiel heterosexuell*, weiß*, nicht-behindert*, etc).

Das Buch kann man wie eine Karte benutzen, in der man Argumente und Konflikte nachschlagen und verorten kann. Das Spiel funktioniert wie folgt:

Du bist in einer aktivistischen Gruppe, die sich gegen Diskriminierung bzw. für Inklusion einsetzt, und dir/euch hat jemand vorgeworfen (oder ihr habt von alleine gemerkt), dass:

- wir nicht für alle Anderen* sprechen können und schräge Dinge passieren, wenn wir so tun als könnten wir Forderungen für die ganze Anderen*-Gruppe aufstellen (E1)
- wir versuchen über unsere Erfahrungen mit Diskriminierung zu sprechen, dabei aber bemerken, dass diese Erfahrungen nur für einen bestimmten Kreis Sinn machen und dass wir dadurch andere Andere* ständig übergehen oder nicht ansprechen (E2)
- wir dafür kämpfen, nicht übergangen zu werden, dabei aber auf seltsame Weise anfangen darauf zu beharren, dass bei uns alles ganz anders ist. Jemand sagte, wir würden uns einopfern, aber wir versuchen doch nur darauf hinzuweisen, dass wir wirklich in einer besonderen Lage sind (E3)
- wir bei dem Versuch die Geschichte der Anderen* sichtbar zu machen bzw. eine andere* Geschichte zu erzählen, den Faden dabei verlieren, was an dieser Geschichte denn nun anders* ist und worin diese andere* Perspektive denn nun bestehen soll (E4)
- wir ‚essentialistisch' seien (E5)
- wir die Anderen*-Gruppe spalten würden, weil wir nicht mit allen Anderen* solidarisch wären, sondern eine Hackordnung zwischen guten Anderen* und schlechten Anderen* aufmachen würden (N1)
- wir ja auch ziemlich privilegiert seien und uns nur noch um die Luxusprobleme dieser elitären Anderen* kümmern würden (N2)
- wir vergessen würden, dass nicht alle aus unserer Anderen*-Gruppe das Privileg haben, da so mitzuspielen wie wir es tun (N3)

- wir zwar intellektuell echt auf Zack seien (bzw. wir zwar wirklich schöne Kunst machen), dies aber politisch völlig konsequenzlos sei. Wir kommen uns vor, als würden wir schöngeistig daherreden (D1)
- wir Dinge oft verkomplizieren, was ja auch wichtig ist für die kritische Analyse, dann aber auch keine bessere Lösung haben (D2)
- wir uns so sehr daran abarbeiten, den Normalen* gefallen zu wollen, dass wir unsere Andersheit* darüber verstecken und uns zu sehr anpassen. Dann aber hat wieder eine andere gesagt, dass es ja auch wichtig sei, dass welche von uns Karriere machen und wichtige Machpositionen besetzen. Dazu muss man sich doch anpassen, oder? (EN1)
- wir paradoxerweise oft ein negatives Bild von uns selbst transportieren, wenn wir fordern, dass es Hilfs- und Unterstützungsangebote für unsere Anderen*-Gruppe geben muss. Wir wollten damit sagen, dass viele von uns Anderen* echt Probleme haben, aber jetzt wirft man uns vor, wir würden selbst negative Stereotype darüber verbreiten, dass die Anderen* ein bisschen blöd und förderbedürftig seien (EN2)
- wir manchmal so die Schnauze voll davon haben, ständig als Betroffene zu sprechen. Ich will auch mal Mensch sein dürfen. Aber irgendwer muss doch auch die Arbeit machen, um dafür zu sorgen, dass wir Betroffenen uns selbst repräsentieren statt dass man über uns spricht (EN3)
- wir uns manchmal instrumentalisieren lassen, wenn wir von Nicht-Betroffenen eingeladen werden, und es nicht merken (EN4)
- wir eine Identitätspolitik/Betroffenenpolitik machen würden, die ständig in dieser Dichotomie ‚Wir Anderen* - Ihr Normalen*' verhaftet bleibt (EN5)
- wir neoliberale Kackscheiße machen würden, weil wir uns nur noch darum kümmern würden, innerhalb dieses Systems nicht als anders* wahrgenommen zu werden (ND1)
- wir eigentlich keine Politik mehr machen würden, weil es uns nur noch um Individualität und Selbstbestimmung ginge und dies (im Spätkapitalismus) keine emanzipatorischen Werte (mehr) seien (ND2)
- wir an den echten Problemen vorbeischauen würden, weil wir uns in einer positiven Rhetorik bunter Vielfalt verlieren (ND3)
- wir nicht merken würden, dass wir die echten Betroffenen übersehen, wenn wir so tun, als würden *alle* gleich stark von diesem System eingeengt und unterdrückt werden (ND4)

- wir nicht mehr auf Herrschaftsverhältnisse hinweisen können, wenn wir uns weigern, Gruppenbezeichnungen (wie die Anderen* und die Normalen*) zu verwenden und klar zu sagen, dass die Normalen* die Macht haben und die Anderen* nicht (ND5).
- wir uns in unsere safe spaces einigeln würden und zum Opfer machen statt rauszugehen und die Welt zu verändern (DE1)
- wir bei unserem Versuch zu einem anderen Verständnis von Andersheit* zu kommen auf eigentümliche Weise in die Falle tappen, doch wieder ganz platte Stereotype zu reproduzieren (DE2)
- wir unser ‚wahres Selbst' nicht finden werden – egal wie lange wir uns in unseren diskriminierungsfreien Schutzräumen abschotten (DE3)
- wir sektenähnliche Züge annehmen würden (Exkurs)
- wir nur noch ums Überleben kämpfen und es einen tief verzweifelt macht, diese Ohnmacht zu sehen. Wir trauen uns gar nicht mehr wirklich, von einem besseren Leben zu träumen (DE4)
- wir unseren Ausschluss aus den mächtigen Zentren der Normalen* wiederholen und nun selbstgewählt verdoppeln, wenn wir uns auf selbstorganisierte Anderen*-Gruppen beschränken. Warum will niemand von uns Präsidentin werden statt nur Betroffenenpolitik zu machen? (DE5)
- wir in unserem eigenen kleinen Kosmos auf der Stelle treten und uns selbst limitieren würden (DE6).

Diese drei Seiten listen die häufigsten Sackgassen der Anti-Diskriminierungspolitik. Man überlebt unter Linken keine drei Wochen, ohne eine davon zu hören; und es erübrigt sich fast zu sagen, dass es verschieden harsche oder liebe, sachte oder parodistisch-überspitze ‚Hinweise' auf diese Sackgassen gibt.

Nachschlagen kann man stets in beide Richtungen: In den in Klammern vermerkten Kapiteln wird die jeweilige politische Strategie und ihre Sackgasse erörtert. Bei dem jeweiligen Gegenspieler im Trilemma (EN vs. D; ND vs. E; DE vs. N) findet sich wiederum die Antwort auf die Frage, was geschehen würde, wenn man – nur so zur Abwechslung – den gegenteiligen Fehler macht. Wenn man die eigenen Argumente und die Gegenargumente geklärt hat, kann man sich dann seine Lieblingssackgasse gemütlich einrichten oder aber andere Wege beschreiten.
Die Karte selbst arbeitet dabei mit mimetischem Schreiben und bezieht selbst keine Position. In jedem Kapitel findet sich das Für und das Wider eines jeden Zugangs, sodass schlussendlich jede verzeichnete These

andernorts ihre Anti-These findet, ohne dass die Karte am Ende einer der Seiten Recht gibt. Die Diskussionsfrage besteht in diesem Sinne stets darin, unter welchen politischen Bedingungen welche Kritik bzw. welche Form des Widerstands die adäquate ist. Man muss gewissermaßen fragen, wann welches Kapitel ‚dran' ist.

Wer wissen will, wie es sich aus Subjektperspektive anfühlt, ständig mit diesen Sackgassen des eigenen widerständigen Begehrens konfrontiert zu sein, kann dazu im Band ‚Subjekte der Inklusion' weiterlesen.

Wer wissen will, warum die trilemmatische Situation eine trilemmatische ist und wie man das theoretisch herleitet, kann dies im Band ‚Theorien der Inklusion' nachlesen. Der Methodenteil zur Kartographierungstechnik nach Deleuze und Guattari sowie zur Sampling- und Auswertungsmethode der Grounded Theory ist als Gratis-PDF zum download hinterlegt.

III.E – Empowermentpolitiken

Bei Empowermentpolitiken geht es stets darum, dass eine unterdrückte Gruppe pluralisch zu sprechen beginnt, um sich gegen ein Unrecht zu erheben. In diesem Kapitel werden vier Variationen dieses pluralischen Sprechens sowie ihre jeweiligen Sackgassen gezeigt. Das Ziel ist zunächst zu verstehen, was Essentialisierung bedeutet. Das Wort ‚essentiell' wird in dieser Arbeit rein deskriptiv verwendet: Es bedeutet nicht mehr und nicht weniger als ‚wesentlich'. Dass eine politische Bewegung mit essentialistischen Adressierungen arbeitet, bedeutet folglich ganz schlicht, dass sie einen wesentlichen Unterschied zwischen der Anderen*-Gruppe und den jeweiligen Normalen* feststellt. Das ist keine Beleidigung *und* kein Kompliment. Besonders leicht sieht man es bei krassen Kontrasten wie zum Beispiel globaler Ungleichheit: Zu sagen, dass es einen wesentlichen/essentiellen Unterschied macht, ob ich in die Oberschicht eines reichen Landes geboren werde oder in die Slums eines verarmten, kaputtregierten Landes, erscheint als regelrecht trivial. Diese Differenz als essentiell anzuerkennen, bedeutet schließlich die Tatsache der Unterdrückung und der massiven Ungleichheit anzuerkennen. Psychoanalytisch gesprochen würde man sagen: Diese essentiellen Unterschiede wahrzunehmen, bedeutet die reale Gewalt der Unterdrückung und Diskriminierung wahrzuhaben und in ihrem Gewicht nicht zu verleugnen (siehe IV.N4 und IV.N5 im Theorieband).

Diese Unterschiede zu sehen ist notwendig, um Empowerment-Politiken zu ermöglichen: Wenn zum Beispiel jemand die alte behindertenpolitische Forderung ‚Nichts über uns ohne uns' stellt, dann fordert er, man möge *mit* Behinderten und nicht nur *über* Behinderte sprechen. Gäbe es keinen nennenswerten Unterschied zwischen Behinderten und Nicht-Behinderten, würde diese ganze Aussage keinen Sinn machen. Dann wären wir schließlich alle einfach nur Menschen und würden mit irgendwelchen anderen Menschen reden. Im Folgenden geht es in diesem Sinne um verschiedene Wege zu bestimmen, worin genau dieser wesentliche Unterschied besteht.

III.E1 – Die repräsentationale Sackgasse: Black Empowerment: „Adefra“, die „Initiative Schwarzer Menschen in Deutschland“ und der „Braune Mob“

ADEFRA e.V. (Abkürzung für AfroDEutsche FRAuen; www.adefra.de – alle Zitate stammen von dieser offiziellen Website) versteht sich als kulturpolitisches Forum von und für Schwarze Frauen in Deutschland. Dabei wird ‚Schwarz' großgeschrieben, um zu markieren, dass es sich um einen Empowermentbegriff handelt. Bereits auf der Ebene der Adressierung wird damit deutlich gemacht, dass es nicht im konkretistischen Sinne um eine Hautfarbe geht, sondern um eine politische Position innerhalb einer von Rassismus geprägten Welt. Wie auch in IV.E3 mit phänomenologischen Zugängen als Kern des Empowerments hergeleitet, wird dabei zunächst etwas *in die Existenz gerufen*:

> „Der Aktivismus von Schwarzen Frauen in Deutschland ist zentral für die Existenz und die Formierung der Schwarzen Bewegung in Deutschland. Dies ist im Kontext von Bewegungstheorien von Relevanz, da die Rolle von Akteurinnen in sozialen Bewegungen (im Nachhinein) oftmals marginalisiert wird.“ (ebd.)

Aus der Position einer doppelt marginalisierten Gruppe wird hier die Bedeutung der Existenz von Schwarzen Frauen für die Schwarze Bewegung im Allgemeinen angesprochen. Adressiert wird die Erfahrung, im öffentlichen Diskurs und in der Geschichtsschreibung unsichtbar gemacht zu werden. Es geht bei Empowerment-Politiken darum, aus der Unsichtbarkeit herauszutreten. Dies geschieht nicht in einem individualistischen Sinne, sondern dient – wie es weiter heißt – der *Formierung einer Bewegung*. Es ist somit ein Kollektivkörper angesprochen. Damit dieser Kollektivkörper tatsächlich kollektiv und solidarisch handeln kann, darf er sich nicht auf maligne Art spalten. Genau diese Spaltungen aber treten ein, wenn zum Beispiel ein Revolutionskörper sich auf eine Weise inszeniert, die suggeriert, dass er aus Männern bestehe, wenn also die Interessen und Problemlagen von Frauen ignoriert oder auf der antirassistischen Agenda als weniger wichtig eingestuft werden (s.a. IV.E4 zur Problematik falscher Universalismen im Wir_Sprechen).

Im nächsten Absatz wird sodann Schwarze deutsche Frauengeschichte geschrieben. Dies ist ein Beispiel für eine *emanzipatorische Erzählung* als Element der Empowerment-Politik. Es geht darum, seine eigene Version der Geschichte zu erzählen (III.E4):

> „Im deutschen Fall gelten Schwarze lesbische Aktivistinnen der 1980er Jahre nicht nur als Motor für die Formulierung eines

> Schwarzen feministischen Standpunktes in Deutschland, sondern auch als Impuls- und Strukturgeberinnen für die Entstehung einer organisierten Schwarzen Gemeinschaft. Die Wissensproduktion über ›Schwarzsein in Deutschland‹ ist nachhaltig geprägt von den Visionen, Begegnungen, dem Austausch und den kritischen Reflexionen Schwarzer Aktivistinnen." (ebd.)

Damit einher geht eine *emanzipatorische Wissensproduktion*: Der Absatz zeigt sich als selbstermächtigendes Sprechen durch die Erlaubnis Schwarzer Frauen an sich selbst, autonom Wissen zu produzieren. Daher ist es (wie in IV.E1 erläutert) richtiger, ‚Empowerment' mit ‚*Selbst*ermächtigung' zu übersetzen: es geht bei Empowerment-Politiken eben nicht darum, dass normalisierte Subjekte – also in diesem Beispiel weiße Subjekte – das Wissen anerkennen, sondern es geht darum, *sich selbst* das Recht zu geben, Wissen zu produzieren und dafür Gültigkeit zu beanspruchen. Mit diesem Akt grenzt frau sich von der Sprachpraxis ab, bei der Betroffene auf „Erfahrungen" reduziert werden. In diesem Kontext dient der Erfahrungsbegriff der illegitimen Partikularisierung des Sprechens durch Zuschreiben von Subjektivität im Gegensatz zu ‚Wissen', das als objektiv gilt (s.a. IV.ND4).

> „Die Generation Adefra beginnt in der Mitte der 1980er Jahre. Eine Gruppe Schwarzer Aktivistinnen wird durch die Arbeiten und Aufenthalte der karibisch-amerikanischen feministischen Theoretikerin, Lyrikerin und Aktivistin Audre Lorde (1934-1992) in Berlin zusammengebracht und zur Gründung der Initiative Adefra – Schwarze Frauen in Deutschland inspiriert." (ebd.)

Im nächsten Absatz taucht eine signifikante Gründungsfigur namentlich auf. Dies ist kein notwendiges Kriterium für eine Empowerment-Politik, geschieht aber in den meisten Fällen. Wenn dies geschieht ist es für jede ernstzunehmende Empowerment-Politik konstitutiv, dass diese Gründungsfigur, die Elemente einer Mentorin, einer geistigen Mutter, eines Vorbilds oder aber auch – je nach Bewegung – einer Märtyrerin, einer Finanziererin, einer Patin und vieles mehr haben kann, selbst *Teil der betroffenen Gruppe* ist. Wäre dies nicht der Fall nämlich, würde es sich nicht mehr um eine *selbst*ermächtigende Selbstorganisation handeln. Genau dies stellt der Absatz klar: einerseits wird darin deutlich gemacht, dass Audre Lorde gewiss kein weißer Mann war; andererseits sind die Angaben zu ihrer Person deutlich spezifischer als nur zu sagen, dass sie Schwarz war. Der Absatz kommuniziert auf diese Weise gleichzeitig ‚Sie ist eine von uns' *und* ‚Sie ist ein Individuum'. Durch die Notwendigkeit von Empowerment-Politiken zum essentialistischen in die Existenz Rufen von Gruppen arbeiten sie mit diesem Pendeln: Einerseits ist das unsere* Geschichte und jede Geschichte von einer von uns* ist Teil unserer* Geschichte. Andererseits hat jede von uns* ihre eigene Geschichte, ihr spezifisches Gewordensein, ihre eigene Herkunft, ihre eigene Persönlichkeit.

> „Zu diesem Zusammenschluss der Anfangsaktivistinnen gehört die Historikerin Katharina Oguntoye. Sie weist als Gründungsfrau der Initiative Adefra bereits zu den Anfangszeiten der Formation auf die Komplexität der Aufgabe, bisher relativ isolierte Schwarze weibliche Subjekte in Deutschland mit ihren zum Teil sehr unterschiedlich entwickelten Lebensinteressen nicht nur zusammenzubringen, sondern auch auf Dauer zusammenzuhalten" (ebd.)

Sodann folgt die namentliche Nennung einer zweiten Person, die verbunden wird mit der *synergetischen Kraft*, auf die jede Empowerment-Politik angewiesen ist. Es geht im Sinne der Zentralität von *Solidarisierung* für den Empowermentprozess darum, aus partikularisierten Interessen vereinzelter Subjekte ein gemeinsames Begehren eines kollektivierten Körpers zu machen. Genau das ist der Sinn dessen, was in IV.E4 mit Spivak als „strategischer Essentialismus" beschrieben wurde: um politische Forderungen stellen zu können, braucht es die Konstruktion einer solidarischen Gruppe, die für diese Forderungen eintritt. Aus individuellen Wünschen werden so politische Mandate und legitimierbare Stellvertretungen, die dazu befähigen aus dieser Gruppe heraus und für diese Gruppe öffentlich zu sprechen. Genau dies tut Adefra in diversen Formaten wie zum Beispiel Tagungen, geförderten oder selbst geschriebenen Publikationen, offenen Briefen in medialen Debatten oder Lesungen.

Die Initiative Schwarzer Menschen in Deutschland (kurz: ISD; http://isdonline.de; alle folgenden Zitate stammen von dieser offiziellen Website) adressiert das Problem des strategischen Essentialismus in Empowerment-Politiken auf ihrer Startseite explizit:

> **„Vernetzung der Gemeinschaft**
> Die ISD versteht sich nicht als alleinige Vertreterin Schwarzer Menschen in Deutschland, sondern vielmehr als Teil der Schwarzen Community. Besonders hervorzuheben sind jene Gruppen, die von Geflüchteten organisiert werden, wie die African Refugee Association (ARA), The Voice, Refugees Emancipation und Women in Exile. Sie setzen sich für die Einhaltung der Menschenrechte gegenüber Geflüchteten ein und mobilisieren in regelmäßigen Abständen Kampagnen gegen Abschiebungen, Übergriffe durch Staatsorgane, die extreme Rechte und die Residenzpflicht." (ebd.)

So arbeiten sie stark vernetzend und versuchen die Vielfalt Schwarzer Bewegungen mitabzubilden. Die Problemlagen von Geflüchteten etwa sind mitunter sehr verschieden von den Problemlagen von Schwarzen

Deutschen, die seit Generationen deutsch sind und die für die Anerkennung ihrer Existenz als Eben-Nicht-Geflüchtete kämpfen. Aber auch in dieser Figur der Vernetzung verschiedener Konstellationen Schwarzen Betroffenseins bleibt die Adressierung erhalten: Ohne die Anrufung eines solidarischen Schwarzen Kollektivkörpers kann keine Schwarze Bewegung gelingen. So heißt es in den Zielformulierungen des ISD:

> **„Unser Verein ist ein Zusammenschluss Schwarzer Menschen, die es sich zur Aufgabe gemacht haben:**
>
> - die Interessen Schwarzer Menschen in Deutschland zu vertreten
> - ein Schwarzes Bewusstsein zu fördern
> - Rassismus entgegenzutreten,
> - die Vernetzung Schwarzer Menschen beziehungweise ihrer Organisationen und Projekte, zu unterstützen und zu organisieren.“ (ebd.)

Auch hier geht es demnach um die Notwendigkeit des strategischen Essentialismus zur Konstruktion eines Organs, das auf legitimierbare Weise *gruppenspezifische Interessen vertritt*. Dem alten Begriff „Schwarzes Bewusstsein“, der in Analogie zu dem marxistischen Begriff des „Klassenbewusstseins“ entstand, wird hier die Treue gehalten. Zwar steht es nach wie vor jeder frei, sich vom ISD nicht vertreten zu fühlen, doch ist es meistens strategisch klug, solche Vertretungsansprüche nicht in Gänze zu delegitimieren, da sonst die politische Repräsentation verunmöglicht wird: Wenn alle Individuen sind, die nur noch sich selbst repräsentieren, stirbt die Schwarze Bewegung (ND → non-E). Das Zugeständnis des ISD, sich „nicht als alleinige Vertreterin“ (siehe oben) zu verstehen, rekurriert auf dieses Dilemma einer jeden Empowerment-Politik. So sehr man sich bemüht, die Vielfalt und Vielstimmigkeit der adressierten Gruppe mit zu repräsentieren, bleibt es doch immer ein Drahtseilakt, dabei den gemeinsamen Gegenstand, auf dem die Solidarisierung beruht, nicht zu gefährden. Diese schmerzliche Aporie von Empowerment-Politiken lautet allgemein gesprochen:

> *Je mehr sich eine Empowermentbewegung bemüht, die Vielfalt der Eigengruppe mit zu repräsentieren, desto essentialistischer ist ihr Konzept von Anderssein*, das diese Vielfalt konzertiert und zusammenhält.*

In diesem Beispiel gesprochen heißt das: Gerade weil es der ISD wichtig ist, die verschiedensten Lebenslagen von Schwarzen Menschen zu berücksichtigen und sie nicht zu nivellieren, ist alles was als Gemeinsamkeit dieser vernetzten Bewegungen übrig bleibt die Tatsache, dass sie Schwarz sind.

Je mehr sich bemüht wird, die unterschiedlichen Schwarzen Subgruppen zu vereinen, desto öfter und desto essentialisierender müssen diese als Schwarze Einheit angesprochen werden. Die Stärke der ISD ist dabei ebenso unverkennbar wie dieses Verhaftetsein in essentialisierten Kategorien: Als größter Zusammenschluss Schwarzer Menschen in Deutschland ist die ISD ein agiler, handlungsfähiger Verein, der gerade durch die zahlreichen Subdivisionen zu einer großen Zahl an Themen sprachfähig bleibt. Dadurch dass sich die Initiative um diese spezifische veranderte Sprechposition dreht, kann sie sich auch schneller in neue Themen einarbeiten, auf Tagesaktuelles reagieren und Spezialist_innen für Einzelthemen ausbilden. Wer nicht als Schwarze adressiert werden will aber, sollte von diesen Veranstaltungen lieber wegbleiben: Hier ist kein Platz für Entnennung (ND als Gegenspielerin); vielmehr heißt es *„Farbe bekennen*" (Oguntoye et al. (Hg.) 1992). In einer von der Heinrich-Böll-Stiftung geförderten Kampagne zur afro-deutschen Geschichtsschreibung spricht Eggers (2006) von der Gemeinsamkeit diasporischen Lebens als zentrale Referenz für Adefra und die ISD und fasst diesen Seiltanz von Empowermentvereinigungen wie folgt zusammen:

> „Die Schwarze Community vereint ein sehr breites und vielfältiges Spektrum von gesellschaftlichen Gruppen, thematischen Interessen und Positionen. Es ist weder möglich noch wünschenswert, von einer einheitlichen gesellschaftlichen Formation zu sprechen. Es kann demzufolge auch nicht erwartet werden, dass die Community sich (immer) einig ist hinsichtlich ihrer Haltung zu aktuellen Ereignissen. Es handelt sich insofern nicht um eine statische Entität, sondern um eine Struktur von spezifischen Zusammenschlüssen, Überschneidungen und Berührungen, die auch in sich offen bleiben müssen. Vereint sind diese Zusammenschlüsse über das politische Selbstverständnis als Schwarze und durch ihren Bezug auf geteilte Erfahrungen in der Diaspora." (ebd.)

Etwas einfacher gestalten sich diese Aushandlungen zum strategischen Essentialismus bei Vereinigungen, die ein bestimmtes Ziel verfolgen und dadurch stärker themenzentriert arbeiten können und etwas weniger differenzkategorienzentriert. So ist zum Beispiel der „Der Braune Mob e.V." eine Organisation mit demselben Empowermentansatz, aber einem spezifisch die mediale Öffentlichkeit adressierenden Hauptziel:

> „Was in anderen Ländern Gang und Gäbe und bereits seit längerer Zeit institutionalisiert ist, wurde in Deutschland im Jahr 2001 zivilgesellschaftlich initiiert. "der braune mob e.V." war Deutschlands erste Schwarze media-watch-Organisation, gegründet von professionell Medienschaffenden, Künstler*nnen, Aktivist-

> *nnen und Jurist*nnen, die eine diskriminierungsfreie deutsche Medienöffentlichkeit erreichen wollten." (derbraunemob.de)

Bereits der Name des Vereins spielt mit kategorialen Adressierungen: so ist „der braune Mob" einerseits die Bezeichnung für den faschistischen Mob, der rassistische Bilder perpetuiert und andererseits eine Wiederaneignung/ein Reclaim (Begriffserklärung ausführlicher in IV.E3) von Menschen, die „braun" im Sinne der Hautfarbe sind. Die Bezeichnung „Braun" (teilweise mit großem B analog zu „Schwarz" mit großem S) hat sich etabliert für People of Color aus dem arabischen Raum, aber auch andere nicht im engeren Sinne ‚schwarze' und trotzdem rassifizierte Minoritäten. Einerseits handelt es sich demnach um eine Adressierung einer Betroffenengruppe, andererseits aber steckt in dem Namen ebenso die inverse Figur: es geht nicht um die Betroffenen selbst, sondern um die rassistischen Verhältnisse. Auf ihrer Seite und dem dazugehörigen Blog sammelt der Braune Mob zahlreiche Infomaterialien und Konzepte, um die Medienlandschaft weniger rassistisch zu machen.

> „Unsere Aufgabe sehen wir daher ab sofort in der Förderung von Projekten, die Stimmen, Selbstbestimmung, Selbstbewusstsein, Ausdruck, Lebensmut, Gesundheit, Zugang, Chancen und Kreativität von Schwarzen Menschen und PoC in Deutschland stärken." (ebd.).

Insgesamt lassen sich für derartige Empowermentpolitiken vier Kernelemente und eine Aporie festhalten:

- es wird ein Kollektivkörper angerufen, um eine Bewegung zu formieren
- es gibt eine emanzipatorische Erzählung, die in die Existenz ruft und sichtbar macht
- es gibt eine emanzipatorische Wissensproduktion
- im Zentrum steht ein Konzept der Solidarität

Diese vier Facetten des Empowerments bedürfen einer essentialistischen Adressierung. Man muss Schwarz sein, sich mit diesem Schwarzsein identifizieren und den realen politischen Schmerz erfahren, der damit verbunden ist und der dem Schwarzsein den essentiellen Charakter verleiht, um diese Politik zu betreiben. Nur in diesem Verweis auf ein Schwarzes Bewusstsein ist der strategische Essentialismus ein strategischer. Die Schattenseite ist demnach eine doppelte: auf der affektiven Seite wird das Subjekt an den real-leiblichen Schmerz gebunden und auf der diskursiven Seite bleibt dem Subjekt die entnennende Dekonstruktion (ND) der Kategorie, die es strategisch aufruft, verwehrt. Ersteres wird aufgefangen durch Aktionen, die mit hooks gesprochen „Schwarzsein Lieben als Widerstand" verstehen und kommunizieren, dass neben dem

Schmerz ein Anderes denkbar ist: *black is beautiful.* Letzteres soll in der Betonung der Vielfalt diasporischen Daseins ein Gegengewicht finden, das jedoch paradoxerweise den Essentialismus verstärkt, indem es zuletzt die Einheit dieser Vielfalt affirmiert.

III. E2 – Die identifikatorische Sackgasse: feminist body politics: Zwischen Weib und Leib

Der Begriff „body politics“ oder „Körperpolitiken“ wird in einem weiteren und in einem engeren Sinne gebraucht. Im weiteren Sinne werden damit politische Praktiken bezeichnet, die sich auf das körperliche Dasein und das körperliche Selbstbestimmungsrecht beziehen. Dazu gehören im feministischen Kampf traditionell drei Bereiche:

1) der Widerstand gegen biopolitische Fremdbestimmung (Abtreibungsrecht, selbstbestimmte Schwangerschaft, Verhütungsmethoden, etc.)

2) das Recht auf körperliche Unversehrtheit (Vergewaltigung, Gewalt an Frauen, Zwangssterilisation, etc.) und der Kampf gegen die Ausbeutung weiblicher Körper (unbezahlte Reproduktionsarbeit, Zwangsprostitution, Pornographie, etc.)

3) das Recht auf selbstbestimmte Präsentation im öffentlichen Raum, die frei von Beschämung und Beraubung des Raums ist

Diese drei Themenfelder sind so alt wie der Feminismus: natürlich bezieht sich feministische Politik auf Körper. Weitergehend ließe sich sogar fragen, ob nicht jede Politik auf eine Regierung von Körpern hinausläuft: Sodann wäre der Begriff „Körperpolitik“ so weit gefasst, dass er mit „Politik“ zusammenfallen würde. Das Wort „Körperpolitik“ würde sodann lediglich signalisieren, dass man auf theoretischer Ebene politische Praxen mit Fokus auf körperliche Prozesse analysiert. Es gibt aber noch eine zweite Bedeutung dieses Begriffs, die in die komplexere Frage mündet, wie das Verhältnis von Leib zu Politik ist. Während man Körper führen, formen, regieren, disziplinieren, unterwerfen kann, entzieht sich der Leib dieses direkten Zugriffs. Zielen Empowermentbewegungen jedoch auf solche subjektiven Qualitäten des leiblichen Erfahrens wie zum Beispiel „Wohlbefinden im öffentlichen Raum“, sind sie gezwungen über diese Differenz zwischen den regierbaren Körpern und unverfügbaren leiblichen Erfahrungen zu stolpern. Es macht im historischen Verlauf Sinn, dass diese Debatten später auftauchen; auch bei Behinderung war dies der Fall: Im ersten Schritt kämpft man zum Beispiel für den Zugang behinderter *Körper* zu barrierefreien Räumen; erst wenn diese Teilhabe gewährleistet ist, lässt sich im zweiten Schritt fragen, was es bedeutet, die *leibliche* Erfahrung der Enthinderung in inklusiven Räumen zu machen. Sodann kommen ebenjene Fragen des Selbstverhältnisses ins Spiel: Wie zeige ich mich? Wie fühle ich mich in diesem Raum? Was bedeuten Formulierungen wie zum Beispiel „sich selbstverständlich in einem Raum bewegen“?

Das Aufkommen eines expliziten Begriffs von ‚body politics' im engeren Sinne muss daher später angesiedelt werden (auf der Theorieetage nach bzw. mit dem ‚performative turn'). Wie so oft in aktivistischen Kreisen gibt es keine scharfe Definition dafür. Grob gesprochen wird mit ‚body politics' im engeren Sinne eine Politik assoziiert, die durch körperliches Tun im öffentlichen Raum ein politisches Zeichen setzt. Neben all den verbalen Bekundungen, in denen sich das Politische äußert, ist auch das Auftreten in der Polis für sich eine beeinflussbare Möglichkeit, Emanzipationsprozessen die Treue zu halten. Ausgangspunkt ist dabei zunächst die Frage, welchen Körpern in der Öffentlichkeit welcher Raum zugestanden wird, welche Präsentationen dabei als normalisiert gelten und welche beschämt oder herabgesetzt werden. Durch diese Brille betrachtet werden auch unscheinbare kleine Alltagspraktiken zu politischen Taten. In den letzten Jahren bezogen sich feministische Kampagnen zu ‚body politics' unter anderem auf:

- Laufexperimente in der Innenstadt unter der Fragestellung: Was muss frau tun, damit bei drohender Kollision auf dem Gehweg der Mann ausweicht? Diese Praktiken des Nicht-Zurückweichens rekurrieren demnach auf winzige Szenen alltäglicher männlicher Dominanzinszenierung, die gebrochen werden sollen, indem der Normalinszenierung, dass die Frau selbstverständlich diejenige ist, die Platz macht, nicht gefolgt wird.
- Sehr verwandt damit ist die Kritik an einer hegemonial-männlichen Praxis, die „men-spreading" getauft wurde, also das sich Breitmachen und Raum Beanspruchen von Männern durch die Sitzposition betrifft. Die feministische Antwort bestand in Krisenexperimenten in öffentlichen Verkehrsmitteln, bei denen sich Frauen so flächig ausbreiteten, wie man es sonst nur von hegemonialen Männlichkeitsinszenierungen kennt.
- öffentliches Stillen: So kam es zyklisch immer wieder zu Kritik an den Bildpolitiken von Facebook, die Fotos stillender Mütter als ‚obszön' bewerten und offline nehmen, während erotische Aufnahmen gleichzeitig erlaubt sind. Diese Facebook-Politik reinszeniert damit die patriarchale Regel, dass Frauen nur nackt sein dürfen, um Männern zu gefallen, aber nicht für sich selbst oder nicht-sexualisierte andere (wie in diesem Fall Säuglinge).
- dem Protest gegen das Versteckenmüssen der Regelblutung (‚period shaming'): So wurden Werbespots für Tampons und Binden dafür kritisiert, dass sie nicht das weibliche Wohlbefinden ins Zentrum stellen, sondern eine möglichst große Unsichtbarkeit der Regelblutung zum Ziel setzen. Damit suggerieren sie Frauen, es sei nicht in Ordnung, wenn jemand auch nur bemerkt, dass

frau ihre Tage hat. International betrachtet hat das Patriarchat viele Gesichter der verschieden starken Exklusion von Frauen während der Regelblutung: das Verbannen blutender Frauen in Nebenhäuser oder Ställe; das Verweisen in nicht selbstgewählte Bäder, das Frauen als ‚unrein' stigmatisiert, das Verweigern des Rechts auf Teilhabe an religiösen Praktiken während der Regelblutung (betrifft z.B. in manchen muslimischen Gruppen die Koran-Lektüre; andernorts das Fasten in Gemeinschaft), etc.

- Ein alter feministischer Scherz, fast schon ein Klischee: unrasierte Beine. Das Verschwenden weiblicher Lebenszeit durch Ansprüche des Patriarchats, was Frauen zu tun hätten bevor sie das Haus verlassen dürfen ohne beschämt zu werden, steht hier im Zentrum der Kritik.

Was all diese Beispiele gemeinsam haben ist, dass sie darauf verweisen, dass Frauen immer noch dazu angehalten werden, Teile ihres Körpers oder körperliche Prozesse im öffentlichen Raum zu verstecken oder sich klein zu machen, während dies von Männern nicht im gleichen Maße verlangt wird. Während Männer im Hochsommer unbeschwert mit nacktem Oberkörper in der Öffentlichkeit sein können, ist das Stillen immer noch für viele ein Stein des Anstoßes. Ebenso Teil dieses Themenfelds ist die spätestens seit „Germany's Next Top Model" boomende Diskussion zu Schönheitsidealen und der Beschämung davon abweichender Frauenkörper (vorwiegend unter den Begriffen „fat shaming" und „body shaming"). Die Fat-Positive Bewegung arbeitet dabei mit Slogans wie „Beauty comes in all shapes" mit dem Ziel, das Selbstwertgefühl und die Selbstliebe von Frauen aller Größen und Umfänge zu fördern.

Das zweite Verständnis von ‚body politics' wiederum betrifft nicht den öffentlichen Raum, sondern gewissermaßen das Gegenteil: das sexuelle, ergo intime Leben der Körper und wie dieses erlebt wird. Es bietet sich daher an, in der deutschen Übersetzung obige Beispiele als ‚Körperpolitik' zu benennen und folgende als ‚Leibpolitik', wobei in Anbetracht der Unverfügbarkeit des Leibes stets in Frage steht, ob eine solche ‚Leibpolitik' überhaupt denkbar ist: Lassen sich körperliche Empfindungen und Gefühle nicht schwer bis gar nicht regieren?
Auch hier ging es zunächst um emanzipatorische Wissensproduktion wie z.B. in der feministisch motivierten Sexualaufklärung. Aus der Perspektive dieser Kampagnen und politischen Aktionen „dient der Koitus als Modellfall für Sexualpolitik auf intimster Basis" (Millet 1985, 37 nach Grubner 2014, 50). So wird das Geschlechterverhältnis gewiss auch im Bett ausgehandelt und das körperliche Begehren und leibliche Empfinden somit

zu einer Stätte politischer Unruhen (s.a. IV.N4). Zwei Beispiele sind die Vagina-Monologe von Eve Ensler, die ebenso Initiatorin des „V-Day“ ist, und das kulturwissenschaftliche Werk „Vulva“ von Sanyal (2009). Beide fokussieren (neben der Frage der Repräsentation von Weiblichkeiten) das *intime* leibliche Selbstverhältnis.

In Enslers Theaterproduktion „Vulva“ geht es vor allem darum, die Beschämung und Herabsetzung der weiblichen Anatomie anzugehen und stattdessen einen positiven Bezug zum eigenen weiblichen Körper zu entwickeln. Zu lange ist die Geschichte der Vorstellung, dass die Vagina nur ein Negativ-Bild zum Penis sei, diesem subordiniert und nicht zu einem eigenen Lustempfinden fähig. Diese Narration prägt das leibliche Selbstverhältnis von Frauen, indem sie diese von ihrem Leib und insbesondere vom scham_losen Erleben und Genießen ihrer Vagina entfremdet. Jährlich zum Valentinstag rufen Ensler und Mitstreiterinnen nun zum V-Day auf, der auch in Deutschland bisher zuverlässig in über 100 Städten stattfand. Ziel dieser sehr großen, dezentral organisierten Aktion ist es einerseits ein Zeichen gegen Gewalt an Frauen zu setzen und andererseits – daher der Name V[agina]-Day – ebenjene selbstbestimmte Wiederaneignung des eigenen Körpers zu vollziehen. Unterstützt wird dies durch die Inszenierungsform, die darin besteht, gemeinsam zu tanzen. Das Tanzen in der Öffentlichkeit als körperliches Tun verweist sehr unmittelbar auf den Topos körperlicher Selbstverfügung und das Recht, den eigenen Körper zu genießen.

Sanyal (2009) nimmt die Unsichtbarkeit oder das Wegreden der Vulva zum Ausgangspunkt ihrer Arbeit. Verblüffend ist diese kollektive Wissenslücke um die (Kulturgeschichte der) Vulva, betrachtet man die Regalmeter an Forschung zu Phallus, Penis, Phallozentrismus und co. Auch sie leitet ein mit der Trias aus ‚Naming, Shaming und Blaming' (vgl. ebd., 11); nimmt also in den Blick, wie dieses Organ in der Geschichte benannt und dargestellt wurde, welche Praktiken der Beschämung und des Verschämtseins damit einhergehen und welche Beschuldigungen und Vorwürfe den weiblichen Umgang damit treffen. Bei all diesen Themen stellt sich jedoch die Frage: Warum ist dies im sog. „pornographischen Zeitalter“ überhaupt nötig?

Historisch betrachtet ging der Wandel von der Verachtung des weiblichen Lust- und Orgasmusempfindens hin zur Pathologisierung weiblicher Anorgasmie rasend schnell. Nur zwei Generationen liegen zwischen der Beschämung von Frauen, die kommen, als Schlampen zur Beschämung von Frauen, die nicht kommen, als frigide und gestört. Statt eines einfachen Modells der Sexualunterdrückung braucht es für diese Zeiten daher eine Analyse eines weit komplexeren Geflechts sexueller For-

mungen und Formationen, die den Anschein befreiter Sexualität dieser Tage als trügerisch erkennt und zu beschreiben weiß, mit welchen neuen Mitteln das weibliche Begehren formiert und untergeordnet wird (vgl. Engel 2003).
Ein anschauliches Beispiel aus dem deutschsprachigen Raum liefert die häufig unterschätzte Frau Beate Uhse, die ihr Unternehmen aus der emanzipatorischen Motivation heraus gründete, Frauen Informationen über Verhütung und andere sexuelle Themen zukommen zu lassen, um diesen zu helfen, eine selbstbestimmte Sexualität zu erlangen. Zwei Generationen später ist diese Gründungsidee bis zur Unkenntlichkeit verstümmelt, gar ins Gegenteil verkehrt. Auch wenn das Unternehmen momentan daran arbeitet, sein Image wieder zu wandeln, bleibt es doch in den Köpfen der meisten berechtigterweise ein Laden voller sexistischer Ausbeutung von Frauenkörpern und weiblicher Lust. Die sexuelle Befreiung der Frau – so lehrt diese Geschichte – wurde vor allem dadurch verhindert, dass das Patriarchat unterwegs eine 180-Grad-Wendung vollzogen hat und nun Anspruch auf das weibliche Lustempfinden erhebt statt es zu ignorieren oder auszulöschen. Kurz und einfach gesagt: Pornos mit weiblichen Orgasmen verkaufen sich besser. Erneut ist die Liberalisierung denkbar weit von einer Befreiung entfernt (vgl. IV.N5).

> „Das Fortdauern und mithin die Verschärfung von Ungleichheit einerseits und der Zugewinn an individuellen Wahl- und Möglichkeitsräumen andererseits wären dabei weniger als Widersprüche oder Paradoxien zu fassen, sondern als sich gegenseitig stützende und legitimierende Konstitutionsmomente aktueller Herrschaftsverhältnisse. So manche Freiheit, für die es sich zu kämpfen lohnte, ist heute als neoliberale Wunscherfüllung Realität geworden.“ (Grubner & Ott 2014, 15f)

Der Auftrag einer emanzipatorischen Wissensproduktion über Vulven, Orgasmen oder weibliche Lust im Allgemeinen wird dadurch sehr komplex: Wie lässt sich eine selbstbestimmte Erotisierung des Frauenkörpers vollziehen, die nicht sogleich männlich vereinnahmt und in den Dienst männlichen Begehrens gestellt wird?

Was dieses Set an Aktionen und Praktiken zeigt ist eine Politik, die sehr unmittelbar körperlich verankert ist und leiblich empfunden wird. Im Maximalkontrast zu den diskursiven / symbolpolitischen Spielen der ND-Verbindung erweist sich die Empowermentpolitik als eine, deren Bezug zum Körper ein unmittelbarer ist und bleibt. Der essentialistisch-differenzfeministische Raum, der die Existenz einer körperlichen Weiblichkeit mit einer Klitoris und allem was dazugehört (sic!) affirmiert, kann daher gar nicht verlassen werden. Alle genannten Ansätze zur leiblichen Politik finden entweder innerhalb heteronormativer Zweigeschlechtlichkeit statt oder sind im guten alten Sinne lesbisch; nicht queer, nicht gender-fluid, nicht trans-inklusiv, sondern einfach cis-weibliche Lesbierinnen. Es geht hier um *körperliche Organe*; wer diese nicht hat, kann nicht mitreden.

Der Essentialismus adressiert eine ganz bestimmte Gruppe an Cis-Frauen und – so die Kritik von außerhalb dieses trilemmatischen Punkts – macht darin Unterstellungen über das körperliche Sein der so angesprochenen Gruppe. Dabei fallen in der essentialistischen Adressierung einige heraus; all jene nämlich, deren Körper nicht dieser Unterstellung weiblichen Lustempfindens entspricht (Trans_Inter, Asexuelle, Menschen, die aus religiösen oder moralischen Gründen kein Interesse an sexueller Befreiung haben, gewisse BDSM Praktizierende, Frauen, die ihre Klitoris zwar entdeckt aber trotzdem keinen Spaß an ihr haben, etc.). Eines der häufigsten Gegenargumente lautet (leider), dass dies so wenige Menschen seien, dass man diese doch vernachlässigen könne in Anbetracht der Tatsache, dass es für einen Großteil der weiblichen Bevölkerung stimme. Gerade diese utilitaristische Banalität bestätigt abermals die empirische Hypothese zum politischen Geschehen, dass eine Empowermentbewegung nicht zu haben ist ohne einen durch die Essentialisierung bedingten Ausschluss anderer Personen. Bezieht sich der Essentialismus auf einen (vermeintlichen) Großteil der Population, ist die utilitaristische Ethik daher gern gesehener Pate beim Herunterspielen der Problematik dieser Politiken.

Zuletzt aber zeigen diese Beispiele etwas Verzweifeltes. Ich habe sie auch gewählt, da die sexualpolitischen Versuche in einem schmerzhaften Auseinanderklaffen von Sein und Sollen, aber auch von Theorie und Praxis zu verorten sind. So ist die feministische Theoriebildung zu Fragestellungen menschlicher Sexualität mitunter sehr avanciert, lässt die meisten Frauen in der Praxis aber unberührt zurück. Zwischen den komplexen dekonstruktiven Theoriegebäuden und der Lebenspraxis der Menschen entfaltet sich ein unhintergehbares und weites Auseinanderklaffen. Ständig versperrt sich das Leibliche gegenüber der theoretischen Erfassung und dem politischen Wollen. Zu verzweifelt sind die Versuche politisch korrekten Sex zu haben. So erscheint der eigene Leib unter dieser Rahmung mitunter als stärkste konterrevolutionäre Kraft im eigenen feministischen Haus und zugleich sind diese Ansätze dem Sprechen von Diskurs und Dekonstruktion in einer Sache weit überlegen, da sie mit und in den Körpern arbeiten und nicht gegen sie oder durch Instrumentalisierung ihrer: Wer sich traut, über weibliche* Erfahrungen zu sprechen, ermöglicht eben auch, dass sich Frauen finden, die sich in diesen Erfahrungen wiedererkennen, die sich in diesen politischen Bewegungen sehen können und sich ihnen anschließen. Letztlich bleibt die Schranke zwischen Intimem und Politischem jedoch so unhintergehbar, dass jeder Versuch der Politisierung des Intimen an der eigenen Übergriffigkeit erstickt. Die Unterwerfung der Körper in diesen Empowermentansätzen ist vielleicht eine gefährlich totale, die Empfindsamkeiten der Scham und des Intersubjektiven zu übergehen droht. Das Politische droht das Soziale aufzufressen.

Für Empowermentpolitiken, die am Körper und am leiblichen Selbstverhältnis ansetzen, lässt sich demnach resümierend – wie für jede hier verzeichnete Politik – ein Potential und eine Aporie aufzeigen: Das Potential besteht darin, dass ein Zugang, der mit der (Selbst-)Erfahrung von Körpern beginnt, dem Alltag zum Greifen nahe ist. Er produziert Erzählungen von gemachten Erfahrungen einer minoritären/unterdrückten Gruppe, die zur Identifikation einladen. Durch dieses Ansetzen am Körper und durch die identifikatorischen Prozesse mit der so umrissenen Gruppe, entstehen jedoch klar begrenzte und daher essentialisierende Kategorien: Fokussiert eine feministische Sexualpolitik die Klitoris als Zentrum der Wiederaneignung weiblicher Lust, fallen alle heraus, deren Körper – aus welchen Gründen auch immer – nicht selbst erfahren können, was dies meint. Das Band zwischen Frau-Sein und einer bestimmten organischen Ausstattung wird in solchen Politiken wieder stärker geknüpft. Dies ist immer der Fall: Formiert sich z.B. eine Empowermentgruppe zum Austausch taubstummer Menschen, gründet sich diese Gruppe auf Basis eines körperlichen Merkmals, nicht auf Basis eines radikalkonstruktivistischen Verständnisses von „behindert Werden“ – auch dann, wenn auf der Website das Gegenteil behauptet wird.
Wer über leibliche Erfahrungen sprechen will, die man in bestimmten Körpern macht, muss begrenzen und benennen, welche Körper zu dieser Anderen*-Gruppe gehören, die sich im Sprechen über leibliche Erfahrungen wiedererkennen und darin ein Moment des Zu-Sich-Kommens finden können.

III.E3 – Die Sackgasse der Selbstverbesonderung: Hochsensible kämpfen gegen Dekategorisierung und für Pathologisierung

Ein aktuelles Beispiel einer Betroffenenbewegung, die aktiv gegen die ND-Linie als Gegenspieler der Empowermentpolitiken kämpft, ist die Hochsensibilitäts-Bewegung, zu der unter anderem Vereine wie „Zart besaitet e.V." (zartbesaitet.net) oder der Informations- und Forschungsverbund Hochsensibilität e.V. (IFHS) gehören. Diese (so wie analoge Gruppen in den USA, der Schweiz, Österreich und andernorts) versuchen für die Anerkennung von Hochsensibilität als psychische Beeinträchtigung zu kämpfen. Zwar gehen die Meinungen darüber, ob es nun eine Störung, eine Krankheit oder eine Beeinträchtigung ist unter den Betroffenen wie unter den Expert_innen auseinander, in jedem Fall aber wird diese neue Kategorie ins Leben gerufen. Dies geht einher mit psychologischen Studien, die versuchen das Phänomen wissenschaftlich zu beschreiben und zu erforschen, differentialdiagnostischen Debatten und anderen Versuchen der Institutionalisierung dieses Diskurses. Die Hochsensiblen-Bewegung ist somit ein Beispiel für eine von Betroffenen selbst angeführte und von einschlägigen Expert_innen begleitete Bewegung, die *für ihr Recht kämpft, pathologisiert zu werden* – so paradox diese Formulierung auch auf Vertreter_innen der Depathologisierung/Dekategorisierung wirken mag. Neben der Gefahr der Stigmatisierung nämlich, bringt ein Kategorisierungs- und Pathologisierungsprozess auch enorme Vorteile mit sich:

- Es ermöglicht den Austausch unter Betroffenen, die erst durch die Kategorisierung adressiert werden können.
- Es kann Betroffenen ein Gefühl des Verstandenwerdens oder der Klarheit geben.
- Es macht möglich, gewisse Dinge zu beantragen, an die man ohne einen „Stempel" nicht rankommt, wie Nachteilsausgleiche, etc.; im Falle von Hochsensibilität geht es zum Beispiel um das Recht auf einen reizarmen Arbeitsplatz.
- Es verhindert, in die falsche Kategorie einsortiert zu werden (Gefahr der Fehldiagnose).
- Es sorgt dafür, dass Menschen (sowohl aus der Wissenschaft als auch die allgemeine Öffentlichkeit) sich verstärkt mit dem Thema befassen; es schafft Sichtbarkeit und befördert die Thematisierung.

Selbstverständlich verhält sich diese Bewegung auch zur Frage beziehungsweise zur Forderung normalisierender Dekonstruktion. So heißt es auf der Website unter der Rubrik häufig gestellter Fragen:

> ***„6. Sind nicht alle Menschen sensibel?***
> *Eine Vielzahl von Personen empfindet aufgrund von Informationen wie jenen auf dieser Seite ein Gefühl grundsätzlicher Erleichterung, das Indiz für ein tiefgreifendes Unterschiedlich-Sein ist. Das Spektrum an angenehmen Tätigkeiten und Empfindungszuständen unterscheidet sich zwischen HSP und Nicht-HSP so stark, dass etwas „dran" sein muss.*
> *Ob der Terminus „hochsensibel" als solcher richtig gewählt und das, was hier als „Hochsensibilität" bezeichnet wird, nicht Unterfall eines anderen psychologischen Phänomens ist, wird die Zeit zeigen. Die Andersartigkeit eines Teiles der Bevölkerung als solche wird kaum bestreitbar sein."*
> (http://www.hochsensibel.org/startseite/regelmaessig-gestellte-fragen.html)

Die Frage, ob nicht alle Menschen sensibel sind, in einer FAQ-Rubrik signalisiert zunächst, dass dieser ND-Einwand wohl häufig als Gegenrede angeführt wird. Die erste Antwort rekurriert auf das Gefühl des verstanden Werdens, das solche Kategorien in Menschen auslösen können: Wenn man sich überlegt, dass manche monate- im schlimmsten Fall jahrelang auf der Suche nach ein_er Exper_tin waren, di_er weiß ‚was man da eigentlich hat', ist es leicht sich vorzustellen, dass eine solche Diagnose als *„Erleichterung"* wahrgenommen wird. Explizit fällt in diesem Kontext auch der Begriff *„Andersartigkeit"*; wir finden hier eine Gruppe, die nicht nur nicht gegen Verbesonderung, sondern sogar für die Anerkennung der eigenen *Andersartigkeit* kämpft!

Wir lernen an dieser Stelle, dass Inklusion nicht in allen Fällen bedeutet, keine Andersartigkeit* zu unterstellen oder Menschen nicht das Gefühl zu geben, dass sie anders* sind. Es gibt keinen Satz zu Inklusion, der in allen Fällen gilt. Das Beispiel der Hochsensibilität ist gleichsam prototypisch für Konflikte zwischen Betroffenengruppen mit sichtbarer Behinderung und Betroffenengruppen mit unsichtbarer Behinderung. Typischerweise haben die einen die Schnauze voll davon, ständig auf Basis der äußeren Erscheinung verandert zu werden, während Menschen mit unsichtbarer Behinderung häufiger Erfahrungen mit falscher Gleichbehandlung machen. Dieser – holzschnittartig zugespitzte – Unterschied zwischen falscher Ungleichbehandlung bei sichtbarer Behinderung und falscher Gleichbehandlung bei unsichtbarer Behinderung beeinflusst, mit welchen Diskriminierungserfahrungen man täglich konfrontiert ist und folglich auch, auf welche Weise man glaubt gegen Diskriminierung vorgehen zu können (zur Kritik am Begriff ‚unsichtbare Behinderung' siehe auch I.A3.c).

Unabhängig davon, auf welcher Diskriminierungsachse sie sich vollziehen, besteht der gemeinsame Kern dieser aporetischen Bewegungen darin, dass eine Veranderung des Selbst (oder eine Selbstverbesonderung), die mit einer Inkaufnahme von Stigmatisierung und Diskriminierung einhergeht, das Mittel gegen falsche Nivellierungen und Übersehenwerden ist. Diese Mauer des Vergessens und Verkennens lässt sich nur durchbrechen, indem man die Besonderung des Selbst zulässt. Der erste diskriminierende Vektor (ND → non-E), der sich in diesem Verleugnen, Wegreden und Übergehen von Andersheit* artikulierte, wird dabei von einem zweiten diskriminierenden Vektor eingeholt: dem der Zuschreibung von Andersheit* und deren Perpetuierung (EN → non-D).

III.E4 – Die Sackgasse der Historisierung und Selbsterzählung: Archive für die Zukunft

Eine weitere Variation der Empowermentpolitiken ist das Aufarbeiten der eigenen Geschichte als Unterdrückungsgeschichte und die damit einhergehende Erinnerungsarbeit. In einem vollständig selbstorganisierten und spendengestützten Vorgehen wurde neulich zum Beispiel ein Online-Archiv der deutschsprachigen Behindertenbewegung erstellt, in dem sich (nach Fertigstellung) alle Ausgaben der damaligen Zeitschriften „Mondkalb", „Luftpumpe", „Krüppelzeitung", aber auch andere Schriften einsehen lassen (http://www.archiv-behindertenbewegung.org). Auf der Seite heißt es zur Gründungsidee:

> „**Gegen das Vergessen,** so könnte der Leitspruch des archiv-behindertenbewegung lauten. Dass da mal etwas gewesen ist. Dass sich behinderte Menschen aufgemacht haben, der Normalität die Stirn, das Hinkebein, den Rollstuhl... entgegen zu setzen. Emanzipationsbestrebungen, als ein Teil sozialer Bewegungen in Deutschland. Da war mal etwas gewesen. Wir halten es fest für die Nachwelt." (ebd.)

Das Besondere an dieser Zugangsweise ist, dass die essentielle Differenz dadurch konsequent historisiert wird. Sie tätigen Sprechakte der Form: Wir sind anders*, weil wir eine lange Geschichte der Unterdrückung, aber auch des Widerstands gegen selbige hinter uns* haben. Diese historisierende Vorgehensweise hat den großen Vorteil, dass die Differenz dadurch nicht festgeschrieben wird. So zeigt gerade die Geschichte, der Fokus auf den historischen *Wandel*, dass diese Kategorien nicht starr sind, sondern dass sie vielfach transformiert wurden und sich in ihrer Bedeutung verschieben. Dadurch wird auch denkbar, dass die Kategorie irgendwann – in ferner Zukunft – verblasst und sodann kein essentieller Unterschied mehr da ist. Noch ist er aber da. Man erzählt eine Geschichte schließlich stets in einer Gegenwart und für eine solche (mögliche, erdachte, erträumte oder aber im Gegenteil gegen eine befürchtete, dystopische) Zukunft. Hätte all dies keine Gegenwartsbedeutung, würde es schließlich keinen Sinn machen, dieses Archiv zu erstellen. Auch in dieser vierten und letzten Variation wird daher eine gegenwärtige essentielle Differenz festgestellt. Die Historisierung verweist auf deren Kontingenz, aber sie ist noch wirkmächtig und kann daher nicht einfach weggefegt werden.

III.E5 – Fazit: Wege, eine Essenz festzuhalten, und die Sackgassen, in die sie führen

Insgesamt wurden vier Wege und vier Sackgassen kartographiert:

Wer eine essentielle Differenz zu strategischen Zwecken festhält, um Repräsentation im Stellen und Vertreten von Forderungen zu ermöglichen, muss diesen Repräsentationsanspruch fortlaufend neu legitimieren und auf falsche Universalismen prüfen. Dabei landet man in der Aporie, dass der Versuch, die Vielfalt innerhalb der Anderen*-Gruppe darzustellen, die Einheit dieser Vielfalt umso mehr hervorhebt und die Essentialisierung so verhärtet. Dies wurde am Beispiel der Schwarzen Bewegung gezeigt (III.E1), gilt aber freilich nicht nur dort.

Der zweite Weg bestand darin, es an Eigenschaften von Körpern festzumachen und dabei keinen Repräsentationsanspruch zu erheben, sondern einfach offenzulassen, wer sich mit den leiblichen Erfahrungen, die man in den jeweiligen anderen* Körpern macht, identifizieren kann. Diese Erzählungen von gemachten Erfahrungen sind sehr einladend und berühren die jeweiligen Betroffenen deutlich stärker als abstrakte Konstruktionen, da sie sich und ihre alltäglichen Kämpfe darin wiederfinden – dies gilt aber eben nur für die Menschen mit der jeweiligen organischen Ausstattung. Die Aporie besteht hier in der Rückbindung des Essentialismus an biologische Gegebenheiten – ein Eigentor, das historisch schon teuer bezahlt wurde. Ausgeführt wurde dies an Beispielen aus der Frauenbewegung (III.E2); es gilt aber auch für Beispiele, die sich z.B. mit Schwarzer Haut oder körperlichen Beeinträchtigungen befassen.

Der dritte Versuch war jener zu zeigen, dass das Nicht-Wahrnehmen einer essentiellen Differenz fatale Folgen hat. Es ist gewissermaßen ein Vorgehen ex negativo: Aufgrund der Erfahrung, in der eigenen Andersheit* übersehen und übergegangen zu werden, fordert man ein, dass diese Besonderheit wahrgenommen wird. Dies mündet in die Aporie einer Selbstverbesonderung (III.E3).

Zuletzt wurde der historische Weg gezeigt. Dieser wird auch beschritten, um essentielle Differenz zu dekonstruieren, indem das historische Gewordensein einer Zuschreibung und Verfestigung von Andersheit* nachgezeichnet wird. In der Gegenwartsbedeutung dieser historischen Arbeiten entbirgt sich jedoch die präsentische Affirmation der nachhaltenden Bedeutung dieser essentiellen Differenz. Die historische Dekonstruktion liefert zuletzt eine präsentische Konstruktion einer widerständigen Andersheit*, die helfen soll, im Hier und Jetzt handlungsfähig zu werden. Letzten Endes mündet daher auch der historische Weg in eine der drei oben genannten Sackgassen: Die Geschichte erhebt repräsentationalen Anspruch (wie in III.E1), sie soll zum Identifizieren einladen, um eine Narration widerständiger Andersheit* zu stärken (wie in III.E2) oder aber sie versinkt in Selbstverbesonderung durch Desidentifikation mit dem Allgemeinen (wie in III.E3).

Trotz des Risikos dieser Sackgassen hat jedoch jeder Weg das Potential diskriminierende Verhältnisse in Bewegung zu setzen, indem sie

- die Repräsentation minoritärer Gruppen ermöglichen und die andere* Stimme erheben (E1)
- zur Identifikation mit widerständiger Andersheit* einladen und Gesprächsräume über die Erfahrungen als Andere_r* eröffnen (E2)
- Andersheit* anerkennen statt sie zu nivellieren (E3)
- und einförmige Erzählweisen durch die andere* Seite der Geschichte und andere* Erzählungen von Geschichte bereichern (E4).

Es geht daher nicht darum, diese Politiken zu verwerfen, sondern nur darum zu sehen, wo ihre Grenzen liegen und in welchen Momenten bzw. genauer: unter welchen politischen Bedingungen diese Wege sogar die Königswege widerständiger Politik sind.

III.N – Normalisierungspolitiken

Die Ambivalenz der Normalisierung, wie sie sich auch auf subjektiver (II.N) und theoretischer Ebene (IV.N) zeigt, spiegelt sich ebenso in der Logik der Politik. Eine normalisierende politische Strategie wird in vorliegender Arbeit auf Basis der empirischen Codes aus der Grounded Theory Analyse verstanden als eine politische Strategie der Eingliederung in etablierte politische Systeme, die entweder explizit parlamentarisch sind oder andere etablierte und mächtige Stiftungen, Verbände und Vertretungen sind. Sie dienen dem Absichern einer Machtposition einer Anderen*-Gruppe *innerhalb* der normalistischen Grenzen privilegierter, effektstarker Politik.

Der Vorteil dieser Strategien liegt demnach auf der Hand: Im Pakt mit den Mächtigen lässt sich viel erreichen. Der Verdacht der Anbiederung und des inspirationslosen Opportunismus liegt aber ebenso nahe.

Auf dem Weg zur Normalität* zeigen sich einige Aporien, die im Folgenden ausgearbeitet werden. Die erste bezieht sich auf die Spaltung der Anderen*-Gruppe in Normalisierungswillige und Normalisierungsverweigernde (bzw. wenn es als Fähigkeit konzipiert wird: in Normalisierungsfähige und Nicht-Integrierbare). Die zweite bezieht sich auf das Risiko der Entsolidarisierung durch Hierarchisierungen, die sich häufig mit kapitalistischen Logiken der Verwertbarkeit verbinden.
Die Kapitel sind im generischen Maskulinum verfasst, da diese sprachliche Normalisierung Teil der Logik dieses strategischen Vorgehens ist.

III. N1 – Die Sackgasse der integrierenden Spaltung: Normalisierungspolitik zwischen guten und schlechten Migrant_innen

Ein sehr geradliniges Beispiel für eine solche politische Vereinigung, die im Kampf um Deutungshoheiten um die Normalisierung der eigenen Deutung kämpft, ist das „Muslimische Forum Deutschland (MFD)", das von der Konrad-Adenauer-Stiftung unterstützt wird. In der Gründungserklärung heißt es:

> „*Einzigartig ist die ethnische und religiöse Vielfalt des Forums. So zählen neben Sunniten und Schiiten auch Aleviten, Yeziden und christliche Unterstützer zu den Teilnehmern des Forums. Die Teilnehmer des Forums treten für Demokratie und Menschenrechte ein und möchten der Mehrzahl der in Deutschland lebenden und bisher nicht vertretenen Muslime Gehör verschaffen.*"[1]

Bei jeder Normalisierungsbewegung wird mit einer Beilegung oder Nivellierung interner Differenzen gearbeitet: Um das Ziel zu erreichen, werden Unterschiede zwischen verschiedenen muslimischen Teilgruppen und sogar nicht-muslimischen Teilnehmern hintenan gestellt. Dies geht einher mit dem – wie immer nur als waghalsig bewertbaren – Anspruch die „schweigende Mehrheit" zu vertreten: „*Die Mehrheit der Muslime ist unterrepräsentiert*". (ebd.)

Der verfassungsaffirmative Ansatz steht dabei explizit im Zentrum des MFD: „*Die allgemeinen Menschenrechte, die europäische Menschenrechtskonvention und das deutsche Grundgesetz bilden den Rahmen, innerhalb dessen sich jeder frei bewegen darf. Wir lehnen religiös begründete Traditionen und Gesetze ab, die im Widerspruch zu den Menschenrechten bzw. zum deutschen Gesetz stehen.*" (ebd.). Aber nicht nur auf der Ebene des positiven Rechts, auch auf der Ebene der Ethik wird sich an europäische Werte angelehnt, um die Normalisierung zu befördern. So wird ein direkter Bezug zum westlichen Humanismus gezogen, der auch mit einem Bekämpfen von Stereotypen assoziiert wird:

> „*Wir haben das Ziel, den humanistisch orientierten Muslimen eine Stimme zu verleihen. Muslime werden oft nur auf ihre Religionszugehörigkeit reduziert. Sie werden oft mit den weltweit verbreiteten Gewalttaten anderer in Verbindung gebracht. Sowohl*

[1] http://www.kas.de/wf/doc/kas_41089-544-1-30.pdf?150422155614

gegen die Stigmatisierung als auch gegen menschenverachtende Handlungen wollen wir als Bürger in Deutschland in jeder Hinsicht aktiv an der Gestaltung der Gesellschaft und der Verteidigung der Menschenrechte mitwirken." (ebd.).

Dass diese Strategie funktioniert, lässt sich auch an der Reaktion der Gegenseite erkennen. Die Verbindung zu humanistischen Werten wird vom Humanistischen Verband Deutschlands (HVD) sehr positiv begrüßt und affirmiert:

> *„Frieder Otto Wolf sagte zu der am Mittwoch veröffentlichten Bekanntmachung über die Gründung des Muslimischen Forums weiter, er freue sich, dass „sich nun neben den existierenden und theologisch stark konservativen Verbänden ein Forum etabliert, an dessen Prägung durch moderne und aufgeklärte Glaubenshaltungen kein Zweifel besteht." Er hoffe, dass das Forum „freiheitlichen und informierten Islamverständnissen dauerhaft die deutlich hörbare Stimme geben kann, [...]. Die Aussagen zum Selbstverständnis des Forums, die in der Gründungserklärung artikuliert worden sind, seien „höchst anschlussfähig zu Vorstellungen und Zielen, die auch wir als Weltanschauungsgemeinschaft und Kulturorganisation nichtreligiöser Menschen vertreten", so Wolf."*[2]

Die Begegnung ist also tatsächlich von beiden Seiten erwünscht. Im Zentrum der Vorurteilsbekämpfung steht dabei das Vorurteil über die Inkompatibilität von Islam und westlichen Werten. Stereotype und Vorurteile sollen laut Forum in beide Richtungen angegangen werden: *„Antimuslimische, antisemitische, rassistische, deutschenfeindliche und homophobe Stereotypen und andere menschenverachtende Hassideologien lehnen wir ab. Sowohl Drangsalierung als auch der Hass auf den „Westen", bzw. jede Form religiös oder ideologisch motivierter Gewalt müssen friedlich bekämpft werden.*" (ebd.).

Dabei wird aber nicht nur eine Einteilung der Anderen* in gute und schlechte vorgenommen, sondern auch die Normalen* werden dergestalt unterteilt. Beide Seiten des Dialogs werden so von einer Dichotomisierung erfasst: ‚Gute Muslime sind der deutschen Verfassung treu und prowestlich – schlechte Muslime sind deutschenfeindlich', so der Subtext. Konkordant sind in dieser Logik ‚gute Deutsche' offen für ihre muslimischen Mitbürger, während ‚schlechte Deutsche' die ‚guten' und die ‚schlechten' Muslime in einen Topf schmeißen.

---

[2] http://www.humanismus.de/pressemitteilung/humanistischer-verband-begruesst-gruendung-muslimischen-forums-deutschland

Ein weiterer Aspekt der Normalisierungsstrategie ist das Aufzeigen einer hohen Bereitschaft zum Diskurs und offener Streitbarkeit: „*Offene Diskussionen über kulturelle Unterschiede, Unterschiede zwischen den Religionen und über die Rolle der Religion in der Gesellschaft sollten aus falsch verstandener Toleranz, im Sinne aus „Angst zu verletzen“, nicht im Keim erstickt werden.*“ (ebd.), heißt es dort. Auch hier zeigt sich (neben dem konsequenten generischen Maskulinum) eine Nähe zum deutschen konservativen Vokabular: Man glaubt an „falsch verstandene Toleranz“[3] und alle Differenzen sind essentialisiert: fraglos gibt es diese Unterschiede, die im Dialogspiel reifiziert, zur Schau und zur Debatte gestellt und dadurch reproduziert werden. Hier wird der reinen Normalisierungsstrategie also kurz eine EN-Strategie als Stützweg hingehalten, wobei wie immer gilt EN → non-D: Wer das interkulturelle Dialogspiel spielt, begegnet sich als Träger dieser essentialisierten Kultur und bleibt daher in der ‚Wir–Ihr‘-Dichotomie gefangen.

Insgesamt ist das MFD also ein Lehrbuchbeispiel für eine normalisierende Politik. Es arbeitet mit allen Elementen einer politischen Normalisierungsstrategie:

- Nivellierung der Differenzen der Anderengruppe,
- Explizites Einschwören auf Verfassungstreue und Befürwortung einer Integration als Assimilation an europäische Werte (wie Humanismus, Freiheit, Gleichheit, Brüderlichkeit, etc.)
- strategisch kluger Opportunismus, der nicht nur ökonomisches, sondern auch symbolisches, kulturelles und soziales Kapital anzuhäufen weiß (Anbindung an etablierte Stiftung, etc.)
- Inszenierung einer hohen Dialogbereitschaft und Streitbarkeit im Sinne einer demokratischen Diskussionskultur
- Rhetorik der Verantwortungsübernahme als Bürger der Republik, inklusive der dadurch angebrachten Selbstkritik
- Normalisierende Konstruktion der Anderenidentität, die je nach dem, was der Normalisierung gerade dienlicher ist, zwischen strategischem Essentialismus (EN) und der Dekonstruktionsstrategie des Verblassens von Differenzkategorien in der Affirmation differenzblinder zivilgesellschaftlicher Verantwortung (ND) schwankt.

[3] gewiss ohne damit auf den Unterschied zwischen Toleranz und Anerkennung abzuheben

Wie nun gestaltet sich die Reaktion auf eine solche Politik? Was sagen ihre Widersacher? Und welche positiven Kritiken erhält sie von Verbündeten?
Dass die Normalisierungstechnik tatsächlich schneller ins Zentrum der Macht führt als alle anderen Wege, zeigt nicht nur das symbolische, soziale und ökonomische Kapital, das mit der Anerkennung durch die etablierte deutsche Stiftung einhergeht, sondern auch die positive Wahrnehmung in weiß-christlich dominierten Medien. So titelt beispielsweise die Welt am 23.04.2015:

> „*Liberale deutsche Muslime wollen Islam-Bild ändern. Klares Bekenntnis zu Menschenrechten und Grundgesetz: Auf Initiative der Konrad-Adenauer-Stiftung hat sich das Muslimische Forum Deutschland gegründet – ein Gegenentwurf zu den konservativen Verbänden.*“[4]

Genau diese Darstellungsweise aber wird zum Beispiel von Eren Güvercin in einem Interview mit islamiq.de wie folgt kritisiert:

> „*Eren Güvercin: Dass sich eine Gruppe von Muslimen zusammen tut und ein Muslimisches Forum Deutschland gründet, ist grundsätzlich eine gute Sache. Wenn man sich allerdings die Gründungserklärung genau durchliest, wird man schon stutzig. Sich selber schmückt man sich mit Labels wie “humanistisch”, “liberal” etc., und erweckt bewusst den Eindruck, als ob die etablierten muslimischen Gemeinschaften genau das Gegenteil seien. Das ist schon eine Dreistigkeit.*“[5]

Hier wird folglich die Entsolidarisierung angegangen, auf deren Basis die Normalisierung erkauft wird. Die Normalisierungsstrategie operiert nicht zufällig, sondern systematisch mit dieser Unterscheidung von „guten“ und „schlechten“ Muslimen. Dies bediene die „*aggressive Rhetorik gegen die “konservativen” Muslime [...]. Das ist nichts Neues.*“ (ebd.). Andernorts wird gar gesprochen von einer „*Spaltung der Community, weil der Eindruck erweckt wird, man sei besser, man sei liberaler und demokratiefähiger.*“[6]
Die Spaltung verhärtet somit die Konstruktion einer Unterscheidung zwischen normalisierungsfähigen Anderen* und einem zur Nicht-Normalität* verdammten Rest. Das MFD zeigt genau dasselbe Begehren wie Norma im Band zu den *Subjekten der Inklusion*. Bereits die eigentümliche Paarung der laut Selbstbezeichnung „*liberalen*“ Muslims mit der konservativen christlichen Partei zeigt diese diskursive Ordnung.

---

[4] http://www.welt.de/politik/deutschland/article140004440/Liberale-deutsche-Muslime-wollen-Islam-Bild-aendern.html
[5] http://www.islamiq.de/2015/04/25/die-schweigende-mehrheit-schweigt-immer-noch/
[6] http://www.islamische-zeitung.de/?id=19055#sthash.fmStJQQj.dpuf

Es ist der alte Paria-Parvenu-Konflikt (IV.EN5). Dieser inszeniert sich, wie immer wenn es um Diskriminierung geht, nicht durch einen freistehenden Sprechakt im Vakuum, sondern durch die Struktur der Situation, die angepasste Migranten favorisiert. Die normalistische Politik Betroffener erschwert es dadurch erheblich, auch das gegenläufige *Recht die Normalisierung zu verweigern (DE)* durchzusetzen. Auch hier sind die Gegenspieler demnach echte politische Gegner: DE → non-N.

Der nächste Vorwurf ist der der Anbiederung, welche wiederum von der Zielgruppe – den weiß-christlich dominierten Medien – positiv aufgefasst wird, was der beste Beleg dafür ist, dass es sich tatsächlich um gelungene Anbiederung handelt: Dies entspräche den

> „*Erwartungen an einen gemäßigten "Euro-Islam", der westliche Grundwerte nicht als Gegensatz zum Islam sieht. Das MFD setzt damit ein Signal. Seine Mitglieder wollen die Deutungshoheit über muslimisches Leben und Empfinden in der Bundesrepublik nicht mehr dem Koordinationsrat der Muslime (KRM) und seinen Mitgliedsverbänden überlassen: dem Zentralrat der Muslime (ZDM), dem Islamrat, dem Verband der Islamischen Kulturzentren (VIKZ) und der Türkisch-Islamischen Union der Anstalt für Religion (Ditib). All diese Verbände gelten als konservativ und repräsentieren das Leben der Muslime in Deutschland nur sehr bedingt.*“,

so die Zeitung Welt. Explizit wird hier der Kampf um *Deutungshoheit* erwähnt und um diese Deutungshoheit zu erlangen ist es strategisch klug, die Dinge so zu deuten, dass Menschen in signifikanten Machtpositionen ein Interesse daran haben, dass sich diese Deutung durchsetzt. Es gibt also einen Anreiz für die Etablierten, dafür zu sorgen, dass diese Deutung des Islam die hegemoniale wird. So macht es auch Sinn, dass eine konservative deutsche Politik sich dafür begeistern lässt: Die CDU zeigt in diesem spezifischen historischen und organisationalen Kontext kein Interesse daran, den Islam aus Deutschland zu vertreiben; vielmehr gilt es aus Perspektive der Konservativen dafür zu sorgen, dass sich der Islam domestizieren lässt und idealerweise sogar irgendwann unter dem Banner monotheistischer Religiosität assimilieren.
Sich „anzubiedern“ heißt im Kontext einer Normalisierungsstrategie, sich die richtigen Freunde zu besorgen und zu wissen, wer das größte Interesse hat, mit einem befreundet zu sein. Das sind in diesem Fall nicht die Linken, die – dominant areligiös – keinen Anreiz sehen, Religionen zu einer gemeinsamen Barmherzigkeitsfeier zu verschmelzen; es sind auch nicht die klassischen Liberalen, denen es traditionell egal ist, was Leute glauben, solange sie andere Leute nicht damit behelligen; und es ist auch

nicht das Spiel einer rot-grünen Multi-Kulti-Party: es ist die deutsche Konservative, die eine Assimilation migrantischer communities will und diese vom MFD auf dem Silbertablett geliefert bekommt.

Analog zum „Vorzeige-Krüppel“ ist in der Islamischen Zeitung vom „perfekten Muslim“ die Rede:

> *„Institutionelle Akteure sind immer häufiger auf der Suche nach dem „perfekten Muslim“. Sollte dieser nicht zur Hand sein, wird entweder der Weg der Elitenförderung (inklusive zukünftiger Jobs) gewählt, oder es gibt Hilfestellung beim Aufbau entsprechender Strukturen. Was in den ersten Jahren nach dem 11.09.2001 noch als Projekt des evangelikalen Islamexperten bei der Friedrich-Ebert-Stiftung Kandel scheiterte, versucht nun die parteinahe Konrad-Adenauer-Stiftung erneut.“* [7]

In der Folge geht es auch um hybride Identitäten, um „*Muslime, die keine Migranten mehr sind*“ (ebd.). Wie es auch in der Gründungserklärung heißt: „*Wir sind Menschen, die sich als Bürgerinnen und Bürger Deutschlands und zugleich als Muslime sehen.*“[8] Auch die SZ hebt diesen Aspekt hervor und verknüpft ihn mit post-migrantischem generationalen Wandel:

> *„Das Forum zeigt auch, wie sehr sich die junge Elite des muslimischen Deutschland geändert hat. Die ersten Migranten und Zuwandererkinder studierten Maschinenbau oder Medizin, Berufe, die man überall auf der Welt ausüben kann. Die Unterzeichner hingegen entstammen der ersten Generation muslimischer Intellektueller, die Deutschland und seine Gesellschaft deuten und mitgestalten wollen. Die islamischen Verbände mit ihrer eher konservativen Theologie oder ihrer immer noch engen Bindung an die Türkei sind ihnen fremd.“* [9]

Insbesondere auf die Frage, inwiefern normalistische Organisationen elitär sind, werden wir im nächsten Abschnitt unter dem Begriff „Neue Deutsche“ genauer eingehen (III.ND1). Zu ebenjenen Erwartungen sagt Güvercin wiederum:

> *„Andererseits bedienen die Akteure in diesem Muslimischen Forum Deutschland die Erwartungen der Mehrheitsgesellschaft. Man weiß genau, was die Politik oder die Medien hören wollen, um ihre Aufmerksamkeit und Unterstützung zu bekommen. Das ist also ein politischer Islam, nur in seiner politisch korrekten*

[7] http://www.islamische-zeitung.de/?id=19055#sthash.fmStJQQj.dpuf
[8] http://www.kas.de/wf/doc/kas_41089-544-1-30.pdf?150422155614
[9] http://www.sueddeutsche.de/panorama/neue-initiative-von-muslimen-ansprechpartner-im-namen-allahs-1.2447471

Form. Nur für wen sprechen diese Akteure? Seltsam ist, dass die schweigende Mehrheit immer noch schweigt."

Die Struktur normalistischer Politiken lebt im Allgemeinen von diesen Erwartungserwartungen: Die Anderen* wissen, was die Majorität hören möchte und was die herrschenden Normalitäten* sind, denen es sich zu unterwerfen gilt. Die Majorität wiederum weiß, dass die Minorität das weiß und unterwirft sie einer Authentizitätsprüfung in diesem Prozess. So weiß auch die anti-normalistische Gegenseite, was zu tun ist, nämlich bei den Normalen* eine Skepsis zu erwecken, dass dies ein solches authentisches Abbild sei.

Was durch diese Authentizitätsprüfung geschieht, lässt sich nur dialektisch greifen: Es handelt sich um eine spaltende Integrationsbewegung. Die Integration der Anderen* in eine Normalität* wird durch die Spaltung der Anderen*-Gruppe erkauft. Dies ist nicht spezifisch für Migrationsfragen, sondern liegt – wie immer in der trilemmatischen Situation – an der Struktur der Normalisierungspolitik. So sahen wir im Band zu den Subjekten der Inklusion am Beispiel Behinderung wie dort (von Norma) ebenso ein grausiges Bild von ‚sabbernden Anderen mit Hosen auf halb Acht' entworfen wurde, um sich das Attest der Integrierbarkeit innerhalb einer Behindertenhierarchie zu erkaufen. Dieses grausige Bild ist hier die diffuse Drohkulisse des islamistischen Extremismus. Vor dem Hintergrund der Emotionalisierung in den öffentlichen Diskursen wird hier kommuniziert: ‚Wir sind nicht diese gruseligen Anderen*, sondern die lieben, die freundlichen, die braven Anderen*'. Die Diskursdynamik suggeriert dadurch, dass alle, die gegen die MFD-Politik seien, in eine Ecke mit den terroristischen Anderen* zu stellen seien. Der Kampf gegen anti-muslimischen Rassismus produziert dadurch tragischerweise selbst ein anti-muslimisches Bild, das auf Dichotomien und Unterteilungen der Welt in ‚gut' und ‚böse' basiert.

Diese Paradoxie kann für jede normalistische Strategie und für jede Diskriminierungsform gezeigt werden. Sie führt zu desintegrierenden Integrationen: Selbst wenn die Integration der nun normalisierten Anderen* gelingt, lässt sie die nicht-normalisierten Anderen* noch schlechter dastehen und führt zu einer Polarisierung innerhalb der Anderen*-Gruppe. Im Kontext Behinderung verhärtet dies die Segregationen in geschlossenen Institutionen, in denen dieser ‚Rest' sodann festgehalten wird. Im Kontext Migration führt dies in die Sackgasse einer Spaltung in erwünschte, assimilierte Andere* und eine umso größere Verachtung der nicht-integrierten ethnischen Subkulturen. Im Kontext innerfeministischer Debatten führt es zur Paradoxie einer latenten Abwertung von Weiblichkeit, auf die wir später noch genauer eingehen werden (III.ND4). Die gemeinsame Struktur lautet dabei stets: Wer gegen die Diskriminierung der normalisierten Anderen* kämpft und sich darauf konzentriert, diese als illegitim darzustellen, trägt zur Legitimation der Diskriminierung der nicht-normalisierten Anderen* bei. Das ist das stärkste Gegenteil von Solidarität. Es ist mitunter eine offene Erklärung zur Entsolidarisierung.

III.N2 – Die Sackgasse der kapitalismus-anschmiegsamen Normalisierungshierarchie: Vorzeigeminderheiten und Superkrüppel

Die Ambivalenz der Normalisierung ethnisch-religiöser Minoritäten zeigt sich auch im Vergleich zwischen obigen muslimischen Mitbürgern und den vietnamesischstämmigen Deutschen, die in den 70ern und 80ern hier ankamen. Für mich als Vietnamesin ist dieses Kapitel über Normalisierung gewissermaßen ein Heimspiel. Statistiken belegen, dass kaum eine Migrationsgruppe in Deutschland – gemessen an Schulerfolg und Einkommen – so normalisiert ist wie die vietnamesische (El Mafaalani 2014, 30), was uns mit Jürgen Link gesprochen zu ‚Hyper-Normalen' macht (1996; s.a. IV.ND1). Doch wie kommt es zu dieser Differenz? Wie wir in obigen Darlegungen gesehen haben, braucht es zur Normalisierung ein gewisses Privilegienset und einen Anpassungswillen (sonst wäre es Zwangsnormalisierung).

Dieser Anpassungswille wird bei vielen – gewiss nicht allen! – Familien durch eine religiös-kulturelle Rahmung der Assimilation gewährleistet. Wie den westlichen Lesern vielleicht bekannt, sehen wir das mit der Anpassung nicht so eng: ‚Ein Baum, der sich im Wind biegt, durchwacht den stärksten Sturm, während der harte Baum bricht', sagt ein vietnamesisches Sprichwort. Man muss sich folglich eine Kultur vorstellen, in der „sich (ver-)biegen" keine negative Konnotation hat, sondern im Gegenteil eine Fähigkeit bezeichnet. „Vergiss, dass es ein Ich gibt", wie der Fluter (Kesselhut 2016) titelt, in dem diese Erziehungsziele und -praktiken eher negativ und kritisch dargestellt werden. Neben diesen Darstellungen diasporisch-vietnamesischer Erziehung als gewalttätig-überfordernd, ziehen aber auch viele einen gewissen Stolz aus dieser Fähigkeit zur Anpassung, der Kunst der Assimilation, der Flexibilität. Normalisierung wird so einerseits zu einem Können, einem Vermögen, andererseits zu einem Ziel, das zu verfolgen als strategische Klugheit wahrgenommen wird. Assimilation bedeutet dann weniger, sich zu „kompromittieren", als vielmehr sich einzuschwingen wie die Bäume im Wind. Bei (interkulturellen) Konflikten „nachzugeben", verliert dadurch den Beigeschmack des Schwachen und wird zur Stärke, denn (wie auch die Deutsch-Deutschen wissen): „Die Klügere gibt nach". Wie jede Normalisierungspolitik führt auch diese Einstellung häufig zu Entsolidarisierungen gegenüber anderen minoritären Religions- und Migrationsgruppen, bei denen es nicht als „Sünde" (eine sehr akrobatische Übersetzung...) gilt, auf sein Ich zu beharren. Im US-amerikanischen Diskurs wurde für diese Dynamik der Begriff „model minority (myth)" geprägt (Fuchs 2017; Kuo 2015):

Auch dort sind asiatische Einwanderer in den Statistiken regelrechte Normalisierungskönige. Dieser Status als „Vorzeigeminderheit" verführt zur Entsolidarisierung, die durch die Mehrheit belohnt wird. So wird auf uns als „lebender Beweis für die Integrationsfähigkeit" gezeigt, um anderen Migranten vorzuwerfen, dass diese dies nicht getan haben. Sogar Thilo Sarrazin beklatscht in seinem rassistischen Pamphleten, in dem er bekanntlich über alle anderen Minderheitengruppen hetzt, wie geräuschlos und für andere „vorbildlich" und ohne zu jammern sich die Vietnamesen integriert hätten. Gerade überzeugte Rassisten reproduzieren sehr gerne das Bild der arbeitsamen, fleißigen und demütigen Südostasiaten. Was sie verkennen ist lediglich, dass dieses Ideal entgegen ihrer narzisstischen Phantasie gewiss nicht ihretwegen hochgehalten wird, sondern weil es der Herkunftskultur entspricht. Wenn öffentliche Schande (ob durch berufliches Versagen, Dummheit der Kinder oder unredliches Verhalten) als schwerwiegender bewertet wird als von den eigenen kulturellen Gewohnheiten oder Vorlieben abzulassen, obsiegt im Konfliktfall immer die Anpassung (und damit ironischerweise auf einer höheren Ebene doch das Festhalten an der eigenen Kultur...). Die Momente, in denen auf die Praktiken der eigenen Herkunftskultur und somit auf sein Ich beharrt wird, werden daher gerade in sehr traditionellen Familien in für Deutsche möglichst unsichtbaren Räumen ausgelebt.
Diese Tatsache ausnutzend kommt es im Diskurs zu ebenjener Dynamik, die Vietnamesen als ‚gute Ausländer' konstruiert, um die anderen als ‚schlechte Ausländer' zu diskreditieren. Im Sinne des Wandels zu einem kulturalistischen Rassismus nach Balibar (2011), der die Konstruktion „guter Minderheiten" und „kompatibler Kulturen" braucht, um andere wiederum auszuschließen, komplettiert dieses asiatische Gegenbild das Muster, das in letzter Zeit insbesondere den Islam als „unvereinbar" mit westlicher Demokratie darstellt, wohingegen die vietnamesische Kultur als unproblematisch konstruiert wird (was doch sehr verwundert, wenn man etwa in den Amnesty Report schaut...). So macht sich nicht nur Slavoy Zizek darüber lustig, wie verdächtig gut der Buddhismus hier im Westen bei einer breiten Masse ankommt (Zizek 2014, 60ff.). Viele Vietnamesen tun es auch. Zu offensichtlich ist es, dass einige den diasporischen Buddhismus genau deshalb spannend finden, weil er einen niemals gegen den eigenen westlichen Willen behelligt: keine öffentlichen Gebetsrufe, keine Minarette, kein Beharren auf eine spezielle Ernährungs- oder

Kleidungsweise[10], dafür aber ganz viele Angebote, die dem weißen Interessierten je nach gusto Wohlbefinden, Kampffähigkeit oder Entspannung versprechen; alles Dinge, die dem Erfolg im kapitalistischen System dienlich sind.

Das Muster der Diskriminierung basiert demnach auf den Komplimentierungen und Darstellungen als den ‚Besseren' oder den ‚Pflegeleichteren'; sie verweilen dabei aber stets im Status des ‚kleinsten Übels'. Ein homologer Fall aus dem Themenbereich Behinderung ist daher das Label „high-functioning". Menschen mit geringerem Behinderungsgrad zu sagen, dass sie „nicht wirklich behindert" oder „doch relativ normal" seien ist nichts anderes als die Artikulation von Behindertenfeindlichkeit: wenn es in den Augen des Sprechers nichts Schlimmes wäre behindert zu sein, müsste er schließlich nicht komplimentieren, dass sein Gegenüber in seinen Augen nicht ganz so untermenschlich erscheint.

Auch hier werden teilprivilegierte Subjekte zu Entsolidarisierung verführt, wenn zum Beispiel weniger schwer Beeinträchtigte sich anmaßen, die übrigen Anderen repräsentieren zu dürfen. Insbesondere im Kontext sog. „geistiger Behinderung" kommt es dadurch zur Marginalisierung der subalternen Stimmen durch dominierendes Sprechen weniger schwer Beeinträchtigter.[11]

Was bei obiger Konstruktion „guter Moslems" an Entsolidarisierungen und Spaltungen geschieht, ist wie wir nun gesehen haben auch zwischen verschiedenen Bevölkerungsgruppen möglich, wenn zum Beispiel die einen als „legitime Flüchtlinge" gelten während andere im Vergleich zu diesen „guten Ausländern" als nicht-integrierbar abgetan werden. Einen homologen Fall aus dem Themenfeld BeHinderung beschreiben Bruhn und Homann (2000a; 2000b) anlässlich einer Zusammenlegung von Schulen schwerhöriger und gehörloser Kinder in Hamburg. Auch hier gibt es eine solche Normalisierungshierarchie: Jene, die zur Lautsprache normalisiert werden können oder es schon sind, laufen dabei Gefahr, sich über einen als nicht-normalisierbar konstruierten ‚Rest' zu erheben und so eine „Elite der (Besser-) Hörenden" (Bruhn und Homann 2000b) zu produzieren, bzw. als exklusive Elite (mit eigener Schule) zu verteidigen.

---

[10] Wir Buddhisten sind – wenn überhaupt so streng gläubig - einfach Vegetarier, was wiederum als ‚moralisch wertvoll' oder ‚nobel' bewertet wird und in der Regel von Beobachtern noch nicht mal auf den Buddhismus attribuiert wird. Das ist etwas ganz anderes als religionsspezifische Schlachtmethoden verteidigen zu müssen. So erzählten mir viele muslimische und jüdische Mitbürger, dass sie manchmal einfach behaupten Vegetarier zu sein, um sich vor dem Stigma zu schützen.

[11] siehe zum Beispiel https://autisticacademic.com/2014/08/12/why-this-high-functioning-autistic-really-wishes-youd-shut-up-about-high-functioning-autistics/ mit Bezug auf Osteen (2007)

Wir sehen, dass Exklusion kein Privileg binär gedacht Privilegierter* ist, sondern sogar systematisch von Betroffenen genutzt wird, um sich gegenüber noch weniger Privilegierten abzugrenzen. Ohne eine emanzipatorische Bildung, die einen Empowermentprozess durchlaufen lässt und dadurch die Solidarisierungsfähigkeit stärkt, ist ein solches ‚Nach unten Treten' unter Betroffenen an der Tagesordnung.
Doch selbst ohne bösen Willen und ohne Menschen offen zu segregieren hat eine jede Normalisierungsbewegung diese Effekte zur Folge. So ist ein weiteres Beispiel für die Zweischneidigkeit der Normalisierungspolitik die Debatte um die sogenannte „Homo-Ehe/Ehe für Alle". Unter dem Titel „Ban Marriage! – Ambivalenzen der Normalisierung aus queer-feministischer Perspektive" beschreibt Sushila Mesquita (2011) das Spannungsfeld, in dem sich die schwullesbische Bewegung momentan befindet. So entsteht, ebenso wie bei der MFD-Diskussion „Vorzeige-Moslems" konstruiert wurden (siehe oben), hier das Bild von domestizierten, braven schwulen Männern in putzigen Einfamilienhäusern. Da haben sich einige wohl gedacht, es sei Zeit seriös zu werden und mit dem Cruisen, den Dark Rooms und den exaltierten Kostümen auf den Christopher-Street-Days aufzuhören. Das wäre kein Problem, wenn dies nicht – ganz homolog zu obigem Fall – den Rest der Community unter Normalisierungsdruck setzen würde, indem es eine Spaltung zwischen assimilierten Homos und dem immer noch perversen Rest befördern würde.
Intergenerationales Anzeichen für diese Problematik ist, dass viele junge Homosexuelle keinen Respekt mehr vor Tucken und Butches haben, da sie nicht mehr verstehen, welche Bedeutung es hat, im öffentlichen Raum Sichtbarkeit zu erstreiten. So gehen immer mehr verbesondernde Zeichen (codierte Kleidung, habituelle Anpassungen an die Szene, etc.) verloren und mit ihnen verschwinden die segregierten Räume (lies: die Homo-Kneipen als DE-Räume und Gegenspieler der N-Politik). Die Gegner_innen der heiratswilligen Assimilationist_innen machen daher jetzt erst Recht DE-politisch die Türen dicht und kehren Heim in ihre fensterlosen schwullesbischen Kneipen, um einen Erhalt der Kultur zu ermöglichen. So tagte das segregierte Lesbenfrühlingstreffen LFT 2016 unter dem Titel „Anders – aber wie?". Die Affirmation der Andersheit* ist in der gegebenen Situation als Widerstand gegen den Normalisierungstrend zu verstehen: Nein, wir leben nicht so wie die Heteros. Nein, wir wollen nicht alle* nur lieben, wen wir eben lieben und das so, wie es als normal* gilt.
Homolog schreiben Homann & Bruhn (2007) über den Normalisierungszwang, der von der Erfindung des Cochlea-Implantats auf die Gehörlosenkultur einwirkt, dass es fraglich werde ob diese „als ‚Gegenkultur' zu herrschenden Normen und Wertesystemen der Mehrheitsgesellschaft" (ebd., 289) dadurch nicht gefährdet werde:

> „Das Cochlea-Implantat wurde und wird seit seiner Entwicklung in den 80er Jahren von Gehörlosen immer wieder als Bedrohung wahrgenommen. >Das führt zur totalen Zerstörung unserer Identität<, schreiben etwa Sieprath und Stachlewitz (1989, 72). Filmisch verarbeitet und sehr anschaulich dargestellt wird diese Angst auch in *‚Der letzte Gehörlose‘* von Reiner Mertz, einem Film aus dem Jahre 2002. Auch wenn diese Entwicklung keine größeren Auswirkungen auf Medizin und Hörgeschädigtenpädagogik hatte, hat sie – entgegen den emanzipatorischen Errungenschaften der Gehörlosengemeinschaften – letztlich bewirkt, dass Gehörlosigkeit in der Mehrheitsgesellschaft wieder verstärkt defizitär wahrgenommen wird (Voit 1995; Campbell 2005).“ (ebd.)

So werden wir bei den DE-Gegenspielerinnen der Normalisierungspolitiken neben diesen Bastionen der Gehörlosengemeinschaften und Krüppelgruppen auch lesbische Segregationismen beschreiben (III.DE3). Unter dem Banner „queer“ und insbesondere nach der intersektionalen Wende tummeln sich aber auch viele andere unter den Normalisierungsgegner_innen. So verteidigt die Polyamorie-Bewegung ein nicht-normales* Konzept des Liebens und eine Politik freier Hingabe (Krake 2016). Kunstreich (2015) erinnert mit einem Rosa Winkel auf dem Buchcover, dass die scheinbare Normalisierung eine Falle ist: „Die Toleranz gegenüber der Homosexualität und den Homosexuellen ist nicht zuletzt der Tatsache geschuldet, dass heute alle queer sind. [...] Alle dürfen alles, damit hat es sich. Leider ist es nicht so. Die Betonung einer gewissen Anormalität schlägt um in Ignoranz gegenüber der Homophobie, die nicht in dem Maße verschwindet, wie sexuelle Differenzen anerkannt zu werden scheinen.“ (ebd., 73). Wenn alle ein bisschen queer sind, es also einen Trend zur ND-politischen Nivellierung von Differenz gibt, dann verschleiert die Euphorie darüber die nach wie vor vorhandene Verachtung derer, die unverändert als Perverse gelten.

Es bleibt zu fragen, ob es nicht auffällig leicht und auffällig schnell ging: Wie viele Menschen würden wohl queer studies betreiben, wenn man den Begriff eindeutschen und es „Perversionsstudien“ nennen würde? Das Wort „queer“ hat deutschsprachige Menschen nie verletzt; es kann also auch keine subversive Wiederaneignung dieses Begriffs im deutschen Sprachraum geben. Kein Wunder also, dass der Begriff so schnell von den Normalen* besetzt wurde.

III.N3 – Fazit: Die Normalsten* vorschicken ohne die Anderen* zurückzulassen?

Die strategische Frage führt die Ambivalenz der Normalisierung sofort wieder ein: So hat der normalistische Zweig der Bewegung ja durchaus erfolgreich die Ehe für Alle* durchgesetzt. Es ist nicht abwegig zu glauben, dass durch diese Normalisierung* ein Weniger an Diskriminierung erzielt wurde; es ist sogar sehr wahrscheinlich. Was hier geschieht ist demnach, dass man die Normalsten* vorschickt. Eine Normalisierungspolitik, die sich sodann jedoch nicht mit einem Verständnis von Solidarität mit den anderen Anderen* paart (E) und auch nicht an einem dekonstruktiven Punkt außerhalb der Ordnung festhält, um diese Normalität* nun von innen heraus zu verschieben und zu verändern (D), läuft auf Dauer auf ebenjene desintegrierende Integration hinaus.

Die drängende Frage ist hier also ob zum Beispiel Menschen mit leichteren Behinderungen im Stadtbild, auf der Arbeit, in der Schule tatsächlich zu einer Normalisierung* des Kontakts mit Behinderten beitragen, oder ob dieser Effekt nicht bei stärker beeinträchtigten Menschen aussetzt. Die Annahme dieser Politiken ist, dass im Zuge einer Generalisierung auf die komplette Anderen*-Gruppe eine kleine Elite an Vorreitern einen Weg ebnen könne, auf dem die anderen Anderen* sodann leichter nachkommen könnten. Wir wissen aber nicht wirklich, ob das stimmt.

Nehmen wir ein Beispiel aus der Frauenbewegung: Die ersten Frauen, die sich in die Zentren der Macht durchgeboxt haben, waren sehr häufig kinderlos und führten ein männerzentriertes Leben. Haben diese Frauen für die nachkommenden Generationen erkämpft, dass Frauen in Führungspositionen als genauso kompetent erachtet und anerkannt werden? Oder haben sie das Bild erzeugt, dass man mit Frauen, die so sind wie Männer (die keine Kinder haben und keine wollen und sich nicht für Frauenzeitschriften und Weiberklatsch interessieren, etc.), gut arbeiten kann, den Rest aber bitte trotzdem aussieben muss? Oder beides?

Die Vorteile der normalistischen Politiken waren, dass sie eine breite Masse an Menschen erreichen und durch ihr Anknüpfen an etablierte Institutionen eine hohe Schlagkraft entfalten. Sie sind reich an Kapital (nicht nur an ökonomischem, sondern auch an sozialem und symbolischem) und können dadurch deutlich mehr bewegen als kleine, kritische Parzellen, denen sich regelmäßig der Magen umdreht, wenn sie diese Normalisierungskampagnen in den großen Zeitungen lesen.

Dabei hinterlassen sie jedoch häufig einen Scherbenhaufen: die Sackgassen der integrierenden Spaltung bzw. der spaltenden Integration (III.N1) sowie das Konzept, eine Avantgarde der Normalsten* vorzuschicken, um den anderen den Weg zu ebnen (III.N2), bleiben fragwürdig. So könnte es sein, dass am Ende des Tages trotz der großen Schlagkraft und der deutlich größeren medialen Aufmerksamkeit eine negative Bilanz bestehen bleibt.

III.D – Dekonstruktionspolitiken

Bei der Kunst der Dekonstruktion geht es um das Verschieben von Bildern und sprachlichen Bezeichnungspraxen sowie um die Kunst des Lesens/Zuhörens. Auf allen Plateaus der Karte ist der Begriff ‚Dekonstruktion' nicht für die Zugangsweise nach Derrida reserviert, sondern wird als Oberbegriff für alle Herangehensweisen verwendet, die darauf zielen, herrschaftstragende Dichotomien wie z.B. ‚Schwarz-weiß', ‚behindert – nichtbehindert', ‚Mann – Frau' in ihrer Versteinerung und Hierarchisierung aufzulösen. Welche davon vom alten Jacques kommen und welche anderen Theorien und Philosophien der Dekonstruktion es noch gibt, kann man im Theorieband in Abschnitt IV.D nachlesen. Hier bleiben wir ganz pragmatisch bei den *Politiken* der Dekonstruktion. Im Vergleich zu den beiden Kapiteln zu Empowerment und Normalisierung wird es hier nur ein einziges Unterkapitel geben, da sich die übrigen Sackgassen der Dekonstruktion nur in ihrer Verbindung mit einem der anderen Punkte zeigen.

Das liegt an dem schlichten Grund, dass eine reine Dekonstruktion, die sonst auf nichts zielt (also nicht auf eine Dekonstruktion des zentrierten Normalismus* (ND) zielt oder eben auf eine Dekonstruktion des Bildes von Andersheit* (DE) zielt), keine politische Praxis ist. ‚Reine' Dekonstruktion bleibt ‚reine' Theorie, wenn sie nicht an einen politisch brisanten Gegenstand andockt. Schließlich kann man auch die Grenzlinie zwischen Barock und Klassik im Flötenspiel dekonstruieren, wenn es einem Spaß macht; dies hat aber keinen nennenswerten politischen Gehalt (jedenfalls keinen mit Gegenwartsbedeutung...).

Man könnte es demnach auch so formulieren: Die einzige Sackgasse, in die der dekonstruktive Einsatzpunkt als Solotänzer ohne seine zwei möglichen Verbindungslinien (ND und DE) gerät, ist die Sackgasse, dass es bei einer hübschen Imagination einer anderen Welt bleibt, die sich aber nicht mit einem kritischen Einsatzpunkt in dieser Welt verbindet. Diese Figur des unpolitisch-politischen gilt es nun genauer zu examinieren:

III.D1 – Die Sackgasse der ästhetischen und intellektuellen Komplexitätssteigerung

Ein dekonstruktives Meisterwerk ist der 2014 erschienene iranische Film „A girl walks home alone at night". Gegenstand der Dekonstruktion ist das muslimische Kopftuch. Der Film geht dabei zunächst von den drei dominanten Lesarten / Assoziationen mit Kopftüchern aus: Weiblichkeit, sexuelle Enthaltsamkeit und religiös-moralische Unterwerfung. Für jede dieser drei dem Hijab zugeschriebenen Bedeutungsdimensionen wird in dem Film eine Person gezeigt, die mit dieser dekonstruktiv bricht. So sehen wir einen Mann, der ein Kopftuch trägt, sonst aber eindeutig männliche Kleidung. Das Bild, das dadurch geschaffen wird, stellt somit die Frage, ob einen das Kopftuch alleine zum Transvestiten macht. Einerseits ist der Mann gerade keine Trans(vestie)_frau*, da er eindeutig als Mann gelesen wird und auch nicht darauf zielt, als Frau wahrgenommen zu werden. Andererseits markiert dies die Weiblichkeit des Kopftuchtragens und betont sie umso mehr. Die zweite Figur, die im Film ein Hijab trägt, ist eine Prostituierte. Bildschön steht sie am Straßenrand und verdient sich ihren Lebensunterhalt. Das Kopftuch wird auch hier in sein scheinbares Gegenteil verkehrt, indem es zum stylishen Accessoire einer sexuell aufreizenden Garderobe wird.

Der Hauptcharakter schließlich ist eine Vampirin, deren Niqab sie aussehen lässt wie Bat Woman, wie eine Superheldin mit Umhang. Die Vampirin begeht Selbstjustiz und Diebstahl, mordet aber einmal auch einfach aus Lust. Ihre Tatmotive sind konsequent feministisch: Sie tötet aus Frauensolidarität einen Freier, der obige Prostituierte nicht bezahlt hat; sie schüchtert in einer subversiven Performance matriarchaler Mütterlichkeit ein Kind ein und ermordet mit großer weiblicher Kastrationslust einen Vergewaltiger.

Am Ende des Films bleibt somit keine als sinnhaft etablierte Bedeutung eines Kopftuchs bestehen. Es ist dezidiert *kein* Film über das Hijab als Unterdrückungszeichen; dazu machen alle Frauen in diesem Film zu sehr, was sie wollen. Dazu ist das Hijab den ganzen Film über auf spezifische Weise dethematisiert; es wird niemals explizit erwähnt und beeinflusst auch an keiner Stelle die Handlung des Films. Dennoch ist es nicht egal – es bleibt ein Film über die Lesarten eines Kopftuchs. Gleichzeitig aber hebt der Film auch nicht – wie etwa hier im Westen so häufig – auf individualistische Performances ab. Es geht ihm nicht darum, das Hijab als individuelle freie Entscheidung darzustellen (dies wäre im iranischen Setting des Films auch nicht glaubhaft).

So bleibt am Ende des Films nichts übrig, das man über das Kopftuch zu sagen gewohnt ist: Es wird nicht freiwillig getragen (Iran), es ist aber auch kein Unterdrückungszeichen, das im Film beweint werden würde oder als erstickend dargestellt (da alle Frauen in dem Film machen, was sie wollen und sogar ein Mann eines trägt). Es ist nicht individuell und nicht kollektivistisch-uniformiert. Es ist nicht hübsch und nicht hässlich, nicht bunt und nicht eintönig, steht nicht für Keuschheit und nicht für überdeckte Perversion, nicht für tief empfundene Gläubigkeit und nicht für scheinheilige Unterwerfung, ist weder Fassade noch authentisch, weder unglaubwürdig noch aufrichtig. Es ist einfach da und nur da.

Der Film ist deshalb rein dekonstruktiv, da er neben dieser Zerstörung von Bedeutungen und Lesarten *keinen Gegenentwurf* zeichnet, weder einen normalisierenden noch einen empowernden. Sein Ziel ist es, *das Zeichen zu zerstören*, und das tut er auf sehr gekonnte und beein-druckende Weise. Man geht aus dem Film raus und er sagt einem nichts; und genau das ist die Pointe.

Was den iranischen Patriarchen den Gar ausmacht, so der strategische Leitgedanke hinter diesem Kunstwerk, ist nicht der offene oder verdeckte Widerstand von Frauen, die kein Kopftuch tragen wollen. Ihr Ende ist viel mehr die *widerstandslose Bedeutungsentleerung* dieses Zeichens, dessen Leere sodann als Faktizität anerkannt werden muss.

Die strategische Cleverness dieser dekonstruktiven Technik basiert auf der alten Weisheit, dass man alles, *gegen* das man rebelliert, in seiner Bedeutung und Bedeutsamkeit bekräftigt und dadurch immer mehr verhärtet. Statt einer solchen bedeutungsschwangeren und bedeutungsschwängernden Rebellion zelebriert der Film die Leere dieses Zeichens. Da denken sich Prostituierte, Vampire und Eventuell_Trans_Frauen ganz beiläufig, ohne es jemals auszusprechen: ‚Ups! Ich muss ja noch mein Kopftuch aufsetzen/abnehmen bevor ich vor die Tür gehe!'. Der Film stellt das Kopftuch demnach nicht so dar, als ob es nichts wäre, sondern er sorgt dafür, dass es nichts *ist*. Es ist daher essentiell für das Verständnis dieser Szenen, dass keine Person unter dem Kopftuch leidet oder Schmerz oder Trauer darüber zeigt, es tragen zu müssen, denn ebenjener real-leibliche Schmerz würde (wie immer) die dekonstruktive Bedeutungsentleerung blockieren (ausführlich in II.N1): Täte es weh, bedeutete es ja wieder etwas; es wäre sodann ein Zeichen des Schmerzes, der Unterdrückung. Während sich die Schwester im Interview in III.ND2 wünscht, es sei „nur eine Verpackung" und dies dadurch verunmöglicht, dass sie selbst zu sehr an der Verpackung hängt, ist es hier nun wirklich nur eine leere Hülle. Kein Begehren fixiert die Bedeutung dieser Kopfbedeckung mehr. Die möglichen Lesarten werden von keinem

Leib mehr getragen und validiert; ein Stück Stoff hängt asignifikant auf einem Körper herum ohne das leibliche Empfinden zu affizieren.[12]
Was die dekonstruktive politische Strategie im Vergleich zu allen anderen kennzeichnet ist ebenjene gewaltlose Gewalt, die Kampflosigkeit, mit der sie zielsicher zugrunderichtet, was ihres Erachtens abgeschafft gehört. Ich würde daher so weit gehen zu sagen, dass jede gelungene Inszenierung gewaltlosen Widerstands, wie sie uns durch Gandhi, Martin Luther King und andere gelehrt wurden, ein in diesem Sinne des Wortes dekonstruktives Unterfangen ist. Es ist von oberster Priorität, bei einer Sitzblockade nur zu sitzen und dafür zu sorgen, dass dieses Sitzen nur sitzen ist, dass es also ein solches leeres Zeichen ist. Das Sitzen darf nicht besetzen bedeuten; es darf nicht körperliche Kraft bedeuten; es darf nicht ‚sich Ausruhen' wie auf einer Parkbank bedeuten; es muss leer bleiben. Bekanntlich haben diese Polit-Gruppen stundenlang körperlich trainiert, wie man *nichts* tut, sich nicht zu Angriffen verhält, sich nicht verteidigt und gleichzeitig niemals angreift oder sich wehrt und sich dabei – so nichtig – doch niemals angreifen lässt. Die dekonstruktive Politik hat daher etwas meditatives, versteht man Meditation als Ich-Entleerung und als Loslassen von leiblichen Ankern wie Schmerz und Affekten wie Trauer und Wut.
Diese Kampflosigkeit, so haben uns zahlreiche historische Beispiele gelehrt, entfaltet eine unfassliche Wucht. Es sind die pazifistischsten Krieger_innen, die so vorgehen. Sie lassen nicht mit sich reden, indem sie die Rede selbst angreifen, Bedeutungen entleeren, neues Sprechen entwerfen, sich von den hegemonialen Diskursen entkoppeln oder systematisch an ihnen vorbei_reden, sich also danebensetzen, ohne dass eine solche Danebensetzblockade jemals ein Besetzen oder ein einfaches Ersetzen von Bedeutung sein könnte.
Der Film stellt keine politischen Forderungen. Man darf auch keine Slogans aus ihm ableiten oder ihn in skandierungsfähige Portiönchen zerlegen, denn diese Komplexitätsreduktion würde ihn zerstören. Aus ihm folgt nichts. Und genau diese Folgenlosigkeit einer rein dekonstruktiven Meditation macht den Film so mächtig. So sehr nichts zu tun, ist eine intellektuelle und ästhetische Meisterleistung von enormer politischer Tragweite und zugleich ohne jede politische Implikation.

[12] Daher lohnt es sich auch, wie Spivak es tut, der *interesselosen Betrachtung nach Kant* nachzusinnen: Die grandiose Bedeutungsleere des Kopftuchs entbirgt sich durch ebenjene Interesselosigkeit. Wenn man alle politischen Interessen ignoriert – sowohl jene der Frauen, die es tragen wollen als auch jene der Frauen, die es nicht tragen wollen, sowohl jene der Nicht-Betroffenen, die es stellvertretend verachten und bekämpfen als auch jener, die es stellvertretend verteidigen, als auch jener mit anti-muslimischen Ressentiment – erscheint der Fetzen Stoff. Gerade weil dieser mal vorgeschrieben und mal verboten ist, kann er nichts mehr bedeuten. Sobald man ein politisches Interesse verfolgt, ist er aber wieder hochsignifikant und bedeutungsschwer.

III.D2 – Fazit: Dekonstruktion als Mittel gegen kopflosen Aktivismus und Anti-Intellektualismus

Wie wir in III.D1 gesehen haben, folgt aus solchen künstlerischen Projekten nichts, da jede allzu krude Ableitung oder Sloganisierung die Komplexitätssteigerung wieder rückgängig machen würde. Da es bei der Dekonstruktion jedoch darum geht, simplifizierende Bilder und Stereotype zu durchbrechen, ist die Komplexitätsreduktion gewissermaßen ihr natürlicher Feind. Dennoch sollte diese intellektuelle und ästhetische Leistung nicht mit einer Intellektualisierung als Abwehrmechanismus verwechselt werden, die dazu dient, seinem Solipsismus zu frönen.

Ein gutes Beispiel für solche solipsistischen dekonstruktiven Betrachtungen findet sich im Diskurs um Flucht und Asyl. Richtigerweise hat man mehrfach festgestellt, dass es in diesem ständig um die Dichotomie aus ‚Opfern' und ‚Helden' geht. So gibt es zum Beispiel kritische Analysen der Konstruktion des „White Savior" (teilweise in der Langform „White Savior Industrial Complex"). Dabei geht es – psychoanalytisch gesprochen – um eine Spezialform des Helfersyndroms (Schmidbauer 2007), die dafür sorgt, dass der narzisstische Gewinn und die Bedürfnisse des Helfers im Fokus der Aufmerksamkeit stehen und wichtiger sind als die Personen, denen geholfen werden soll: "The White Savior Industrial Complex is not about justice. It is about having a big emotional experience that validates privilege." (Cole 2012). Neben der Flüchtlingshilfe sind typische Fälle junge Menschen, die ein Freiwilliges Soziales Jahr im Ausland machen oder in Hilfsprojekten nach einer ‚bereichernden Lebenserfahrung' suchen. Im medialen Bereich als Filmrolle oder als Buchprotagonist zahlreich vertreten rettet der ‚White Savior' je nach Setting Hunderte Sklaven oder verarmte Kinder und erhält so das Bild, dass der weiße Mann gekommen sei, um dem Rest der Welt zu helfen (vgl. z.B. Hughey 2014).
Eine Kollegin aus der Anti-Rassismus-Arbeit fasste diesen Beigeschmack im sog. ‚Sommer der Barmherzigkeit' wie folgt zusammen: „Die wünschen sich alle einen Flüchtling zu Weihnachten". Das Problem ist demnach die Objektifizierung, die dadurch entsteht, dass die Menschen nur noch als Hilfsobjekte und damit schlussendlich als Objekte zur Befriedigung weißer Bedürfnisse wahrgenommen werden. Den reinen Opfern stehen dabei reine Helden gegenüber (Friese 2017). Die Geflüchteten werden darin zu ‚Flüchtlingen' verniedlicht und verdinglicht zu passiven Opfern und Empfänger_innen der Wohltätigkeit anderer. So weit die dekonstruktive Betrachtung.

Diesen Einwand darf man jedoch nicht als Ausrede dafür verwenden stattdessen nichts zu tun: Es ist hinfällig zu reflektieren, dass man ein ‚White Savior' sei, wenn man sich in einer Situation befindet, die tatsächlich weißer Retter bedarf. Es ist immer noch die Wahrheit, aber es ist auf Handlungsebene irrelevant: Man darf nicht aufhören Menschen zu helfen, nur weil es einen fragwürdigen massenmedialen Diskurs an Helden- und Opfernarrationen gibt. Dass der dekonstruktive Einwand stimmig ist, bedeutet nicht, dass man Menschen im Mittelmeer ertrinken lassen sollte statt die Heldentat ihrer Rettung zu begehen, denn aus der Dekonstruktion folgt nichts für die *praktische* Ethik. Gleichzeitig gilt, dass man diese Analysen nicht in einem anti-intellektualistischen Modus verteufeln darf, nur weil sie mehr Abstand zum emotional aufwühlenden Tagesgeschäft der Helfenden haben. Praktische Ethik und Dekonstruktion sind (ebenso wie Gesinnungsethik und Poststrukturalismus) auch keine Feinde: sie haben sich nur einfach *nichts* zu sagen.[13]

Ohne komplizierte philosophische Begriffe lässt sich dies leicht in einem Gedankenexperiment zeigen: Stell dir vor, du wärst ein großer General und du wolltest ein Land kolonisieren und langfristig unterwerfen. Wen hättest du lieber im Beraterstab? Eine Horde undifferenzierter Jecken, die zuverlässig in Stereotypen und Vorurteilen denken oder aber historisch gebildete Menschen, die dir stattdessen erzählen können, woher diese Vorurteile kommen, warum sie in welcher Epoche entstanden sind und warum dies im Südosten des Landes anders ist als im Norden – aber nur in diesem Milieu (inklusive einer dekonstruktiven Anleitung wie du diese Bildproduktionen und Diskurse zu deinen Gunsten verschieben kannst)?

Vorurteile, Stereotype und festgefahrene Lesarten zu zerstören ist unfassbar schwer. Wer mehr Lesarten auffächern kann und sich der Kontingenz historischer Formationen und Diskurse bewusst ist, hat mehr intellektuelle Macht. Er ist daher eindeutig als überlegen zu betrachten; und das ist er zunächst jenseits von Gut und Böse. Dekonstruktive Techniken können also stets zum Guten und zum Bösen verwendet werden; oder aber auch völlig solipsistisch der historischen und ästhetischen Nabelschau dienen.

Bis auf diese solipsistische Sackgasse kennt die Dekonstruktion für sich jedoch keine weiteren Nebenwirkungen. Man könnte also auch resümie-

[13] Zum Vorurteil, Dekonstruktion sei ‚unethisch' siehe auch Abschnitte IV.D und IV.D1. Der Laienbegriff ‚unethisch' muss durch ebendiese Trennung verschiedener Ethiken und deren Betrachtungsebenen umgangen werden. Was die meisten mit dem Vorwurf ‚unethisch' meinen, ist demnach diese nicht schließbare Lücke zwischen praktischer Ethik und dem dekonstruktiven Modus des Aufzeigens epistemischer Gewaltförmigkeit.

ren: Der einzige Fehler, den man dabei machen kann, sich eine andere Welt vorzustellen, ist jener, sich nur eine andere Welt vorzustellen.

In diesem Sinne befassen wir uns nun mit den Verbindungslinien des Trilemmas, durch welche die Rolle der Dekonstruktion nochmals deutlicher werden müsste. Wir beginnen mit der Linie, die eine Dekonstruktion ausschließt (EN→ non-D) und wandern sodann zur Dekonstruktion von Normalismen* über (ND) bevor wir zuletzt betrachten, wie sich die Bilder von Andersheit* in Gegennarrationen verschieben lassen (DE).

III.EN – Empowerment und Normalisierung (EN → non-D)

Verbindet man die beiden Punkte Empowerment und Normalisierung geht es um das Recht der Anderen* auf Teilhabe an einer Normalität*. EN-Politiken sind folglich all jene, die eine Anderen*-Gruppe explizit als solche adressieren, um sie zu fördern, zu integrieren und eine Umverteilung zu gewährleisten (‚powersharing'). Typische Maßnahmen sind demgemäß gezielte Förderprogramme, Integrationsmaßnahmen, Quotierungen und andere ‚affirmative action'-Konzepte. Was diese gemeinsam haben ist folglich, dass sie mit einer Kategorisierung in Normale* und Andere* arbeiten, da sich nur so bestimmen lässt, *wer* von diesen Interventionen profitieren soll. Die Dekategorisierung der Dichotomie Normale*-Andere* ist daher ausgeschlossen (EN → non-D).

Diese Aushandlungen darüber, wer die Anderen* sind, verlaufen nicht unstrittig: Man stelle sich zum Beispiel vor, ein Unternehmen will mehr Menschen mit Behinderung einstellen. Nun gibt es eine große Zahl an ‚Papierbehinderten', die sich leicht und kostengünstig einstellen lassen, da sie deutlich geringer beeinträchtigt sind und keinen nennenswerten Bedarf an Barrierefreiheit haben. Wenn man genug davon einstellt, erfüllt man die Quote, hat aber im krassesten Fall immer noch keine funktionierenden Fahrstühle, keine maschinenlesbaren Texte und keine strukturellen Veränderungen des Unternehmens vollzogen. Als zweites Beispiel stelle man sich vor, eine deutsche Stiftung will mehr Stipendien an ‚Menschen mit Migrationshintergrund' vergeben und erhält daraufhin Bewerbungen von Migrant_innen aus Österreich und der Schweiz. War das gemeint als man sagte, man wolle den Anderen* eine Chance geben?

EN-Politiken arbeiten daher mit vergleichsweise starren Kategorisierungen der Anderen* oder sie treiben sich selbst ad absurdum und verfehlen ihr Ziel. Daher kommt es zu dem trilemmatischen Ausschluss: EN → non-D. Wer für das Recht auf Teilhabe der Anderen* an einer Normalität* kämpft, kann diese dichotomen Kategorien in dem Moment nicht dekonstruieren, er wird sie sogar aktiv verhärten und bestärken.

Ein krasses Beispiel für diese Sackgasse stammt aus Brasilien: Dort musste mit einer Farbkarte von der Regierung festgelegt werden, wer noch als ‚Schwarz' gilt, da es zu Betrugsfällen bei der Inanspruchnahme von Affirmative Action-Maßnahmen und Quoten kam. Käseweiße Kandidat_innen konnten einen afrikanischen Migrationshintergrund nachweisen und beanspruchten so die Plätze, die eigentlich für die immer noch stark diskriminierte dunkelhäutige (sic!) Bevölkerung reserviert waren. Die Farbkarte, die entwickelt wurde um diesem Phänomen zu entgegnen, erinnert jedoch tragischerweise an die dunkelsten Stunden biologischer Rassekunden-Ideologie. Ein stärkeres Gegenteil zu Dekonstruktion als diese Rebiologisierung und Objektivierung lässt sich kaum ersinnen.[14]

Das Bittere an solchen Beispielen ist, dass ein ad-absurdum-Treiben dieser Form erst durch die dekonstruktiven Wortspiele ermöglicht wird. Wenn jemand zum Beispiel ein radikalkonstruktivistisches Verständnis von Be_Hinderung hat, kann er obige Praxis nicht kritisieren. Ich habe oben von ‚deutlich geringer beeinträchtigten Menschen' gesprochen, was das medizinische Bild von in Art und Schweregrad messbaren körperlichen Beeinträchtigungen, die also Personeigenschaften sind und nicht interaktional hervorgebrachte Be_Hinderungen, reproduziert. Dies muss man tun, weil einem sonst die Argumente ausgehen. Spielen wir die Gegenprobe durch: Würde man auf radikalkonstruktivistische Weise davon sprechen, dass Menschen nicht behindert *sind* (Ontologie der EN-Linie), sondern behindert *werden* (Ontologie der ND-Linie), müsste man argumentieren, dass manche Menschen stärker behindert *werden* als andere. Würde man nun diese Menschen einstellen, die nicht stärker beeinträchtigt *sind*, sondern im konstruktivistisch-interaktionalen Sinne stärker be_hindert *werden*, hätte man jene, die geringer beeinträchtigt *sind*, stärker be_hindert. Man landet also geradeaus in einem abstrusen Zirkel.

Die Gegenspieler im Trilemma sind also tatsächlich Gegner: sie arbeiten gegeneinander und hebeln sich gegenseitig aus. Der dekonstruktivistische Einwand zerstört den Sinn der EN-Politik. Analog gilt, dass ich oben ‚dunkelhäutig' geschrieben habe, weil sich die Form von Rassismus, um die es in dem brasilianischen Beispiel geht, tatsächlich auf biologistischen Rassismus bezieht und nicht auf sozial konstruierte Herkünfte oder Zugehörigkeitsordnungen. Diese auch als ‚colorism' oder ‚shadeism' bezeichnete Form von Rassismus dreht sich um das Aussehen von Körpern. Das Hinweisen auf diese Diskriminierungsform muss daher diese körpernahen Begrifflichkeiten reproduzieren.

Es wird jedoch nicht nur reproduziert und festgezurrt, wer die Anderen* sind, sondern es wird ebenso affirmativ reproduziert, was als normal* gilt und dass diese Normalität* begehrenswert sei. Dies zu verstehen ist vergleichsweise einfach: Wäre diese Normalität* nicht begehrenswert,

---

[14] http://www.theglobeandmail.com/news/world/black-or-white-in-brazil-a-panel-will-decide-foryou/article33295036/

würde man nicht für die Teilhabe an ihr kämpfen. Für wertlose Dinge kämpft man nicht. Daher reproduziert jedes Begehren nach einer EN-Politik die Dichotomie anders*-normal* inklusive der Annahme, dass diese Normalität* begehrenswert sei.

Insgesamt werden unter diesem Oberkapitel vier Sackgassen verzeichnet: Zunächst befassen wir uns mit den Aporien der Selbstnormalisierung und Normalisierungszwängen (EN1). Sodann widmen wir uns dem Problem der Defizitorientierung in der Beschreibung von Andersheit* (EN2). Zuletzt werden die Sackgassen der Partikularisierung (EN3) und des Tokenismus (EN4) beleuchtet.

III.EN1 – Die Sackgasse des Widerstrebens von Normalisierungswünschen und Normalisierungszwängen

Das Wesentliche an EN-Politiken besteht im Ausbalancieren der beiden Aspekte, die diese Linie verbindet, also der Normalisierungswünsche einerseits (N) und dem Begehren, sich in seiner Andersheit* zu schützen und diese zeigen zu dürfen andererseits (E). In dem Moment, in dem ein minoritäres Subjekt nach sozialem Aufstieg oder Teilhabe an einer machtvollen Normalität* begehrt, betritt es ein Geflecht aus Ansprüchen nach Unterwerfung unter die jeweiligen begehrten Normalismen und Ansprüchen, seine Andersheit* dabei nicht zerstören zu müssen. EN-Politiken enthalten dabei immer etwas Affirmatives: Wenn zum Beispiel Menschen mit Behinderung im Zuge der Inklusionsdebatten barrierefreie Teilhabe am ersten Arbeitsmarkt fordern, dann affirmieren sie in dieser Forderung die kapitalistischen Verhältnisse, welche die Zugänge zum Arbeitsmarkt regulieren.

Im historisch älteren Beispiel des Eintritts der Frau auf den normalen* Arbeitsmarkt bedeutet dies etwa die Forderungen nach Vereinbarkeit von Beruf und Familie zu stellen. Jede Frau, die eine größere Karriere *und* eine Familie plant, kennt vermutlich diese Abwägungen zwischen Normalisierung und Empowerment. Es sind alltagspolitische Entscheidungen, die unabhängig davon, wie ‚politisch' sie den Menschen subjektiv erscheinen, objektiv politische sind (weil bekanntlich das Private politisch ist): Bin ich zum Beispiel bereit, meine Familienplanung den Vorstellungen einer männlichen Normalkarriere* zu unterwerfen (stärkere Normalisierung)? Oder ist es mir den Kampf wert, dies stärker selbstbestimmt festzulegen, auch wenn ich weiß, dass das einen Preis hat (stärkeres Empowerment)? Da sind einerseits Selbstnormalisierungswünsche (‚Ich will diese Karriere') und im selben Moment stehen neben diesen Wünschen Normalisierungszwänge (‚Ich muss dazu dieses und jenes tun, weil die Welt – zumindest im Moment – ist wie sie ist').

Mit Badiou lassen sich derlei Abwägungen als „eine Lacansche Dialektik, die des Realen und der Realität" (Badiou 2008, 45) beschreiben. Wie in IV.E1 hergeleitet, ist das Reale dem Empowerment und die Realität der Normalisierung zugeordnet. Es ist somit der Versuch jenen lebendigen Punkt des Realen des Empowerments festzuhalten und diesen Punkt in der Konfrontation mit dem Normalismus nicht zu verlieren. „Wenn es diesen Punkt nicht gibt, ist der einzige lebbare oder überlebbare Ausweg die ekelhafteste Unterwerfung unter die Realität." (ebd., 45), ergo eine reine Normalisierung, die dem Ereignis der Emanzipation nicht mehr nachspüren kann.

Im Spannungsverhältnis zwischen Selbstnormalisierungswünschen und Zwangsnormalisierung kommt es daher häufig zu inneren Konflikten in betroffenen Subjekten. Es braucht eine große Reife um auszuhalten, dass es *kein* Widerspruch sein muss, sich Dinge zu wünschen, zu denen man gezwungen wird. Sehr eingängig lassen sich solche Konflikte in zwei Fallkonstellationen beschreiben, in denen eine in diesem Sinne hochambivalente Wahl besteht: Menschen, die den Rollstuhl benutzen, die (zum Beispiel mit Krücken) gehen könnten und Frauen, die ein Kopftuch tragen und hier in Deutschland in einem Land leben, das dies weder vorschreibt noch verbietet (außer bekanntlich in gewissen Formen des Staatsdienstes...). Was haben diese beiden gemeinsam? Sie können sich theoretisch „frei" entscheiden, aber eine der Optionen ist mit größerer Stigmatisierung belegt.

Stellen wir uns als konkrete Situation ein Bewerbungsgespräch vor – eine typische soziale Aufstiegshürde also. Die Rollstuhlfahrerin weiß, dass wir in einer diskriminierenden Welt leben und dass ihre Einstellungschancen höher sind, wenn sie in den Raum *geht*. Sie weiß selbstverständlich, dass das ungerecht ist, aber das sind nun einmal die Tatsachen in einer behindertenfeindlichen Welt (die Anerkennung dieser Normalität* ist ein Gebot der Realitätsprüfung; s.a. IV.N5). Homolog weiß die Hijabi, dass ihre Einstellungschancen ohne Kopftuch höher sind. Sie weiß selbstverständlich, dass das Rassismus ist, aber das sind nun einmal die Tatsachen in einer diskriminierenden Welt. Was beide gemeinsam haben ist zunächst diese freie Entscheidung, die sich mitunter nicht sonderlich ‚frei' anfühlen mag, aber es dennoch ist. Es ist die Entscheidung zwischen

A) stärkerer Selbstnormalisierung des eigenen körperlichen Erscheinungsbilds
B) sich selbst treu bleiben und tun, womit man sich wohl fühlt, obwohl es stigmatisiert wird.

Es handelt sich somit um einen klassischen EN-Konflikt: Wenn man vor so einer Entscheidung steht, was braucht man dann? Mehr Normalisierung, um den sozialen Aufstieg aus einer benachteiligten Gruppe schaffen zu können (A)? Mehr Empowerment, um sich selbst nicht die Schuld dafür zu geben, dass Rollstühle und Kopftücher mit einem Stigma belegt sind (B)? Diese Abwägungen werden in der Regel sehr bewusst gemacht. Es ist eine jener alltagspolitischen Entscheidungen, die verschiedenste von Diskriminierung und Stigmatisierung betroffene

Menschen fällen müssen. Auch auf der Gender-Achse gibt es solche Prozesse nach wie vor, wie zum Beispiel

- das Abwägen von Frauen in männerdominierten Branchen/ Berufsgruppen, wie weiblich* sie sich kleiden. Das Tragen von Röcken (insbesondere kürzeren, insbesondere solchen, die nicht Teil eines Ton-in-Ton-Kostüms sind) oder die Farbe Pink fallen in männerdominierten Räumen stark auf. Dies kann genauso eine Subjektstrategie sein wie die gegenteilige: so wurden in den 90er-Jahren viele Damen-Blazer mit breiten Schulterpolstern produziert; die Damen Business-Garderobe schien sich derzeit vollständig der Herrengarderobe anzugleichen.
- wenn Frauen von sich selbst als „Aufsichtsrat" oder „Professor" sprechen und im generischen Maskulinum reden, da es Räume gibt, in denen es strategisch klug ist, Weiblichkeit* nicht zu benennen und keine Aufmerksamkeit darauf zu lenken. Andererseits kann eine Alltagspolitik auch darin bestehen, konsequent gynozentrisch zu sprechen, um gerade darauf hinzuweisen, dass es weibliche Professorinnen und Aufsichtsrätinnen gibt.
- (um auch ein weniger ernstes Beispiel zu nennen) der Frage ob Frauenfußball normaler* Fußball ist: Manche wählen die Strategie, weibliche* Essentialismen zu bedienen und loben den Frauenfußball als das schönere, elegantere Spiel. Andere hingegen setzen auf vollständige Normalisierung und gehen darin auch so weit, sich in einem subversiven Gestus männliche Gesten wie den Trikottausch anzueignen.

Ob nun Rollstühle, Kopftücher oder lilafarbene Irokesen-Haarschnitte beim Frauenfußball, hier kreuzt sich, was wir im Empowerment-Kapitel unter dem Begriff ‚body politics' kennengelernt haben (siehe III.E2) mit Normalisierungswünschen. Jede dieser Entscheidungen wird von den Betroffenen, die bewusst eine EN-Politik verfolgen, reflektiert und auf strategische Klugheit geprüft. Das können die meisten Betroffenen zwangsläufig gut, da ihr Verhalten ständig kommentiert wird. So finden sich regelhaft Zeitungsartikel, in denen schamlos diskutiert wird, welche Minderheit sich wie im öffentlichen Raum präsentiert, kleidet oder gebart: „Marge Simpson wird neidisch", schreibt die Süddeutsche zur Frauenfußball-WM über die Frisurenvielfalt.[15] Die Diskriminierung erkennt man genau daran: *wie sie sich auch entscheiden, es wird kommentiert werden.* Hijabis diskutieren Wickeltechniken, die eher traditionell

---

[15] http://www.sueddeutsche.de/sport/frisuren-bei-der-frauen-wm-kakadu-laesst-gruessen-1.2526652-5

aussehen im Vergleich zu solchen, die so hip sind, dass sie gar nicht mehr als muslimisch wahrgenommen werden. Rolli-Fahrende experimentieren mit der sozialen Reaktion auf sie in Pyjamas und Drei-Teiler-Anzügen. Da die Leute ständig gaffen, ist der diskriminierte Körper überdurchschnittlich geschult darin, sein Erscheinungsbild zu reflektieren und zu manipulieren. Kleinste Dinge können so zum politischen Statement werden: Rolli fahren mit stylishen Stilettos und lackierten Zehennägeln? Oder keine Schuhe tragen, da man sie im Sommer eh nicht braucht? Oder eben doch: Ganz normale* Schuhe?

Was ist einem die Hoffnung wert, weniger aufzufallen? Wie weit würden wir gehen, um ‚ins Bild zu passen'? Wie viel können wir erreichen, wenn wir uns nicht normalisieren, sondern stolze Präsenz zeigen?

Aus nicht-betroffener Perspektive gibt es zwei Fehlschlüsse, mit denen wir Menschen, die vor solchen Entscheidungen stehen, das Leben schwerer machen. Der erste betrifft die unreflektierte Unterstellung, dass alle normal* sein wollten. Der zweite besteht in einer expliziten oder impliziten Beschuldigung der Person, sie sei für ihre Stigmatisierung selbst verantwortlich.
Ersteres erläutert zum Beispiel ein Vater eines gerne Rollstuhl fahrenden Kindes. In seinem Artikel beschreibt er, dass er seinem Sohn einfach unterstellt hatte, es läge ihm etwas daran, laufen zu lernen. Eines Tages aber, nachdem bereits einige Physiotherapie- und Prozessevaluationssitzungen gelaufen waren und er sich schon so oft Sorgen darum gemacht hatte, wie viele Fortschritte sein Sohn beim Laufen Lernen wohl erreichen könnte, fragte er ihn einfach:

> „As we are getting ready for a therapy re-evaluation next week and knowing that we will have to set goals, **I asked Caleb [my son] if walking is important to him.**
> His answer, without hesitation:
> **no."**[16]

Der Artikel zeigt die Einsicht, dass ebenjene Unterstellung, alle hätten ein Interesse an Normalisierung, falsch ist. Aus der Perspektive der Normalen* – in diesem Fall also der Gehenden – ist es leicht, diesen Fehler zu machen und zu denken, alle wollten werden wie wir, da ihnen sonst vermeintlich etwas ‚fehlt'. Insbesondere Eltern von Kindern mit Behinde-

[16] Deutsch: „Als wir uns gerade für eine Therapiesitzung zur Zwischenevaluation fertig gemacht haben, wissend dass wir in dieser neue Ziele setzen müssen, fragte ich Caleb [meinen Sohn] ob ihm das Gehen wichtig sei. Seine Antwort – ohne Zögern: Nein." http://themighty.com/2015/04/the-one-question-im-glad-i-asked-my-son/

rung, so das Schlussplädoyer des Autors, sollten daher selbstkritisch prüfen, ob die Normalisierungswünsche tatsächlich Wünsche ihrer Kinder sind oder nicht doch eher elterliche Projektionen. Eine Kommentatorin bekräftigt dies aus Betroffenenperspektive:

> „How many of us have had our childhoods stolen by hours spent in therapy, fittings for braces, surgeries with weeks and months in hospitals and out of school all so that we could be upright? Most of it never worked or left us with limited functioning and independence. Whose life is it anyway? I know so many people who quickly throw away braces, crutches, prosthetics, hearing aids, and other devices once they get away from their parents. One of my friends in college went immediately to the dumpster, after her family dropped her off freshman year, to dispose of a couple thousand dollars worth of long leg braces!" (ebd.)[17]

Von dem Recht Gebrauch zu machen, ohne Scham und Stigmatisierung in die Öffentlichkeit zu gehen, erfordert ein Empowerment, sodass es möglich wird, sich von den Imperativen der körperlichen Selbstnormalisierung zu befreien. Gleichzeitig aber muss es ein Recht auf Normalisierung geben: wenn zum Beispiel ein Mensch seine Erscheinung den Normalvorstellungen anpassen *will* (weil es zum Beispiel für diesen Menschen schwer auszuhalten oder einfach anstrengend ist, so oft angestarrt zu werden, so auffällig zu sein), sollte niemand und nichts ihn daran hindern.

Zweitens dürfen solche Entscheidungen nicht damit beantwortet werden, dass die jeweiligen Betroffenen an ihrer Diskriminierung Schuld seien. Zwar wird durch die Verweigerung der Normalisierung der Stigmaschaden in Kauf genommen, aber dennoch bleiben es ableistische / rassistische / etc. Akte, diese Gesten und Performances überhaupt mit einem Stigma zu belegen. Solche Vorwürfe werden in der anglophonen Debatte auch als ‚victim blaming' bezeichnet, also als eine Beschämung der Opfer; psychoanalytisch gesprochen findet hier eine Täter-Opfer-Umkehr statt,

---

[17] Deutsch: „Wie vielen von uns wurde die Kindheit gestohlen mit unzähligen Stunden in Therapie, Prothesenanpassungen, Operationen mit wochenlangen, monatelangen Krankenhausaufenthalten ohne Schulbesuch, nur um uns zu begradigen/einzunorden // nur damit wir stehen können? [Wortspiel mit der Doppeldeutigkeit von ‚upright' – das ‚gerade stehen' bedeutet aber auch eine moralische Konnotation von ‚aufrecht', ‚rechtschaffen' hat] Das meiste davon hat nie funktioniert oder ließ uns mit eingeschränkter Funktionalität und Unabhängigkeit zurück. Wessen Leben ist das denn? Ich kenne so viele Leute, die ihre Stützklammern, Krücken, Prothesen, Hörgerate und andere Apparate zügig weggeworfen haben als sie von ihren Eltern frei wurden/wegkamen. Eine meiner Uni-Freundinnen ging sofort zum Müllcontainer nachdem ihre Familie sie dort als Ersti abgesetzt hat, um sich den ein paar Tausend Dollar teuren langen Beinorthesen zu entledigen."

die in der internalisierten Form (= ‚Ich bin doch selbst Schuld') als Identifikation mit dem Aggressor bezeichnet wird.

Der Kampf der Anderen* um Teilhabe an einer Normalität* ist daher stets auch als innerer Kampf zu verstehen. Je älter und routinierter man wird, desto klarer werden einem die eigenen Entscheidungen und strategischen Möglichkeiten. Es ist völlig legitim, diese als strategisch missglückt zu kritisieren, wenn jemand offenkundig nicht gerade reflektiert mit diesen Widersprüchen und Konflikten umgeht. Doch ist dies etwas ganz anderes als den Menschen individualisiert die Schuld dafür zuzuschreiben, dass sie sich einer Normalität* nicht dermaßen angepasst haben, dass sie gar nicht mehr als Andere* in Erscheinung treten. Am klarsten sieht man dies bei stigmatisierten Abweichungen vom Normalen*, die man tatsächlich gänzlich verstecken kann, wie zum Beispiel Homosexualität. Hätten sich alle Schwulen und Lesben dafür entschieden, versteckt zu leben, hätte ihre Emanzipation bis hin zur ‚Ehe für Alle' niemals stattgefunden. Einige haben dafür ihre Karriere oder ihren sozialen Aufstieg gefährdet oder gar ganz geopfert (und noch weiter in der Geschichte zurück wurden sie bekanntlich sogar verfolgt und inhaftiert). Sich trotzdem in ihrer Andersheit* zu zeigen macht sie aber nicht zu Menschen, die ‚selbst Schuld' sind, sondern zu mutigen Menschen.

III.EN2 – Die Sackgasse der Defizitorientierung

Besonders klar zeigt sich die Brisanz der Defizitorientierung der EN-Ansätze in Fällen, in denen umstritten ist, ob ein historisch durch Benachteiligung entstandenes Defizit immer noch vorhanden ist. Wenn man zum Beispiel ein Plakat liest mit der Überschrift ‚Rhetorik-Kurs für Frauen‘ – ist das eine Beleidigung oder ein sinnhaftes Förderangebot zur Normalisierung der rednerischen Präsenz des anderen* Geschlechts? In der ersten Lesart ist das Plakat bzw. das Angebot eher diskriminierend als dass es anti-diskriminierend ist, insofern es Frauen (im Vergleich zu Männern) Defizite unterstellt. Es wiederholt die vergeschlechtlichte Inkompetenzunterstellung. In der zweiten Lesart hingegen ist es eine legitime Variante anti-diskriminierender Arbeit, die im Sinne einer Frauenförderung ebenjene historisch bedingten Nachteile kompensieren helfen soll.
Die spontane Reaktion einer Frau auf die Überschrift ‚Rhetorik-Kurs für Frauen‘ ist daher ein gutes Beispiel dafür, dass die Kämpfe der trilemmatischen Linien gegeneinander sehr ernst sind: sie widersprechen sich nicht nur; sie bezeichnen sich sogar häufig gegenseitig als ‚anti-feministisch‘ und völlig fehlgeleitet. So würde eine EN-positionierte Frau sich von dem Plakat tatsächlich angesprochen und gefördert fühlen, wohingegen eine ND-positionierte Frau* (mit Sternchen, weil nur konstruiert) es am liebsten von der Wand reißen würde, weil es eben diese Stereotype reproduziert, wohingegen eine DE-positionierte Frau über beide lacht und sich fragt, wann die beiden Vorrednerinnen eigentlich vergessen haben, dass phallozentrische Rhetorik und schöner Schein keine erstrebenswerten Ziele sind – egal für wen man sie anpreist.

Der Essentialismus der EN-Förderpolitik macht sich in solchen Aktionen dadurch bemerkbar, dass er die Adressierung von Anderen*-Gruppen nutzt, um auf deren besondere* Bedürfnisse einzugehen. Dabei neigen EN-politische Aktionen jedoch dazu zu vergessen, dass sie diese Defizite manchmal nur unterstellen, obwohl sie gar nicht da sind und dass selbst wenn die Defizite statistisch gesehen (im Mittelwertsunterschied zwischen den Normalen* und den Anderen* vorliegen) da sind, die Übergeneralisierung in der Ansprache das Bild produziert, die ganze Gruppe sei defizitär.
So begegnete mir zum Beispiel eine nicht zu unterschätzende Zahl an Arbeiterkindern an der Universität, die beim Anblick der Plakate der EN-politisch zu verortenden Arbeiterkind-Initiative in tiefes Fremdschämen verfällt. Ich selbst zähle mich dazu: es war mir tief peinlich zu sehen, wie mit einer offenbar wirklich teuren Kampagne so getan wurde, als seien wir

betreuungsbedürftige Kinder, die eine Selbsthilfegruppe auf dem Campus bräuchten. Eine Erfahrung hat mich sehr geprägt, was die Sackgasse der Defizitorientierung betrifft und ich würde diese Geschichte gerne erzählen, da ich glaube, dass in ihr viel Wahres steckt. Es war im ersten Semester – eine Party auf dem Campus – da lernte ich den ersten Studierenden kennen, der sich von der Initiative Arbeiterkind e.V. beraten lassen hat. Wir lernten ihn kennen wie folgt: Wir standen alle draußen rum und rauchten. Wir kannten unsere Namen schon, aber wussten noch nicht wirklich etwas voneinander. Es bahnte sich gerade so an, dass wir vielleicht eine feste Clique und Lerngruppe werden würden. Da sagte derjenige welche: ‚Ich muss euch noch was sagen'. Er sagte es in diesem Tonfall, in dem man ernste mit Stigmatisierung belegte Dinge sagt, weswegen wir alle dachten, er wollte vielleicht sagen, dass er schwul ist. Tatsächlich sagte er aber, nachdem er Anlauf genommen und Mut gefasst hatte: ‚Ich bin Arbeiterkind.' Die Jungs und ich fingen sofort an zu lachen und er rannte daraufhin bestürzt weg. Ich rannte ihm nach, um ihn einzufangen, war aber zu langsam und schrie ihm dann einfach hinterher: ‚Wir sind alle Arbeiterkinder! Komm zurück! Wir haben gelacht, weil wir unter uns sind!'. Er stolperte zuerst vor Schreck und lachte dann sofort mit.

Er hatte sich also mit viel Aufwand und Nervosität vor einer Gruppe als anders* geoutet, die nur aus Anderen* bestand. Danach erzählte er uns von dieser Initiative und interessanterweise auch von seiner Intuition, dass er da zuerst nicht hingehen wollte, weil er dachte, er sei doch gut aufs Studium vorbereitet. Dass es eine eigene Initiative nur für Arbeiterkinder gibt, habe ihn dann aber so verunsichert, dass er ‚nichts falsch machen' wollte und dann eben hingegangen ist – mit dem zweifelhaften Resultat, dass er sich diskriminiert fühlte noch bevor er den Campus überhaupt betreten hat. Man kann Leuten auch einreden, dass sie Defizite haben und sich daher fremd fühlen müssten. Man kann es ihnen offensichtlich so sehr einreden, dass sie es schaffen, sich fremd zu fühlen in einer Situation, in der niemand im Raum ist, der diesbezüglich ‚fremd' wäre.

Ähnliche Geschichten hörte ich übrigens auch von jungen Homosexuellen, die in einem liberalen Umfeld groß werden, und deren größtes Coming-Out-Fragezeichen darin besteht, dass sie nicht verstehen, wozu die Coming-Out-Beratungsstellen da sind. Ihre bloße Existenz suggeriert, dass nun irgendetwas Dramatisches geschehen müsse. Ist dies nicht der Fall, hat man das eigentümliche Gefühl, dass mit einem etwas nicht stimmen könnte, weil man nicht von vorne herein das Gefühl hatte, dass mit einem etwas nicht stimmt.

Trotzdem ist es freilich gut, dass es diese Beratungsstellen gibt, denn die anderen Anderen* gibt es ja auch: jene, die eben nicht in einem liberalen Umfeld großwerden und dann tatsächlich Hilfe dabei brauchen, die Kämpfe in ihrer eigenen Familie und ihrem Umfeld durchzustehen.

Ebendiese Ambivalenz muss man auch der Arbeiterkind-Initiative gegenüber aufbringen. Zwar könnte es sein, dass sie nicht nur zahlreiche Studis, sondern auch zahlreiche Dozent_innen auf die fatale Idee gebracht hat, Arbeiterkinder wären defizitäre, im Vergleich zur etablierten Bourgeoisie schlechter vorbereitete Studierende, doch leisten sie für die Fälle, bei denen dies tatsächlich stimmt, immer noch gute Arbeit. So erzählte obiger Erstsemestler im Nachgang, dass es ihm trotzdem etwas gebracht habe, da er eine wirklich hervorragende Beratung zu verschiedenen Modellen der Studienfinanzierung erhalten habe.

Hier erscheint zudem die Sonderstellung monetärer Defizite: Armut ist eine fundamental andere Kategorie an ‚Defizit', denn sie muss mit Umverteilung beantwortet werden, nicht mit symbolpolitischer Anerkennung. Gerade wenn es jedoch nicht nur um Anerkennung, sondern auch um Umverteilung geht, braucht es klare, trennscharfe Kategorien, wer dabei auf der gebenden und wer auf der empfangenden Seite ist, was wiederum zum Ausschluss des trilemmatischen Gegenspielers führt: EN → non-D. Hier zeigt sich, warum eine Dekonstruktion bei keiner Diskriminierungsachse so schwer und tatsächlich auch so gefährlich ist wie bei Behinderung: Wenn man nicht klar sagen kann, was eine Behinderung *ist*, kann man auch nicht klar sagen, wer welche Gelder, Assistenzen, Hilfsmittel, etc. beantragen darf. Zwar ist das objektive Feststellen eines Defizits an Geld etwas ganz anderes als das Konstatieren von Defiziten im Bereich des kulturellen Kapitals, die deutlich schwerer messbar sind, doch mündet man immer noch in derselben Sackgasse: Die Dekonstruktion der einschlägigen Kategorien bleibt ausgeschlossen; und gerade wenn es um Geld geht, muss sie entlang einer strengen Grenze (antragsberechtigt vs. nicht antragsberechtigt) festgezurrt werden. Zwar kann es dabei sein, dass eine Kategorie intersektional durchkreuzt wird (also zum Beispiel ‚Arme Behinderte' – ‚Reiche Behinderte'), doch sodann reproduziert sich das Phänomen einfach auf der nächstkleineren Ebene. Eine intersektionale Betrachtung multipliziert die Kategorien an dieser Stelle nur und führt nicht zu einer Auflösung des Grundproblems.

III.EN3 – Die Sackgasse der Partikularisierung und Essentialisierung in der Ansprache

Bei der Verbindung von Empowerment und Normalisierung als politischer Teilhabe an einer Demokratie geht es, wie bereits in III.E1 angedeutet wurde, auch darum, wie mit der spezifischen minoritären Sprechposition gearbeitet und gebrochen wird: Fühlt sich zum Beispiel eine Parlamentsabgeordnete mit Migrationshintergrund von sich aus „verantwortlich“ für den Themenbereich Migration? Oder besteht ihr Widerstand genau darin, sich nicht mehr oder weniger für dieses Resort verantwortlich zu fühlen als die christlich-weiß-deutsche Mehrheit im Parlament auch (Oppong 2011)? Dieselbe Frage verweigerter oder angenommener Zuständigkeit wurde in II.T3.b für das Beispiel von Lehrkräften erörtert. In allen Schlüsselpositionen der Gesellschaft stellt sich dieses Problem; und es verschärft sich noch, wenn man diese Adressierung angenommen hat, indem man offiziell einen Posten bekleidet, der für diese Anderen*-Gruppe ausgeschrieben wurde.

Auch im Wissenschaftsbetrieb gibt es solche EN-Maßnahmen, die mit der spezifischen Sprechposition eine normalisierende Förderung verbinden. Ein Beispiel für diese EN-Logik ist das „AKTIF-Projekt zur Förderung der inklusiven Teilhabeforschung“, das 2015 an der TU Dortmund startete:[18]

> „AKTIF, das als Akronym für >Akademikerinnen und Akademiker mit Behinderung in die Teilhabe- und Inklusionsforschung“ steht, soll bundesweit ein Netz von Forschenden in diesem Themenbereich schaffen. Die kleinen Forschungsgruppen, in denen mindestens zur Hälfte Mitarbeiterinnen und Mitarbeiter mit Schwerbehinderung vertreten sein werden, erarbeiten innerhalb der nächsten drei Jahre Inhalte, Methoden und Projekte im Zusammenhang der Teilhabe- und Inklusionsforschung sowie der Disability Studies.“ (ebd.)

Dies berührt unmittelbar die wissenschaftstheoretische Frage nach der Bedeutung der Sprechposition in wissenschaftlichen Studien (IV.E4). Wer erhofft sich was davon, dass Menschen mit Behinderung selbst forschen statt wie sonst nur Objekte der Erforschung zu sein? Wie immer bei Ansätzen, die in der Logik des Empowerments arbeiten, sind die drohenden Sackgassen die der Instrumentalisierung, der falschen Partikularität, des Tokenismus und des Exotismus (siehe auch III.EN4). Die Instrumentalisierungsgefahr besteht, wenn in der Rezeption durch Nicht-

---

[18] http://www.tu-dortmund.de/uni/Uni/aktuelles/meldungen/2015-06/15-06-05_aktif/index.html

Betroffene eine Verkürzung stattfindet, die suggeriert, die dergestalt zusammengestellte Gruppe repräsentiere die Stimme der Anderen* in ihrer Gesamtheit. Das repräsentationale Problem, wie es in III.E1 festgehalten wurde, hängt demnach mit diesen verkürzten Rezeptionen zusammen. Um dieser Sackgasse zu entgehen, könnte man sich sodann entscheiden, diese Rolle einer ‚Sprecherin', ‚Übersetzerin' oder ‚Botschafterin' zu verweigern. Sodann aber steht in Frage, worin das Spezifikum dieser anderen* Sprechposition denn dann noch besteht. Würde man darauf beharren, dass man ganz normale* Forschung mit ganz normalen* Methoden macht, wäre die Adressierung als ‚Wissenschaftler_in mit Behinderung' schließlich eine illegitime Partikularisierung. Dann ginge es in solchen Projekten nur darum, Stellen für Menschen mit Behinderung zu schaffen, ohne dass dies weitere inhaltliche Konsequenzen hätte. Dies kann aber nicht gemeint gewesen sein, sonst hätte man diese Stellen in unbenannten, gar beliebigen gemischten Teams schaffen können, in denen es möglich ist, der fragwürdigen Partikularisierung in der Rezeption zu entkommen. In dem Moment jedoch, in dem ich mich auf das Dialogspiel einlasse und verspreche, eine andere* Perspektive einzubringen, liegt die Beweislast auf mir zu zeigen, worin denn nun dieses Andere* besteht. Gelingt dies nicht auf überzeugende Weise, kippt die propagierte Andersheit* oder Besonderheit* dieser Forschung in Exotismus. In der ungünstigsten Konstellation führt dies zu einer Verdopplung des Stigmas durch permanente Adressierung als Andere* und eine alltägliche organisationale Verwiesenheit auf dieses Label. Dies kann in den betroffenen Subjekten nach gewisser Zeit eine große Müdigkeit darüber erzeugen, ständig als Betroffene eingeladen und befragt zu werden (s.a. III.ND2). Gleichzeitig aber sind solche Projekte unerlässlich um genau diese Fragen nach einer Perspektivenvielfalt im Wissenschaftsbetrieb überhaupt stellen zu können. Im Theorieband wird daher noch sehr ausführlich auf die Selbstrepräsentationen und Rezeptionsdynamiken der Forschung vom anderen* Standpunkt eingegangen werden (IV.E4; IV.ND4; IV.DE5).

Was das AKTIF-Projekt auf personeller Ebene macht, geht auch auf curricularer: Unter dem Titel „Why Is My Curriculum White?" taten sich im März 2015 britische Studierende zusammen, um sich über den Eurozentrismus des Philosophiestudienangebots zu beschweren. Die Marginalisierung von Texten von Frauen und nicht-europäischen Denker_innen reproduziere die Vorstellung, dass nur weiße Männer vernunftbegabt und philosophiefähig seien und limitiere das Denken.[19]

---

[19] http://www.theguardian.com/education/commentisfree/2015/mar/23/philosophy-white-men-university-courses

Der Begriff der „Vielfalt", mit dem hier operiert wird, betrifft demnach ebenso die Perspektivenvielfalt. Im Kontext dieser Diskussionen geht es vielfach um Quotierungen und Redeanteile. Im Gegensatz zu ND-Projekten in dieser Richtung, wie zum Beispiel dem in III.ND3 diskutierten #diversedecember auf dem britischen Buchmarkt, wird hier *mit* essentialistischen Adressierungen gearbeitet. Wenn zum Beispiel gefordert wird, dass es ein Seminar zu afrikanischer Ethik oder asiatischer Ontologie geben soll, bedeutet dies die Einführung einer *kulturalisierten* Vielfalt in das philosophische Curriculum (EN). Das ist etwas anderes, als ent-essentialisiert den Eurozentrismus dezentrieren zu wollen (ND), auch wenn es auf den ersten Blick nah beieinander liegt. Bei der ersten Variante nämlich bleibt die Kulturalisierung erhalten; es geht dezidiert darum, etwas Nicht-Europäisches zu lesen. So wie das AKTIF-Projekt unmittelbare Konsequenzen für das (Selbst-)Verständnis von Sozialwissenschaft hat, zeigt hier der Kontrast zwischen den EN- und den ND-Ansätzen eine Verbindung zum (Selbst-)Verständnis von Philosophie: Bei den EN-Ansätzen wird das Philosophieren als eine Tätigkeit betrachtet, die in *Kultur*räume eingebunden ist, während es bei den ND-Ansätzen und ihrer Forderung den Eurozentrismus zu dezentrieren um den Versuch geht, das Philosophische um ebenjene kulturellen, also partikularen Einflüsse zu bereinigen. Man muss demnach mit der Frage beginnen, ob man an die Möglichkeit eines solchen ‚kulturfreien' Universalismus glaubt. Das macht den Unterschied zwischen einem Seminar zu ‚asiatischer Ontologie' (EN) und einem Seminar zu ‚Ontologie' (entnannt), in dem verschiedene Ontologien gelesen werden, deren Verschiedenheit nicht kulturalistisch betrachtet wird (ND). Demnach gibt es auch zwei Fehlschlüsse der interkulturellen Philosophie: EN-Vertreter_innen laufen Gefahr, in Exotismus zu verfallen und nicht-europäische Ansätze fälschlicherweise zu verandern, obwohl sie dasselbe in Koreanisch sagen. ND-Vertreter_innen laufen Gefahr, unter falschen Vorstellungen eines Universalismus die interkulturellen Unterschiede zu nivellieren, Begriffe zu Synonymen zu erklären und in abstrakten Formalisierungen ihres Wesens und Gewordenseins zu berauben. Ein Beispiel für einen solchen polit-akademischen Streit ist die Debatte (die keine ist) um François Jullien, einem sinologischen Philosophen, der weitgehend ungebrochen kulturalistisch die chinesische Philosophie als „das andere Denken" (sic!) anpreist und der Antwort von Jean François Billeter (2015), der diesen Exotismus und den von Jullien propagierten Mythos der Andersheit des Chinesischen* kritisiert.

Ob es nun um wissenschaftliche Mitarbeiter_innen mit Behinderung oder verschiedene Vorstellungen von ‚Internationalisierung' geht, in allen

Fällen haben wir gesehen, dass EN-Ansätze riskieren, sich mit ihrer essentialistischen Anrufung einer partikularen, besonderen* oder erfrischend anderen* Perspektive selbst ein Bein zu stellen. Letztlich kann man ihnen daher vorwerfen, die Differenz, die sie zu untersuchen vorgeben, selbst erst herzustellen. Die ND-Ansätze, von denen diese Kritik stammt wiederum, haben noch keine Antwort auf den Vorwurf der Nivellierung und des falschen Abblendens von Differenz. Man möge sich weiter streiten...

III.EN4 – Die Sackgasse des Tokenismus

Eng verwoben mit der zuvor genannten Sackgasse ist das Problem des Tokenismus (Kanter 1993). Der englischsprachige Begriff wurde geprägt, um eine Praxis zu kritisieren, bei der Betroffene instrumentalisiert werden, um ein Unternehmen oder eine Organisation ‚divers' aussehen zu lassen.
Im Gegensatz zur diskriminierenden Beleidigung als ‚Quotilde' erkennt der Begriff des Tokenismus an, dass das Phänomen strukturell bedingt ist, dass sich die Quotilde ihr Quotildendasein also nicht ausgesucht hat. Vielmehr wird sie durch EN-Politiken erst erzeugt und fühlt sich dadurch häufig genauso unwohl damit. Eigentlich ist dies offensichtlich: Niemand will die Quotilde sein. Aus diesem schlichten Grund sind auch viele Betroffene gegen Quotenregelungen. Jedenfalls hört man den Satz ‚Ich will wegen meiner Kompetenz aufs Podium eingeladen werden und nicht wegen meiner Behinderung' und dessen analoge Formen für andere Diskriminierungsachsen sehr häufig. Der Begriff ‚Tokenismus' dreht die Perspektive daher um und lenkt den Blick auf jene, die sich selbst durch diese (Einstellungs-, Anwerbungs-, Einladungs-, etc.) Praxis hervortun und befragt, was genau sie damit erreichen wollen. Dabei muss die Analyse die Ambivalenz dieser Praxis auffangen: So hieß es in Kapitel III.E schließlich noch ‚Nichts über uns ohne uns'. Der Konflikt hat hier also die Form: ‚Lade Menschen mit Behinderung ein, aber nicht wegen ihrer Behinderung (und nicht mit dem einzigen Ziel, wie ein guter Mensch auszusehen/das Image deines Unternehmens oder deiner Organisation zu verbessern)'.
Das gelingt in der Praxis erfahrungsgemäß dann am besten, wenn man darüber schweigt, dass man absichtlich betroffene Selbstvertreter_innen eingeladen hat (Tatsächlich habe ich noch nie gesehen, dass es gut endet, wenn ein Orga-Team eine Veranstaltung oder ein Podium damit eröffnet, dass man ja auch Betroffene eingeladen habe, frei nach dem Motto: ‚Hier ist das Opfer – Ta da!'). Eine Dimension der Analyse ist daher, wie in solchen EN-Politiken die Anderen* (im Hinterzimmer sowie vor dem Publikum) *als* die Anderen* adressiert, präsentiert und hervorgebracht werden.

Was unter dem Begriff ‚Tokenismus' ebenso analysiert wird, ist die genauso brisante Frage, wer genau aus der Anderen*-Gruppe eingeladen wird. Gehen wir davon aus, dass die meisten Menschen – sowohl auf Seiten der Betroffenen sowie auf Seiten der Nicht-Betroffenen – es angenehmer und leichter finden, wenn man Menschen tatsächlich aufgrund ihrer Kompetenz und Expertise einladen kann. Wenn dies die häufigste Einladungsdevise ist, führt dies zu einer perfekten Reproduktion der in III.N2 ausgeführten Behindertenhierarchie, da sodann systematisch die normalisiertesten Behinderten eingeladen würden. Versucht man aber diese Sackgasse zu umgehen, indem man auch Menschen mit schwereren Beeinträchtigungen und höherem Barrierefreiheitsbedarf einlädt, die zudem über weniger ökonomisches und kulturelles Kapital verfügen, die also insgesamt deutlich weniger normalisiert sind, liegt der tokenistische Beigeschmack umso offenkundiger dar. Dies liegt vor allem daran, dass sich die Spielregeln der Veranstaltung dadurch ändern.

Wenn es zum Beispiel um eine politische Podiumsdiskussion geht und ich setze einen Menschen auf das Podium, der in seinem Leben und seinem Bildungsprozess unter dem Etikett ‚geistige Behinderung' massiv exkludiert wurde, muss ich die üblichen Spielregeln des Debattierens durchbrechen. Man muss sodann mit leichterer Sprache arbeiten oder aber die Person wird aus der weiteren Diskussion ausgeklammert und nach einem herzigen Eingangsstatement übergangen (was der häufigere Fall ist). Besonders augenfällig wird dieses Phänomen, wenn absichtlich wenig wehrhafte Betroffene eingeladen werden, weil man diese leichter argumentativ ausstechen kann. Dieses Talkshowformat hat weder mit Inklusion etwas zu tun, noch damit die Betroffenen für sich selbst sprechen zu lassen; es ist nahezu menschenverachtend.

Aus der Perspektive der Nicht-Betroffenen ist das größte Problem an diesen Praktiken, dass es keinen Weg gibt zu verhindern, dass einem vorgeworfen wird, die Einladung sei eine politische Wahl. Wenn jemand eingeladen wird, der frisch als Geflüchteter hier angekommen ist, tritt er mit seiner Sprachbarriere auf der Bühne wenig überzeugend auf. Wenn man deswegen jemanden einlädt, der vor zehn Jahren hier angekommen ist, dann hier studiert hat und daher jetzt argumentationsstark und sattelfest sprechen kann, hört man den Vorwurf, dieser wäre ja gar kein ‚echter' Betroffener mehr, denn er führe ja mit seinem akademischen Abschluss mittlerweile ein ganz normales* bürgerliches Leben. All dies basiert auf der absurden Vorstellung, dass kompetente Betroffene keine ‚authentischen' Betroffenen (mehr) seien.

Aus der Perspektive der Betroffenen ist das größte Problem, dass sie in Anbetracht dieser Tatsache passiv bewegte Objekte bleiben, die mal ausgewählt und eingeladen werden oder nicht – je nach gusto und politischer Gesinnung der Nicht-Betroffenen. Zudem wird man von obigen Vorwürfen auch selbst getroffen, nur auf einer anderen Ebene: Der double-bind hat hier die Form, dass man sowohl für Inkompetenz als auch für Kompetenz bestraft wird. Im ersten Fall riskiert man es, sich instrumentalisieren zu lassen, weil einem die Kompetenz fehlt, die Situation, in die man da eingespannt wurde, richtig einzuschätzen. Im zweiten Fall riskiert man, sich die eigene Kompetenz vorwerfen lassen zu müssen, da man zu weit weg von den Alltagserfahrungen der als ‚authentisch' erlebten Betroffenen sei. ‚Sobald man einen geraden Satz bauen kann, ist man nicht mehr betroffen genug' – so die Implikation. Zudem besteht das Risiko, tatsächlich das in III.N3 beschriebene ‚Die Normalsten* vorschicken'-Spiel mitzumachen.

EN-Politiken sind demnach für beide Seiten anstrengend. Zuletzt ist es jedoch ebenso keine Alternative, die Stimme der Betroffenen zu übergehen.

III.EN5 – Fazit: Wer andere* fördern will, fördert sie anders*

Resümieren wir zum Abschluss die Potentiale und die Sackgassen der EN-Politiken:

Zunächst wurde festgehalten, dass sich das Begehren der Anderen* nach Teilhabe an einer Normalität* systematisch ausbeuten lässt. Je stärker jemand diese Normalisierung begehrt, desto mehr wird er jeder Anpassungsnötigung nachgeben. Wer im Gegenteil zunehmend versucht, seine Andersheit* zu bewahren und nicht zu verstecken, wird in diesem Integrationsspiel den Preis dafür bezahlen. In einer dialektischen Bewegung der ‚egalitären Differenz' – wie Prengel (2006) es nennt – gilt es, diese inneren und äußeren Konflikte auszuhalten.

Der Versuch, die Teilhabe der Anderen* an einer Normalität* zu fördern, war dabei auch von einer unüberwindbaren Defizitorientierung gekennzeichnet. Unüberwindbar ist diese, weil kein noch so hübscher Euphemismus davon ablenken kann, dass allein das Vorhaben, die Anderen* zu fördern, logischerweise mit der Unterstellung einer Förderungsbedürftigkeit einhergeht. Ob man diese nun ‚Bildungsferne', ‚Bildungsdeprivation', ‚herkunftsbedingte Benachteiligungen' oder in immer länger werdenden Wortketten sonstwie nennt, ändert an dieser Tatsache überhaupt nichts. Hätten sie keine Defizite, müsste man sie nicht besonders fördern. So einfach ist das. Legitimierbar wird dies nicht durch hübsche, politisch korrekte Begriffe, sondern lediglich durch die ethische und politische Denkfigur, dass die Anerkennung dieser Defizite eine Anerkennung der fatalen Folgen von Unterdrückung und Diskriminierung bedeutet. Sieht man es so, sind drastische Begriffe sogar geboten, da sie im Gegensatz zu den Euphemismen nicht schönreden, wie brutal manche Menschen sowohl von Bildung als auch von den mächtigen Zentren der Normalen* ferngehalten werden.

Ein weiteres Problem bestand darin, dass man die partikulare Adressierung so schnell nicht wieder los wird und dass sie paradoxerweise gleichzeitig so brüchig ist. Einerseits wiederholt sich das Stigma der Verbesonderung, wenn die Rede davon ist, dass die anderen* Stimmen gehört und gefördert werden müssten; andererseits verweist dieses Stigma auf eine uneinlösbare *Zuschreibung* von Andersheit*, die nicht ausgefüllt werden kann. In einem Satz verdichtet lautet der Appell dieser

Politiken: ‚Würdest du bitte die andere* Stimme erheben, obwohl niemand weiß, was an dieser anders* ist?‘

Nicht zuletzt deshalb verführen EN-Politiken häufig zu einem oberflächlichen Tokenismus, bei dem Betroffene auf die Bühne gezerrt werden, nur damit man inszenieren kann, sie hätten für sich selbst gesprochen und man wäre eine ‚vielfältige‘ Veranstaltung/Organisation gewesen. Da die Andersheit* produziert werden muss, um vorzuführen wie toll man die Anderen* integriert hat, kommt es dabei zu schrägen Exotisierungen und falschen Partikularisierungen selbst gewöhnlichster Sprechakte.

Aus der Perspektive der Nicht-Betroffenen lassen sich diese Aporien daher zu der Frage verdichten: Wie kann man Andersheit* wertschätzen und anerkennen, ohne sie zuzuschreiben und dadurch mit hervorzubringen?

Aus der Perspektive der Anderen* lautet die Schlüsselfrage der EN-Politiken: Wie kann ich die andere* Stimme erheben ohne diese Andersheit* festzulegen (und dadurch essentialistisch zu zementieren (und dadurch einen fragwürdigen Repräsentationsanspruch zu erheben))?

Das Bezeichnendste an diesem Kapitel ist daher, dass fortlaufend in den Kategorien ‚normal* - anders*‘ gedacht wird. Die Dichotomie lässt sich in dem Moment nicht dekonstruieren. Der Vorteil der EN-Politiken ist dadurch jedoch genauso gegeben: Keiner Linie gelingt es so gut, klar und ungebrochen auf die Diskriminierung und Benachteiligung der Anderen* hinzuweisen und eine Förderung und besondere* Maßnahmen für diese einzufordern. So werden wir gleich auf der ND-Linie sehen, dass dort zwar niemand als anders* adressiert wird und demnach auch niemand nicht als normal* gilt, dies aber dazu führt, dass reale Widersprüche (inklusive des Hauptwiderspruchs) regelhaft übergangen und wegdekonstruiert werden.

III.ND – Normalisierung und Dekonstruktion (ND → non-E)

Auf der Verbindungslinie von Normalisierung und Dekonstruktion geht es um das Begehren, nicht als anders* wahrgenommen zu werden, sondern einfach selbstverständlich Teil einer neuen Normalität zu sein. Dazu werden Rhetoriken der Vielfalt bedient, die darauf abheben einerseits die Normalität der Verschiedenheit zu betonen und andererseits Universalismen zu affirmieren, die dabei helfen zu zeigen, dass man eben nicht anders* ist, sondern Teil dieses Universalen.

Dadurch steht hier das Individuum im Zentrum – nicht der kollektivierte politische Körper, der als Anderen*-Gruppe auftritt (wie gerade eben bei der EN-Linie). Folglich wird hier keine Teilhabe an einer Normalität gefordert, sondern darauf verwiesen, dass man doch längst da ist und bereits teil*hat*. Aus der Mitte des Normalen* heraus soll das Bild von Normalität* dergestalt in Bewegung gesetzt werden, dass es sich weit für jene öffnet, die vormals als Andere* wahrgenommen wurden. Dies geht so weit, dass am Ende nicht mehr von Normalität* und Andersheit* gesprochen wird, da diese Kategorien bedeutungslos geworden sind.

Im Vergleich zur EN-Linie ist diese Linie daher stärker utopisch. Sie denkt die Sache von diesem Endpunkt, dieser Hoffnung aus. Eine neue Gesellschaft wird gezeichnet, in der die Prozesse der Veranderung aufgehoben worden sind, und ein neuer Universalismus skizziert wurde, unter dem nun alle* individuell, vielfältig und glücklich Platz haben. Dazu sprechen die Menschen auf dieser Linie also nicht im emphatischen Sinne als Andere*, sondern immer zuerst als Individuen und als Bürger_innen. Jedes Einfordern besonderer* Rechte oder besonderer* Maßnahmen liegt ihnen fern; stattdessen geht es ihnen darum, von den allgemeinen* Rechten Gebrauch zu machen, die allen* zustehen, und von denen niemand* ausgeschlossen werden darf. Dabei wird sich im Verlauf jedoch zeigen, dass alle* und niemand* genauso akrobatische Konstruktionen sind wie normal* und anders* (weswegen sie genauso mit einem Sternchen versehen werden, um daran zu erinnern).

III.ND1 – Die Sackgasse der Privilegienverleugnung: Die Neuen Deutschen und Farbenblindheit als politisches Ideal

Unter dem Titel „Wir neuen Deutschen“ haben drei Autorinnen der ZEIT im Jahr 2014 die Migrationsgeschichten ihrer Familien aus Polen, Vietnam und der Türkei niedergeschrieben und mit politischen sowie persönlichen biographischen Reflexionen verbunden. Wie der Begriff „neue Deutsche“, den sie als Selbstbezeichnung wählen, bereits zeigt, geht es um eine Dekonstruktion der Normalvorstellung dessen, was es bedeutet „deutsch“ zu sein, wodurch sie der Verbindungslinie Dekonstruktion und Normalisierung angehören:

> „So, wie einige nostalgisch der Vergangenheit nachhängen und sich ein überschaubares Deutschland mit Bonn als Hauptstadt zurückwünschen, so malen wir uns ein Deutschland der Zukunft aus. Darin gibt es keine Parallelwelten, sondern nur eine Gesellschaft. Das Wort Migrationshintergrund ist aus dem Wortschatz gestrichen, denn die Kinder von Einwanderern werden einfach Deutsche genannt. Manche von ihnen haben die Teilung erlebt, manche hatten einen Großvater im Krieg und manche haben eine Mutter, die aus Polen stammt. Der eine Deutsche hat auch einen türkischen Pass, die andere Deutsche hat schwarze Haare, und niemand wundert sich darüber.“ (Topçu, Bota & Pham 2014, 18f).

Der normalisierende Aspekt steckt in der Zielformulierung *„werden einfach Deutsche genannt“*. Es ist folglich ein Verständnis von Inklusion, das als Inklusion der vormals Anderen* in einen Normalismus, nämlich den des Deutschseins, artikuliert wird. Dazu muss der Normalismus flexibilisiert werden, sodass das Spektrum des Deutschseins die verschiedensten Haar- und Hautfarben, Passkombinationen, Migrations-bewegungen, Religionszugehörigkeiten etc. mit umfasst.

Typisch für die Verbindungslinie aus Dekonstruktion und Normalisierung ist das Wegfallen bestimmter Begriffe, das auch hier beschrieben wird: Im Sinne einer Dekategorisierung soll das Wort „Migrationshintergrund“ ersatzlos gestrichen werden, da dies keinen Einfluss darauf haben soll, ob ein Mensch als „deutsch“ anerkannt wird oder nicht. Übergangsweise wird folglich der Begriff „neue Deutsche“ verwendet, langfristig aber sollen all diese Kategorien und Schubladen keine Rolle mehr spielen. Von ihnen selbst als „konkrete Utopie“ (ebd., 18) bezeichnet, vertreten die drei das politische Ideal einer im positiven Sinne des Wortes *farbenblinden* Welt: Haar- und Hautfarbe, Herkunft, Migration sollen nicht mehr relevant dafür sein, was als flexibel-normalistisch „deutsch" anerkannt wird. Außerdem heißt es – ähnlich zu der Forderung, es solle *keine parallele* Schullandschaft geben, sondern nur *eine* Schule für alle – auch hier auf der Achse Migration und Ethnizität, dass es in dieser Utopie *keine Parallel*welten mehr geben solle, sondern nur noch *eine* Gesellschaft. An dieser Stelle fällt jedoch im Vergleich der Diskurse zu Behinderung und Migration/ Ethnizität auf, wie unterschiedlich Segregation bei diesen beiden Gruppen bisher bewertet wurde. „Parallelgesellschaft" ist ein Begriff aus dem konservativen Lager, das häufig verbunden wird mit dem Vorwurf eines Unwillens zur Integration oder gar einer Integrationsunfähigkeit. Mit dem Wort versuchte man vor allem in den Großstädten Ängste und Ressentiments gegen von PoC dominierte Straßenzüge und Viertel zu schüren. Der dazugehörige Code für flexibel- bis transnormalistisches Denken im Bereich Migration/Ethnizität ist der Begriff *„Kosmopolitismus"*. So beschreibt Pham, dass sie sich in London – wie es in den meisten Metropolen der Fall ist – „normal [fühlte], weil alle irgendwie anders waren." (ebd., 36)

Dieses Abblenden der Differenz wird auch auf der Ebene der statistischen Erfassung und der Darstellung im (massenmedialen) Diskurs eingefordert:

> „Manche sind Straftäter, andere Geschäftsleute, aber niemand würde auf die Idee kommen, die Statistik danach aufzudröseln, wer deutsche Eltern hat und wer ein Kind von Iranern, Vietnamesen, Türken, Polen, Russen oder Arabern ist." (ebd.)

Die politische Forderung dieser ND-Bewegung stellt somit die Frage, ob Schulstatistiken wie PISA – neben dem guten Zweck Diskriminierungseffekte als solche sichtbar, nachweisbar und dadurch kritisierbar zu machen – nicht auch auf fragwürdige Weise immer wieder die Vorstellung reproduzieren, dass Türkischsein, Migrantin-Sein, etc. ein „Makel" ist. Die ND-Politik glaubt an die Macht solcher Diskurse und will sie verändern, indem sie einfordert, neue Geschichten zu erzählen. So finden die Autorinnen zum Beispiel auch, es würden viel zu selten Erfolgsgeschichten von Menschen mit sog. „Migrationshintergrund" erzählt (ebd., 106), was ein Ungleichgewicht im Diskurs erzeugt, welches eine Reduktion von Migration auf einen Problemdiskurs befördert. Stattdessen gelte es anzuerkennen, dass es Menschen gibt, die sehr erfolgreich sind und andere, die viele Probleme haben, und dass dies – ganz transnormalistisch gedacht – nichts damit zu tun hat, ob und wann eine Migration vorlag. Diese Politik richtet sich demgemäß gegen die in III.EN2 dargelegte Defizit- und Problemorientierung in Diskursen der Förderung. Jedoch würde diese These wahrscheinlich niemand unterschreiben, der gerade massive Probleme wegen seiner Migration hat, weil er vier Stunden Schlange steht, um sich das nächste Dokument für das Stellen eines chancenarmen Asylantrags aushändigen zu lassen. Dies bringt uns zurück zu der alten Frage: Wie privilegiert ist die ND-politische Rhetorik?

Im Band zu den ‚Subjekten der Inklusion' sahen wir, dass es kein Zufall ist, dass die am wenigsten schwer beeinträchtigte Person auf der ND-Linie positioniert war (Mona); und auch im Theorieband haben wir hergeleitet, dass jede ND-Theorie, die auf einen Transnormalismus zielt, dies nur tun kann, indem sie sich für die Privilegierungen, die auf einer in der Regel dethematisierten anderen Achse liegen, desinteressiert (IV.ND1; IV.N5). In den allermeisten Fällen ist dies ein Desinteresse an der marxistisch-materialistischen Argumentation und somit eine fehlende Sensibilität für Klassenverhältnisse. In diesem Fall wird im Buch zum Beispiel auch der gesicherte Aufenthaltstitel, teilweise sogar die deutsche Staatsangehörigkeit, stillschweigend vorausgesetzt. Das Ignorieren der (Pass- und) Klassenverhältnisse ermöglicht so die transnormalistische Illusion, dass wir alle gleich (deutsch) sind. Auch an den politischen Forderungen merkt man dieses Syndrom. So benennen die drei unter dem Titel *„Schönen Dank fürs Erbe"*, wie viel privilegierter sie im Vergleich zu ihren Eltern sind, artikulieren jedoch ihre Forderungen sodann aus ihrer Perspektive, ohne zu fragen, was wohl ihre weniger privilegierten Eltern gefordert bzw. gebraucht hätten. Sie beschreiben:

> „Wir haben, was sie nicht hatten. Wir wurden, was sie nie sein konnten. Wir sprechen perfektes Deutsch, sie werden es nie akzentfrei beherrschen. Wir nehmen wie selbstverständlich den Reichtum dieses Landes an, sie staunen noch immer darüber." (ebd., 89)

Über die Seiten des Buches hinweg geht es nun um den Prozess, der ihre ND-politische Haltung verändert hat. Zu Beginn dieses Prozesses werden die Begriffe „Integration" und „Normalisierung" im Kontext dieser Migrationsgeschichten nahezu gleichgesetzt. „Integration" wird hier nicht als ein wechselseitiger Aushandlungsprozess verstanden, indem sich reflexive Formen von Hybridität herausbilden. Vielmehr wird „Integration" mit Anpassung an die deutsche Leitkultur in eins gesetzt, ohne dass von dieser ein Entgegenkommen oder auch nur eine Öffnung erwartet wird. Diese Assimilation werde erschwert durch das Erbe, für das sie sich in der Überschrift teils zynisch, teils sarkastisch bedanken:

> „Ihre Geschichten, ihre Entbehrungen, sie sind das Erbe, das wir mit uns herumschleppen." (ebd.,89). Und weiter:
>
> „Egal, was wir in Deutschland erreicht haben, so wie die Deutschen konnten wir nie werden. Denn das, was unsere Eltern

uns mitgegeben haben, wurden wir nicht los. Der Schriftsteller Feridun Zaimoğlu hat es einmal so ausgedrückt: >Du kannst dir den Fremdländer nimmer aus der Fresse wischen.<. Das gilt nicht nur phänotypisch. Es ist wie beim Haarefärben: Du blondierst sie ständig, aber die Ansätze wollen einfach nicht blond bleiben. Das schwarze Haar wächst immer wieder nach." (ebd., 114)

Der Passus zeigt zweierlei: erstens erinnert er daran, warum diese Ansätze häufig dafür kritisiert werden, wie unsolidarisch sie durch die latente Abwertung von Andersheit* sind (genauer in III.ND4). Zweitens ist der Absatz in diesem Sinne auch als Ausdruck internalisierter Diskriminierung interpretierbar. Was in dieser Phase noch fehlt, ist ein empowerndes ‚Black (hair) is beautiful'. Beides wandelt sich nun jedoch im Verlauf der beschriebenen Leben mit der Zeit und vor allem mit der Erkenntnis, dass sie nicht als Deutsche akzeptiert werden, egal wie erfolgreich sie sind:

„Irgendwann kam der Punkt, an dem wir merkten, dass wir das nachwachsende schwarze Haar einfach nicht loswerden würden. Und irgendwann fanden wir es eigentlich auch ganz schön." (ebd.)

Es handelt sich demnach im strengsten Sinne um einen Einbruch des Realen, ein ermächtigendes Ereignis, das verunmöglicht an der alten Illusion festzuhalten. Bezüglich der farbenblinden meritokratischen Ideologie heißt es zu Kapitelende konklusiv:

„Erst allmählich begreifen wir, dass wir in unserem Leistungsdenken einen Fehler eingebaut haben: Herkunft ist kein Makel, den es zu entfernen gilt. Wir können sie nicht durch Leistung wettmachen, das geht gar nicht. Wir wollen es auch nicht mehr." (ebd., 144)

Nach dem alten Gesetz, dass internalisierte Diskriminierung belohnt wird, haben auch diese sehr erfolgreichen Frauen erst jetzt die Chance, ihre Politik zu überdenken, da eine zu frühe Einsicht in die der Anpassung immanenten Geringschätzung des eigenen Selbst und der Herkunftskultur den Aufstieg gefährdet:

„Wenn ich heute über den Preis nachdenke, den das Deutschwerden gekostet hat, dann spüre ich Wut. Wir haben uns selbst verleugnet, wir haben versucht, eindeutig zu sein, deutsch zu sein, denn die Alternative wäre gewesen, ewig der Pole, ewig der Fremde zu bleiben." (ebd., 26),

schreibt die Autorin des Kapitels mit dem vielsagenden Titel „Verrat an Polen". Jede Normalisierung hat einen Preis (IV.EN3). Es ist ein Privileg, diesen bezahlen zu können. In den biographischen Passagen lässt sich bezüglich der Normalisierung ein weiteres Element entdecken, das wir in den Analysen der biographischen Interviews sehr genau betrachten konnten: die Normalenparty (vgl. II.N1). So heißt es dort bezüglich des Gefühls als Frau of Color in einem Büro zu arbeiten, in dem alle Putzfrauen of Color sind während das Büropersonal weiterhin stark weiß-deutsch dominiert ist:

> „Stattdessen fühlt es sich manchmal für Bruchteile von Sekunden so an, als hätte mich eine Freundin auf eine Party geschleppt, auf die ich eigentlich nicht eingeladen war.“ (ebd., 138).

Die Wut über diese Kosten und das immer bleibende Gefühl der Unzugehörigkeit leiten die reflexive Änderung in der betroffenenpolitischen Haltung ein. Zusammenfassend lässt sich das Buch beschreiben als Dokumentation des Prozesses, in dem aus einem naiven Hereinfallen auf die meritokratische Ideologie, dass wir alle gleich sind und uns nur anstrengen müssen (verkürzte ND-Politik), über den Umweg einer Empowerment-Reise (E als Gegenspieler zu ND), das ND-politische Ziel neu aufgestellt wird in der Forderung, die Vorstellung von „Deutschsein“ müsse flexibel-normalistisch dekonstruiert werden (reife ND-Politik).

> „Wir sind in Deutschland mit dem Wunsch aufgewachsen, dazuzugehören. Wir haben hart gearbeitet, um in dieser Gesellschaft etwas zu erreichen. Heute diskutieren wir mit Politikern über die Europäische Union, treffen Künstler in Warschau, Berlin oder London; wir schreiben unsere Beobachtungen in einer Zeitung [der ZEIT] nieder, die von Millionen gelesen wird. Wir arbeiten, wohnen und reisen genauso wie andere Deutsche. Warum sollten wir all das herauskehren, was uns anders macht? Warum sollten wir uns selbst zu Migranten machen?“ (ebd., 161),

fragen sie in ihrem Schlusskapitel. Der hier beschriebene Prozess wird in der Forschung auch als Selbstethnisierung bezeichnet – ein überaus komplexer, reflexiver Prozess wird hier in Gang gesetzt (vgl. Hamburger 2012, 74). Die Frage, die sie stellen, lautet demnach fachsprachlich umformuliert: Warum sind Prozesse der Essentialisierung des Andersseins* nötig, obwohl das eigene politische Ziel doch lautet, der ND-Universalie des „arbeiten, wohnen und reisen“ zu entsprechen, also zu fordern, dass anerkannt wird, dass sie gerade nicht fundamental anders* leben oder sind als die Deutsch-Deutschen?

„Ein Gefühl war der Auslöser für dieses Buch, und dieses Gefühl war Wut.“ (Topçu et al. 2014, 162), der Kernaffekt des Empowerments, der sich gegen Ungerechtigkeit richtet: „Darüber, in einer Gesellschaft zu leben, in deren Selbstverständnis wir nicht vorkommen.“ (ebd.). In diesem Empowerment-Prozess fangen die drei an miteinander zu sprechen, sehen „wie sehr wir drei ein Lebensgefühl teilten“ (ebd.), finden das Gemeinsame, das den Empowermentprozess in seiner Solidarisierung trägt. Daraus folgt, wie als Notwendigkeit im Trilemma hergeleitet, ebenjenes dichotome Denken, das die Kontraposition zu den ND-Theorien kennzeichnet: „Plötzlich teilten wir das Land. Wir machten denselben Fehler wie die, die wir kritisierten: Wir dachten in *wir* und *ihr*. Die Migranten, die neuen Deutschen, das sind wir.“ (ebd.). Es wird in der Folge des Empowermentprozesses eine Selbstbezeichnung gewählt (vgl. III.E1). Die Zwei-Gruppen-Theorie oder Dichotomie, die sich auf die realen Machtverhältnisse bezieht, wird dabei als funktional – also als strategisch notwendiger Essentialismus – erkannt: „So widersprüchlich es klingt: Es scheint uns der einzige Weg zu sein, diesen Graben zu überwinden.“ (ebd.). Um den Reifungsschritt von einer präreflexiven und so gesehen präpolitischen ND-Illusion zu einer reflektierten ND-Politik einzuleiten, muss der Gegenspieler kennengelernt werden. Nur über den Umweg, den *essentiellen* Graben nachzuzeichnen, lässt sich der essentialistische Graben überwinden. Ohne diesen Schritt lassen sich die „subtilen, manchmal unsichtbaren Mechanismen von Ausgrenzung und Akzeptanz“ (ebd.) nicht erkennen und benennen. Dass die drei das Lager nicht gewechselt haben, sondern den Umweg über das essentialistische Empowerment nur wählen, um ihrer ND-Politik treu zu bleiben, zeigt sich im Schlusswort, in dem wiederum ein flexibler Normalismus aufgerufen wird, um zu zeigen, dass der Unterschied so essentiell nicht ist: „Wer kennt es nicht, das Gefühl, am falschen zu Platz zu sein?“ (ebd., 174). In diesen flexibel-normalistischen Termini wiederum ist der Prozess, den sie beschreiben, eine ziemlich normale* Identitätsentwicklung, durch die ein Mensch seinen Platz in der Welt sucht, was manchen Menschen schwerer und anderen leichter fällt, aber letztlich universal ist.

Das große Potential der ND-Politiken ist demnach diese Hoffnung, dass ein Einzug ins Universale möglich ist, nicht loszulassen. Dazu muss aber der Umweg der Identitätspolitik beschritten werden, da nur aus dieser partikularen Position der alte Universalismus als falscher Universalismus entlarvt und ein neuer aufgestellt werden kann.

III.ND2 – Die Sackgasse der individualistischen Entpolitisierung: Warum die Kopftuchdebatte keinen Ausweg findet

Ein anschauliches Beispiel für eine ND-Politik, die sich in ihrem Individualismus den eigenen Grund entzieht und dennoch einen widerständigen Rest in der Auflehnung gegen hegemoniale Zuschreibungen und Kategorisierungen enthält, liefert die Debatte um das Tragen des Hijab in der deutschen Öffentlichkeit. Es geht bei diesen politischen Interventionen im Wesentlichen um den Versuch, die Deutungshoheit über dieses mit vielfältigen Assoziationen getränkte Stück Stoff an sich zu reißen. Alle Beteiligten des Streits argumentieren, sie wüssten was dieses Zeichen bedeute und wie und als was es folglich wahrzunehmen sei.

Die ND-politische Argumentation, die momentan im Aktivismus dominiert, betont, dass das Tragen des Kopftuchs selbstgewählt sei, dass es sich nicht um ein Zeichen der Unterdrückung handele, sondern um ein religiöses Symbol wie das Tragen eines Rosenkranzes o.ä. auch und, dass es ihnen wichtig sei, als *Individuen* wahrgenommen zu werden. Diese individualistische Argumentation ist auch deshalb wichtig, da jede andere Argumentation, die nicht bei sich bleibt, sondern eine Deutungshoheit mit größerem Geltungsbereich als dem eigenen, einzelnen Kopf beansprucht, sofort ins Unsolidarische kippt. So würde zum Beispiel eine stärkere Lesart des Kopftuchs als muslimische *Pflicht* alle Muslima, die kein Kopftuch tragen, ins Messer laufen lassen. Die Deutung als widerständiges oder gar feministisches Zeichen, die bereits ein paar Mal angedacht wurde, kann jedoch ebenso keinen nennenswerten Geltungsbereich erlangen solange es Länder gibt, in denen es eben doch erzwungen und dadurch ganz klar ein Zeichen der Unterdrückung ist. Diesen Frauen möchte man auch nicht in den Rücken fallen; also bleibt man einfach ganz bei sich und spricht nur im Singular: ‚*Ich* habe das frei entschieden. *Ich* assoziiere damit… Bei *mir* war das so…‘ (bzw. in dem Beispiel, das wir gleich lesen werden, wird von einem ‚wir‘ gesprochen, das sich nur auf die vier im Raum anwesenden Personen bezieht, also ein sehr kleines ‚wir‘ ist). Die Aporie einer solchen ND-Argumentation zeigt sich in folgendem Interview mit vier Frauen, die Hijab tragen, binnen weniger Sätze:

> „**Boukraf:** Wissen Sie was? Wenn ich ganz ehrlich bin, habe ich eigentlich gar keine Lust mehr auf das Kopftuchthema.
> **Okay … Und wieso?**

Boukraf: Weil ich nicht mehr ständig diese Opferrolle einnehmen möchte. Natürlich gibt es Vorurteile und sehr viele Probleme. Aber in den Diskussionen zu diesem Thema werden die falschen Fragen gestellt. Ich sehe keine Weiterentwicklung.
Welche Fragen finden Sie falsch?
Boukraf: Na, ob wir zum Kopftuch gezwungen werden oder ob wir es freiwillig tragen, zum Beispiel. Das Tuch ist eine Verpackung, mehr nicht. Ich finde, es sollte nicht so sehr im Vordergrund stehen. Das ist ein künstlicher Akt, den wir hier durchführen. Wir sind alle vier erfolgreiche selbstbewusste Frauen, die es zu etwas gebracht haben.
In der Modebranche, in Schule und Uni, in der Medizin. Keine von uns wird von der Familie oder von den Männern unterdrückt. Trotzdem sind wir spezielle Bürgerinnen mit Kopftuch. Warum lädt man uns nicht mal zu einem Gespräch ein, in dem wir inhaltlich zu einem anderen Thema Kompetenz zeigen können? Dass wir dabei Kopftuch tragen, sollte keine Rolle spielen.
Aber sind wir schon an diesem Punkt?
Boukraf: Ich frage mich, ob wir das erreichen, indem wir das Thema immer so in den Mittelpunkt stellen.
Warum setzten Sie das Tuch dann nicht einfach ab?
Boukraf: Weil ich das nicht bin! Das Kopftuch gehört zu meiner Identität und wäre für mich idealerweise auch Teil meiner Lehreridentität."
(http://taz.de/Muslima-ueber-das-Kopftuch-Tragen/!158704/)

In der ersten Sequenz wird zunächst darauf verwiesen, dass es müde macht, immer wieder in derselben partikularen Position adressiert zu werden – der Nachteil der EN-Dialogspiele (vgl. III.EN3). So hatte die Zeitschrift, so viel muss man ihr in jedem Fall lassen, die Absicht durch die Einladung Frauen, die Hijab tragen, für sich selbst sprechen zu lassen, statt über sie zu schreiben. Die schroffe Markiertheit des Kopftuchs im Kontrast zur Unmarkiertheit des christlich/nicht-migrantischen Weißseins lässt die Thematisierung, die bei dieser Empowerment-Politik nötig ist, jedoch als ungemütlichen Verweis erscheinen. In Abgrenzung zu dieser für die Betroffenen alltäglichen Tatsache erscheint eine ND-Politik mit ihrem Ziel entnannter Vielfalt, die nicht kommentiert werden muss, sondern selbstverständlich und ungesagt bleiben kann, als Politik der Wahl. Schließlich lässt sich die Interviewte ob dieser Müdigkeit, immer wieder auf das Kopftuch verwiesen zu werden, zu der Aussage hinreißen, dass es nur eine „Verpackung" sei, eine Metapher des Unwesentlichen. Im Zuge der ND-Argumentation soll das Kopftuch als Symbol sämtlicher

Bedeutung beraubt werden. Alle Figuren der Dekonstruktion normalisierter Lesarten sind dabei Figuren der Verweigerung: Nein, es bedeutet nicht Unterdrückung; Nein, es bedeutet nicht rückständig; Nein, es bedeutet nicht Opfer, usw. Schlussendlich wünschte frau sich, dass es „keine Rolle" spielte. Spätestens dann aber, wenn die Sehnsucht bestätigt wird, es solle bedeutungslos sein, muss die Gegenfrage erscheinen: Wenn es nichts bedeutet, keine Rolle spielen soll, nur eine Verpackung, also angeblich so unwesentlich ist, wieso es dann überhaupt tragen? Hierin liegt die Aporie des Versuchs mit einem ND-Individualismus das Kopftuch verteidigen zu wollen: Wenn es ein Zeichen ist, das nicht mehr bedeutet als das Tragen von Batik-T-Shirts und Wollmützen, dann ist es kein religiöses Zeichen (und fällt nicht mehr unter die Religionsfreiheit). Die Reaktion auf diese Konfrontation mit der Sackgasse der ND-Politik (ND → non-E) ist wiederum eine Form der *Identitätspolitik*. Da sie identitätspolitisch ist, verlässt sie den mit Mühe und Not erkämpften ND-Raum fluchtartig und konstruiert erneut eine Essenz des Eigenen, an der frau wesentlich festhalten möchte. Gezeichnet wird hier in wenigen Strichen eine gefangene Subjektivität: So sehr sie sich wünscht, aus einer unmarkierten, nicht verbesonderten Position sprechen zu können (ND-politisch: „Warum lädt man uns nicht mal zu einem Gespräch ein, in dem wir inhaltlich zu einem anderen Thema Kompetenz zeigen können?"), so sehr zeigt sie sich als eine Frau, die sich selbst in einem Essentialismus des Eigenen gefangen halten muss (Empowermentpolitische Verteidigung der *wesentlichen* Differenz: „Weil ich das nicht bin!"). Eine konsistente feministische Argumentation ist von daher verunmöglicht.

Auch hier lässt also jede Entscheidung eine Flanke offen. Man sieht jedoch ebenso, dass dies die gewöhnlichen trilemmatischen Sackgassen waren, die sich für *jeden* hier verzeichneten Kampf zeigen ließen. Wie Spivak – eine der bedeutendsten Theoretikerinnen diasporischer Kämpfe – erinnert: Es ist das Entlassen des Selbst aus der Opferrolle, das befähigt „die Verantwortung zu lieben" (Spivak 2014, 22) und dadurch erst im vollen Sinne ein politisches Subjekt eines emanzipatorischen Ereignisses zu sein (statt im Status des Objekts der eigenen Rassismustheorie zu verweilen). Ein Begehren zu artikulieren und die Verantwortung dafür zu tragen, wohin es führt, ist alles was zählt.

Zunächst gilt es in diesem Abschnitt die Paradoxie des ND-Individualismus festzuhalten: Ein solches Tragen diasporischer Verantwortung, das einen zum politischen Subjekt macht, welches Herrschaftsverhältnisse kritisiert, die über den eigenen Kopf hinausgehen, ist in dieser Gesellschaft eben nicht normal*, sondern ein außergewöhnliches

Engagement. Die Paradoxie besteht also darin, dass man um *als* Andere* ein normales* Individuum zu werden, etwas ganz besonderes* machen muss. Der Einzug in die im Westen selbstverständliche Ordnung nicht erwähnenswerter Individualität gelingt nicht, indem man sich selbst einfach als Individuum präsentiert. So ist der im Interview ablesbare Fokus auf die eigene kleine Welt zwar das normalste* überhaupt, aber dieses Verhalten führt offensichtlich nicht zu einer Akzeptanz im Kreise einer neuen Normalität. Ähnlich wie es im Kapitel zu den ‚Neuen Deutschen' festgehalten wurde, braucht es also auch hier einen Umweg. In einem Satz verdichtet: Um ein normales* Individuum zu werden, muss das andere* Subjekt ganz besondere* Anstrengungen auf sich nehmen.

III.ND3 – Die Sackgasse der Nivellierung von Differenz: (Corporate) Diversity ist, wenn alle so bunt sind, dass man keine Farben mehr sieht

Während sich im deutschsprachigen Raum eher Begriffe von ‚Inklusion' und ‚Vielfalt' etablieren, sind die anglophonen Medien und wissenschaftlichen Diskurse stärker mit ‚diversity' beschäftigt. In diesem Absatz sollen daher zwei Beispiele aus dem englischsprachigen diversity-Diskurs angeführt werden, um letztlich zu zeigen, dass es nicht an der Nomenklatur liegt, sondern tatsächlich an dem Konzept der ND-Politik, unabhängig davon ob diese unter dem Banner des ‚diversity managements' oder der ‚Inklusion' ausgefochten wird. In beiden Sprachräumen nämlich zeigt sich das bereits angedeutete Phänomen, dass keine der drei politischen Grundformen so sehr wie die ND-Inklusion dazu neigt, in eine neoliberale und letztlich entpolitisierte Vielfaltsparty abzurutschen.

Was die beiden Begriffe – Inklusion und diversity – gemeinsam haben ist, dass sie mit einem starken Individualismus verbunden werden. Dies wird mit zwei rhetorischen Extremformen bewerkstelligt: (a) durch eine Vermassung an Differenzkategorien bis hin zur Aufnahme politisch irrelevanter Differenzen und (b) durch die Entnennung von Herrschaftsverhältnissen, welche die Gruppen der jeweiligen Normalen* und der Anderen* hervorbringen, sodass es im Wechsel um „alle" und um einzelne „Individuen" geht. Oszillierend zwischen Farbenblindheit und Metaphern sowie ikonischen Darstellungen „bunter Vielfalt" bedient sich der Diskurs des unmarkierten Weiß ebenso wie des unsortierbaren, chaotisch-fröhlich Bunten. Ein Beispiel aus den USA wird beschrieben von Ellen Berrey (2015):

> „Consider the cringe-worthy experience I had sitting in on a corporate diversity training, where initiates learned that diversity could mean our preferences for working at daytime or at night, or our favorite animal. As a Deloitte study showed, many Millennials take it to simply mean one's unique culture and perspective. (Apparently they are listening to their diversity trainers)."[20]

Wenn in diversity trainings sogar Differenzen wie Lieblingstiere oder ob man ein Nachtmensch ist unter dem Banner der Vielfalt präsentiert

[20] „Auf einem betrieblichen diversity-Trainingstag machte ich die schaurige Erfahrung, dass die Teilnehmenden dort lernten, dass ‚diversity' Dinge meint wie unsere Präferenz, tags oder nachts zu arbeiten oder aber unser Lieblingstier. Wie eine Studie von Deloitte zeigte, verbinden viele Millenials damit schlichtweg die einzigartige Kultur und Perspektive eines jeden Menschen (Offensichtlich haben sie auf ihre Diversity-Trainer_innen gehört)."

werden, führt dies letztlich zu einer Entpolitisierung von Differenz. Es geht sodann nicht mehr um Machtverhältnisse; das Reale des Empowerments ist gänzlich verloren gegangen. Berrey kommt daher zu dem Fazit, dass es sich bei dem Begriff diversity um ein Ablenkungsmanöver handelt, das dazu dient, gerade nicht über politisch relevante Differenzlinien zu sprechen. Hier wird Themen wie Sexismus oder Rassismus die Brisanz genommen, indem sie in eine Reihe gestellt werden mit Trivialitäten wie der persönlichen Pausengestaltung. Der emanzipatorische Freiheitsbegriff aus den Empowerment-ansätzen wird auf der ND-Linie zu der (neo-) liberalen ‚Freiheit', sein Leben gemäß den eigenen Vorlieben gestalten zu können. So kommt Berrey nach über zehn Jahren der Erforschung, Durchführung und Begleitung solcher diversity trainings zu dem ernüchternden Fazit:

> „Here's what I've learned: diversity is how we talk about race when we can't talk about race. It has become a stand-in when open discussion of race is too controversial or — let's be frank — when white people find the topic of race uncomfortable. Diversity seems polite, positive, hopeful. Who is willing to say they don't value diversity?" (ebd.)[21]

Hier zeigt sich der Zusammenhang zwischen der ersten und der zweiten Strategie: durch die Vermassung an Differenzen und die Aufnahme politisch irrelevanter Differenzkategorien wird die zweite Strategie – die der Entnennung der eigentlich brisanten Differenzen – ermöglicht. Gesprochen wird sodann über die Pausengestaltung; die Menschen, welche von der Regelung betroffen sind, die sodann im Duktus des diversity managements festgelegt wird, sind scheinbar ganz zufällig Migrant_innen, frei nach dem Motto: ‚Aber ich hab doch gar nicht darüber nachgedacht, dass das Migranten sind – ich nehme das gar nicht so wahr! (Es ging doch um Ballspiele, nicht um Hautfarben!)'. Die Entpolitisierung vermasster Differenz und die Entnennung der tatsächlich brisanten Differenzen stehen diesem Verlernen rassistischer Farbenblindheit im Weg:

> „diversity leaves us without a language for making sense of ongoing racism or deliberating effective policy responses." (ebd.)[22]

---

[21] „Das ist, was ich gelernt habe: ‚Vielfalt/Diversität/diversity' ist der Modus, in dem wir über Rassismus sprechen, wenn wir nicht über Rassismus sprechen können. Es ist ein Ersatzbegriff/Platzhalter geworden für Situationen, in denen eine offene Diskussion über Rassismus zu kontrovers wäre oder – ganz offen gesagt – in denen weiße Menschen das Thema Rassismus ungemütlich finden. Vielfalt/Diversität klingt nett, positiv, hoffnungsvoll. Wer würde nicht sagen, dass er Vielfalt/Diversität wertschätzt?"

[22] „Vielfalt/Diversität lässt uns ohne eine sinnhafte Sprache zurück, mit der wir den anhaltenden Rassismus benennen oder über effektive politische Maßnahmen nachdenken könnten."

Alles dreht sich sodann um individualisierte Vorlieben, Fähigkeiten und Entscheidungen. Da der hegemoniale Diskurs behauptet, es sei prinzipiell rassistisch, diese Vorlieben, Fähigkeiten und Entscheidungen damit in Verbindung zu bringen, aus welcher Kultur ein Mensch kommt (was so pauschal nicht stimmt), kann er die Einsicht abwehren, dass eine Regelung, ein Gesetz oder eine Vorschrift, die als ‚neutral' erscheint, systematisch die Anderen* trifft. Das je nach Kontext Ironische oder Zynische der Situation besteht also darin, dass Rassismus in Zeiten der Diversity/hyperindividualistischen Inklusion auch darüber perpetuiert werden kann, dass er es für prinzipiell rassistisch hält, individuelle Dispositionen und Eigenschaften mit Kultur oder Ethnie in Verbindung zu bringen. Jetzt haben wir aber in den Kapiteln zu den ND-Theorien gelernt, dass Rassifizierung und Kulturalisierung tatsächlich problematisch sind (vgl. III.ND1; IV.ND3). Es wäre demnach genauso falsch, daraus auf politischer Ebene abzuleiten, mit dem Rassifizieren und Kulturalisieren wieder anzufangen. Vielmehr gilt es zu verstehen, was der von Berrey eingeklammerte Satz „Apparently they are listening to their diversity trainers" bedeutet. Es geht darum, dass struktureller Rassismus sich darüber stabilisiert, dass an den falschen Stellen vermeintlich gegen ‚Kulturalisierung' gearbeitet wird, nämlich an jenen, an denen es sich sehr wohl um kulturelle Differenzen handelt, wohingegen es an Stellen, an denen es keine gibt, es aber der weißen Vorherrschaft dienlich ist eine zu behaupten, zu Kulturalisierungen kommt. Bedienen wir uns zur Vertiefung eines fiktiven Beispiels:

Phase 0
– Fiktives Setting im Nullzustand

> Man stelle sich vor, auf dem Uranus leben zwei Alienrassen – eine pinke und eine grüne. Diese leben zunächst getrennt voneinander – kontaktlos und friedlich – und bilden folglich differente Kulturen aus. Es handelt sich um zwei verschiedene und gleichwertige Kulturen.

Phase 1
– Kulturalisierung zur Legitimation rassistischer Herrschaft

> Eines Tages überfällt Pink erfolgreich Grün, kolonisiert deren Gebiete und versklavt sie. Grün wird von Pink systematisch dumm gehalten, darf nicht mehr lesen lernen, geschweige denn studieren. Bereits nach kurzer Zeit aber wird von Pink die fehlende Bildung kulturalistisch gedeutet und in einer weiteren Ver-

schärfung sogar biologisiert: Grün sei dumm geboren, heißt es. Grüne können nicht mal lesen und schreiben, sie seien primitiv. An dieser Stelle in der Geschichte ist die Kulturalisierung der Inbegriff rassistischer Legitimation pinker Vorherrschaft. Indem der pink dominierte Diskurs behauptet, fehlende Bildung sei untrennbarer, natürlich gegebener Teil grünen Daseins, wird die Herrschaft von Pink über Grün stabilisiert. Die wenigen Pinken, die gegen Rassismus und Sklaverei sind, kritisieren diese Kulturalisierung als rassistisch. Sie bestehen darauf, dass anerkannt wird, dass Bildsamkeit nichts mit Farbe oder Kultur zu tun hat.

Phase 2
– Verweigerung der Kulturalisierung
zur Stabilisierung rassistischer Vorherrschaft

Irgendwann kommt es zu einem Sklavenaufstand der Grünen, die Sklaverei wird abgeschafft und das pinke Parlament beschließt, dass es nun darum ginge, Wege zu finden wie Pink und Grün gemeinsam leben. Das glauben selbstverständlich nicht alle im pinken Parlament – viele bleiben überzeugt davon, dass Grüne unfähig wären, sich selbst zu regieren und verantwortungsvolle Mitbürger zu werden. Mutige Grüne machen sich trotzdem auf, um die ersten grünen Studierenden zu werden, die ersten Grünen im Parlament etc. Das Problem an diesem Punkt in der Geschichte ist nur: bis dahin – nach all den Dekaden der Sklaverei und Exklusion – sind die Grünen tatsächlich ungebildet (sie konnten, sie durften ja gar nicht anders). Die Strategie der überzeugten Rassisten im pinken Parlament muss sich an dieser Stelle ändern! Das ganze Blatt um die Frage der Kulturalisierung wendet sich an diesem Punkt: Auf einmal sind es die pinken Anti-Rassisten, also die solidarischen Freunde der Grünen, die immer wieder sagen, dass die fehlende Bildung der Grünen ein Problem ist (für das sie nichts können) und dass es also Förderprogramme spezifisch für die Grünen bräuchte. Sie wollen Stipendien nur für Grüne, Fördergelder für Grüne und Bildungseinrichtungen, in denen Grüne *besonders** gefördert werden, um all das nachholen zu können, was ihnen die letzten Dekaden verwehrt war. Die pinken Rassisten hingegen werden plötzlich farbenblind: sie sagen, *alle* Menschen seien gleich und insistieren, *alle* müssten dieselbe Behandlung erfahren und dieselben Chancen haben. Sie wissen, dass die Grünen noch nicht so weit sind. Daher wissen sie, dass die Grünen verlieren werden, wenn *alle* gleich behandelt werden. Je klarer das ist, desto eifriger argumentieren die pinken Rassisten dafür, dass die Farbe keine Rolle spielen dürfe bei der Vergabe von Stipendien, Arbeitsplätzen, etc. Um die Grünen zu diskriminieren, distanzieren sie sich von jeder (kausalen) Verbindung von fehlender Bildung mit Farbe und Kultur; mehr noch: die pinken Rassisten beginnen zu behaupten, dass es rassistisch sei, Dummheit mit einer Hautfarbe oder Kultur in Verbindung zu bringen, um die pinken Anti-Rassisten zu diskreditieren. Diese haben genau das in Phase 1 doch immer wieder selbst gesagt!

Phase 3
– Strategisch kluges Oszillieren zwischen Kulturalisierung und Entwahrnehmung von Differenz auf beiden Seiten

Irgendwann ist der Punkt erreicht, an dem es tatsächlich einige Grüne geschafft haben so weit aufzuholen, dass sie genauso gebildet und versiert sind wie die Pinken: der historische Nachteil wurde von einigen grünen Individuen überkommen, von anderen jedoch noch nicht. Die pinken Rassisten merken das, da immer mehr Grüne an den Universitäten, in den Parlamenten und auf hochrangigen Arbeitsplätzen erscheinen. Wieder braucht es also eine andere Strategie – für beide Seiten, die rassistische und die anti-rassistische. Die Ausgangslage ist mittlerweile die, dass die erfolgreichen Grünen darunter leiden, dass ihre Farbe mit fehlender Bildung assoziiert wird, da es in ihrem Fall ja nicht mehr stimmt, während gleichzeitig die Grünen, die es noch nicht geschafft haben, immer noch darauf verweisen, dass sie als Grüne den historischen Nachteil der Bildungsentbehrung mit sich rumschleppen, der noch lange nicht vorbei ist. Der strategisch kluge pinke Rassist weiß in dieser Situation: diese Spaltung gilt es zu nutzen. Die erfolgreichen Grünen, für die Kulturalisierung ein Hindernis ist, müssen gegen die in relativer Segregation und Armut verbliebenen Grünen, die weiterhin an einer kulturellen Differenz festhalten, ausgespielt werden. Dies geschieht, indem die erfolgreichen Grünen immer wieder auf ihr Grünsein verwiesen werden und bis zum Erbrechen in allen Verhaltensweisen kulturalisiert werden, während gleichzeitig für die Grünen, die es nicht auf höhere gesellschaftliche Positionen geschafft haben, die alte Strategie der Farbenblindheit beibehalten wird (bei ihnen hat die Verweigerung der Anerkennung differenter kulturspezifischer Erfahrung schließlich funktioniert). Die pinken anti-rassistischen Verbündeten hingegen versuchen, diese Strategie transparent zu

> machen und fordern das Gegenteil: in den Eliten fordern sie eine Kultur der Diversität, die farbenblind ist, und für die Grünen, die es nicht in die Eliten geschafft haben, fordern sie weiter eine kulturalisierende Anerkennung ihrer *besonderen* Lage. Die Rassisten verlachen dies als inkonsistent. Erschwerend kommt hinzu: Die ersten Grünen, die nicht mehr subaltern sind, also sprechen können, fordern aus ihrer elitären Position heraus häufig nur die Farbenblindheit ein, da die Kulturalisierung ihnen im Weg steht und vergessen dabei all jene, die in der Hierarchie unter ihnen stehen und auf diesen strategischen Essentialismus weiterhin angewiesen wären. Sie wollen so unbedingt endlich auch Individuen sein dürfen, dass sie dafür einen teuren Preis bezahlen: sie verlieren ihre Solidarität. Von den pinken Rassisten werden sie dafür beklatscht. Gerade die Rassisten sagen ihnen in solchen Momenten, dass sie ein Recht hätten, Individuen zu sein und nicht zu Solidarität genötigt werden dürften.

Wir befinden uns – nicht nur in den USA, auch in Deutschland und nicht nur was Rassismus, sondern auch was Sexismus angeht – in dieser letzten Phase. Während in Phase 1 Kulturalisierung (oder allgemein: Essentialisierung) eindeutig rassistisch (oder allgemein: diskriminierend) war und in Phase 2 eindeutig anti-rassistisch (oder allgemein: anti-diskriminierend), lässt sich dies nun nicht mehr unabhängig vom konkreten Fall sagen. Seit wir in Phase 3 angekommen sind, leben wir in ebenjener Situation, die ich trilemmatisch nenne: Die Forderungen des ND-Diversity-Managements, die allen ermöglichen wollen, Individuen zu sein und keine Gruppe mehr als Gruppe zu adressieren, machen für die Eliten Sinn; gleichzeitig aber sind sie hochdiskriminiernd, da sie ausblenden, wer es überhaupt in diese elitären Kreise schafft. Nun verstehen wir den traurig-sarkastischen Satz von Berrey: „Apparently they [even the most racist ones; M.B.] are listening to their diversity trainers" – Das bedeutet auszuhalten, dass Rassismus mitunter mit denselben Argumenten arbeitet wie Anti-Rassismus; alles kommt auf den Kontext und den Fall an.

Auch hier wird ein Begehren ausgebeutet: es ist das Begehren diskriminierter Menschen danach, dass die Geschichte wirklich vorbei ist; die Sehnsucht danach, es könnte einen Ort geben, an dem Geschlecht, Hautfarbe und Herkunft tatsächlich keine Rolle spielen. Es ist der Wunsch von Frauen, mit dem Emanzipationsprozess wirklich abgeschlossen zu haben, in einem neuen Zeitalter zu leben, der verführbar macht für eine ND-Politik, ihre Geschichtsvergessenheit und ihren Schleier des Nichtwissens um die gewaltvolle Vergangenheit, die an diesen Differenzen haftet:

> „Like accusations of reverse racism or casteism, there is not only naïvete, but also violence in erasing historical and continuing oppressions and power hierarchies, labelling the oppressed who seek to redress, 'divisive' and 'discriminatory'. It is the same conciliatory, ahistorical approach that can ground these diversity in literature campaigns. There is a sense that everyone only needs to come together, make a bit of an effort with a few simple acts. Diversity is about forgetting the past, and celebrating a multi-coloured present."[23]

heißt es zum Beispiel zur Kritik des #diversedecember auf dem britischen Buchmarkt. Die Autorin Kavita Bhanot fordert darin „Decolonize, not Diversify" – in der Sprache des Trilemmas also eine Kritik an der ND-Party aus der Perspektive einer E(N)-Vertreterin. Das Feiern der bunten Vielfalt wird dafür kritisiert, den Schmerz, die Gewalt und die Traumatisierungen durch den Kolonialismus auszublenden. Mit ihrem Appell verweist sie auf die Gefahr der Differenz abblendenden ND-Ansätze, in eine Verleugnung von Privilegien zu münden. So bleibt in der Kampagne, die dazu auffordert, diversere (vielfältigere) Literatur zu lesen und zu Weihnachten (sic!) zu verschenken eines offen:

> „To whom is all this directed? Who should read more 'diverse' literature? For whom is literature written by minority writers 'diverse'? For whom are minority writers 'diverse'? Can I describe myself as 'diverse' – do I exist in that space called 'diversity'?
> The concept of diversity only exists if there is an assumed neutral point from which 'others' are 'diverse.' Putting aside for now the straight, male, middle-classness of that 'neutral' space, its dominant aspect is whiteness."

Durch die Entnennung der Sprechposition bleibt das Weißsein in seiner Unmarkiertheit unangetastet, der Eurozentrismus besteht in und durch diese Kampagne ungebrochen fort. Die Asymmetrie der Situation wird dabei ebenso verleugnet: es wäre Unsinn zu behaupten, dass sich der Appell tatsächlich an ‚alle' richtet, da die jeweiligen Schwarzen und migrierten Minderheiten durch das Schulsystem gezwungen sind, mindes-

[23] „Ähnlich wie in den Vorwürfen des umgedrehten Rassismus (lies: der Deutschenfeindlichkeit) oder des Kategoriendenkens, steckt in dem Ausradieren/der Entnennung historischer und anhaltender Unterdrückungen und Machtverhältnisse nicht nur Naivität sondern auch Gewalt, wenn jene, die versuchen, dies wieder zur Sprache zu bringen, als ‚spaltend' und ‚diskriminierend' etikettiert werden. Es ist derselbe versöhnliche, ahistorische Ansatz, der diese Kampagnen zu vielfältiger Literatur trägt. Erzeugt wird die Stimmung, dass alle nur zusammenkommen müssten und sich mit ein paar kleinen Gesten ein bisschen anstrengen. Vielfalt/Diversität dreht sich um das Vergessen der Vergangenheit, um eine bunte Gegenwart zu feiern." http://mediadiversified.org/2015/12/30/is-diversity-is-only-for-white-people/

tens die Grundformen und die Klassiker britischer Literatur zu kennen. Die Kampagne verkennt durch ihre Entnennung dieser Tatsache, dass es für Minoritäten selbstverständlich – weil notwendig – ist, sich mit der jeweiligen Leitkultur zu befassen, während es für die Majorität lediglich eine ‚bereichernde Abwechslung' darstellt. So argumentiert auch Zizek (in seinem ‚Plädoyer für die Intoleranz') mit einer Kritik an den Begriffen der „Multikulturalität“ und der „Toleranz“, deren ungebrochene Aktualität und Brisanz von Charim & Misik (2004) betont wird:

> „Der Multikulturalismus sei eine Form von Rassismus. Der multikulturalistische Respekt vor der Besonderheit des Anderen ist eigentlich die Behauptung der eigenen Überlegenheit, eine privilegierte universelle Position. Heute findet sich diese Erkenntnis in der Erfahrung wieder, dass es keine gleichwertige Beziehung, kein reziprokes Verhältnis ist. Der Andere ist nicht multikulturell. Der Multikulturalismus funktioniert höchstens für uns - nicht für ihn.“

Ein themengleiches Beispiel für den Gegenspieler im Trilemma ist die Empowerment-Aktion „#1000BlackGirlBooks“. Zur Motivation 1000 Bücher zu finden, in denen Schwarze Mädchen oder Frauen eine zentrale Rolle spielen, sagt die 11-jährige Gründerin:

> „>I told her I was sick of reading about white boys and dogs,< [...]. >'What are you going to do about it?' [my mom] asked. And I told her I was going to start a book drive, and a specific book drive, where black girls are the main characters in the book and not background characters or minor characters.<“ (ebd.). [24]

Im Vergleich dieser beiden Kampagnen sehen wir zwei Dinge: erstens sind sie formal sehr ähnlich. Beide arbeiten mit einem Twitter-Hashtag und mit dem entsprechenden Konzept einer Online-Demokratie (crowd-intelligence and networking). Neben dieser identischen Organisationsform aber gibt es einen dramatischen Unterschied im Adressatinnenkreis: Die Empowerment-Kampagne zielt – wie es alle E-Politiken tun – auf die Eigengruppe, die als *community* benannt ist, während die ND-Kampagne wie oben dargelegt vermeintlich alle* adressiert. Zweitens wird im Vergleich evident, wie unfähig die ND-Kampagne ist, die Asymmetrie zu benennen, die das eigentliche Problem darstellt: Es gibt disproportional wenig Literatur von und über Schwarze Frauen als tragende Charaktere. Während die Empowermentpolitik mit der Benennung dieses Problems

---

[24] „Ich sagte ihr, dass ich es müde bin, von weißen Jungs und Hunden zu lesen. Da fragte sie [meine Mutter]: ‚Und was willst du dagegen tun?‘. Also habe ich ihr gesagt, dass ich eine Büchersammlung starten werde, eine ganz besondere Büchersammlung, in der Schwarze Mädchen die Hauptcharaktere des Buches sind und nicht Hintergrundfiguren oder kleinere Nebenrollen.“ http://www.phillyvoice.com/11-year-old-jersey-girl-launches-1000blackgirlbooks-book-drive/

eröffnet, versucht die ND-Kampagne #diversedecember das Problem zu ‚lösen', ohne es auszusprechen. Wenn Berry schreibt, ‚diversity' sei ein Chiffre um über Rassismus zu sprechen, wenn das Wort „Rassismus" zu provokant ist (siehe oben), sind genau solche Verschiebungen gemeint: #diversedecember klingt netter, offener und irgendwie lustig; #1000BlackGirlBooks erscheint im Kontrast als kämpferisch, ernst und bedient eine (allzu leere) Schublade statt gegen das Schubladendenken vorzugehen. Im Vergleich werden Empowerment-Kampagnen harscher attackiert, was auch dazu beiträgt, dass ihre Vertreter_innen die ND-Kolleg_innen oft nur eingeschränkt ernst nehmen oder belächeln: Ansätze wie #diversedecember wirken – gemessen an den flauschigen, lieben Reaktionen auf sie – weniger mutig, weniger konfrontativ, vielleicht sogar ängstlich, harmoniesüchtig oder konfliktvermeidend.

Zusammenfassend haben die verschiedenen Beispiele zu anti-rassistischen ND-Ansätzen gezeigt, dass sie alle mit der Sehnsucht arbeiten, endlich als Individuum aufzutauchen, das von kulturalistischen und rassifizierenden Zuschreibungen und Gruppenzugehörigkeiten befreit ist. Ob in der Variante der „Neuen Deutschen", der Kopftuchdebatte oder im anglophonen Diversity-Diskurs, in allen drei Beispielen tauchte dieses Begehren nach unmarkiertem, individuellem Sosein auf. Dieses Begehren lässt sich von privilegierter Seite ausbeuten. Es verführt zu Entsolidarisierungen und der Verleugnung von Privilegien: In der Analyse des Buches zu den „Neuen Deutschen" haben wir gesehen, wie sehr das Konzept auf einer klassistischen Affirmation der Leistungsideologie basiert. Durch die Individualisierung des Kopftuchs kommt es zu Entsolidarisierungen innerhalb der internationalen (muslimischen/arabischen) Frauenbewegungen. Auch im anglophonen Diversity-Diskurs ging es um die Differenz elitärer People of Color zu den immer noch Subalternen. Die jeweilige weiße/deutsche Mehrheit wiederum fühlt sich durch diese Ansätze eingeladen, das eigene Weißsein unmarkiert zu lassen und in einen neoliberalen Modus der Konsumtion angenehmer, bunter Vielfalt zu verfallen: Weltmusik, off-Kino mit Untertitel, Sushi und all die anderen angenehmen Seiten der Globalisierung werden gefeiert, während post-koloniale Verhältnisse und globale Ungleichheit ausgeblendet bleiben. Die Rhetorik von Vielfalt als Bereicherung geht einher mit einer Verleug-nung der historischen und aktuellen Gewalt, der Traumatisierungen und ganz und gar nicht lustigen Machtverhältnisse. So werden im Heraufbeschwören dieses hyperindividualistischen „wir alle" tatsächlich „alle" verführt, sich einer geschichtsvergessenen Leichtigkeit hinzugeben, in der die Differenzen von Lieblingsfarbe, Musikstil und Hautfarbe in einer Reihe stehen, bedeutungslos und freudig-bereichernd, bunt und farbenblind zugleich.

Die Kritiker_innen der ND-Ansätze können diese Verführung durchaus nachvollziehen: wie schön wäre es, würden wir tatsächlich in einer solchen Welt leben? Wir tun es aber nicht. Der Hauptkritikpunkt an der bunten Party verweist auf das in dieser Illusion verloren gegangene Reale. So schön es als Utopie auch sein mag, kippt es paradoxerweise in eine Realitätsverleugnung, die Diskriminierung perpetuiert statt aufzuheben. Die Kritiker_innen empfinden die Diversity-/Vielfalts-Rhetorik selbst als eine gewalttätige Art, Probleme unter den Teppich zu kehren. Diesen Gegner_innen wird wiederum von den ND-Vertreter_innen vorgeworfen, mit übergroßer Härte vorzugehen. Die EN-Front erscheint ihnen als im dichotomen Denken verhaftet, fast lächerlich ‚old school' in ihrem Schwarz-Weiß-Denken und ihrem Klassenkampf zwischen zwei vermeintlich klaren Lagern. Die Verfechter_innen der ND-Ansätze glauben hingegen an eine selbsterfüllende Prophezeiung, an die – wenn man so will – ‚normative Kraft des Kontrafaktischen': wenn ‚wir alle' uns dieser Utopie hingeben würden, vielleicht würde sie dann irgendwann Realität werden? Man könnte sich das vorstellen wie eine pädagogische Als-Ob-Unterstellung, bei der man ein Kind so behandelt, als ob es den nächsten Entwicklungsschritt schon gemacht hätte, damit es ihm möglich ist, diesen zu tun.

Wie gestalten sich diese Politiken nun im Bereich anderer Differenzlinien?

III.ND4 – Die Sackgasse der latenten Entwertung von Andersheit*: Zwischen Pinkstinks und der Selbstinszenierung einer genderfluiden Avantgarde

Bei Pinkstinks handelt es sich um eine sehr erfolgreiche ND-feministische Kampagne gegen Gendermarketing und sexistische Werbung, die binnen kürzester Zeit innerhalb feministischer Kreise rege debattiert wurde, da sie – in der Sprache des Trilemmas – sehr eindeutig in ihrem ND-Schwerpunkt das Empowerment von Frauen über Bord wirft.
Gegründet wurde sie 2008 von Abi und Emma Moore in Großbritannien. Wie der Name verrät, war der Stein des Anstoßes die überbordend pinke und darin Geschlechtsstereotype reproduzierende Produktpalette, die Mädchen angeboten wird. Wie es auf der offiziellen Website heißt:

> „Girls' products overwhelmingly focus on being pretty, passive and obsessed with shopping, fashion and make up - this promotes a dangerously narrow definition of what it means to be a girl. These 'Girly' products and concepts are marketed, for the most part, under the umbrella of pink. Pink has become the ubiquitous brand colour to represent modern girlhood. This restrictive conditioning and colour-coding rears its ugly head from the moment a girl is born and continues into adulthood – with repercussions for both sexes.
> Pinkstinks run targeted campaigns aimed at creating positive changes in the products, messages, labelling, categorisation and representations of girls. [...]
> Pinkstinks believes that by recognising and celebrating the fact that **there's more than one way to be a girl**, that the benefits for all children and wider society will be boundless."
> (http://pinkstinks.co.uk/about-us.html)

Es geht demnach um eine Kritik der Geschlechterrollenzuschreibungen durch Spielzeuge, T-Shirts und andere Produkte für junge Menschen. ‚Pink' steht in der Kampagne emblematisch für eine Mädchenproduktpalette, die aus Puppenhäusern und Schminksets besteht, während die Jungenabteilung in ‚Blau' mit Baggern, Dinosauriern und Astronautenspielzeug aufwartet. Wie immer in ND-Ansätzen richtet sie sich gegen diese Kategorisierungen, Labelings und Schubladenzwänge. Der Individualismus wird in dem Slogan ‚Es gibt mehr als eine Weise, ein Mädchen zu sein' klar affirmiert. Während es der britischen Mutter-Kampagne deutlich besser gelungen ist, den Bezug zu einem feministischen Empowerment wenigstens nicht zu verunmöglichen, indem sie die Mädchen in obiger Beschreibung ins Zentrum stellen, heißt es auf der heftig kritisierten deutschen Seite:

> „>Pinkstinks< ist der verzweifelte Ausruf von Eltern, die bei H&M für ihre Tochter in die Jungenabteilung gehen müssen, um für sie eine Hose zu finden, mit der sie auf Bäume klettern kann. >Pinkstinks< ist die Wut der Eltern, dessen Sohn Pink als Lieblingsfarbe hat und dafür in der Schule gemobbt wird. Es ist nicht die Farbe, die stinkt, sondern die Tatsache, dass sie nur Mädchen zugeordnet wird. „Pinkstinks“ ist die Wut auf eine Marktwirtschaft, die diese Einteilung vornimmt und das Zugehörigkeitsbedürfnis von Kindern ausnutzt, um zwei komplett getrennte Welten aufzumachen: Blümchen versus Dinosaurier. Gefühle versus Stärke.“ (https://pinkstinks.de/positionen/)

Bereits der Name „Pink Stinks“ erinnert an die Gefahr der latenten Abwertung des anderen* Geschlechts, die in einer Verdopplung der Misogynie zu enden droht: hier kommen Frauen, die gerne pink tragen, oder allgemeiner: die sich gerne weiblich* gebaren, unter die Räder der ND-Kampagne. Obiges Zitat geht nun auf diese Kritik ein, indem sie ein *männliches* Beispiel einführt.

Die britische Mutterorganisation hat auf diese Kritiken reagiert und einige Texte umformuliert. Die deutsche Tochterseite aber wollte diese Gefahr der latenten Entwertung weiblich konnotierter Eigenschaften, (Farb-) Codes und Tätigkeiten lange Zeit nicht ernstnehmen oder zumindest die Ambivalenz ihrer Namensgebung reflektieren. So dauerte es nicht lange, bis sich ein strahlend pinker feministischer Protest gegen die deutsche Pinkstinks-Kampagne erhob. Selbst wenn der Name nicht so unglücklich gewählt wäre, bleibt bestehen: Pinkstinks kämpft streng genommen nicht gegen Sexismus, sondern gegen essentialisierende Genderungen. Dies tun sie außerdem – die Crux der ND-Debatten – auf eine Weise, die selbst in der einsichtigen britischen Variante latent sexistisch ist: so verkennt der Fokus auf Wahlfreiheit (vorwiegend bei Kaufentscheidung) *wessen* Eigenschaften und Vorlieben es sind, die in der Gesellschaft systematisch herabgewürdigt werden. Insbesondere in obiger Formulierung der deutschen Website sind auch alle gleich betroffen. Es sind aber die Putzfrauen, nicht die Astronauten, für die eine Mindestlohndebatte geführt werden muss. Puppen gelten als ‚dämlich‘ (ein Wort, mit dem alles gesagt sein könnte!), nicht Dinosaurier (die bekanntlich ganz ‚herrlich‘ sind…).

Pinkstinks ist somit ein prototypischer Fall eines mainstreamfähigen und dadurch auch gut finanzierten ND-Projekts. Dadurch, dass das Projekt so demonstrativ herausstellt, dass ja auch die Jungen unter Geschlechter-

stereotypen leiden und suggeriert, es gäbe nichts Patriarchales mehr, was Qualität und Ausmaß dieses Leidens asymmetrisch mache, ist es für ein breites politisches Spektrum anschlussfähig. Es zeigt auch, wie leichtfüßig und bruchlos es sich in eine spätkapitalistische, hyperindividualistische Welt einfügt: Wer gegen Schubladendenken kämpft, kann damit rechnen so beliebt zu werden, dass Tausenden Euros an Spenden und Fördergeldern nichts im Weg steht. Wir leben in Zeiten, in denen die ND-Verbindung auch deshalb so beliebt ist, weil sehr privilegierte Menschen gerne so tun als wären Stereotype und Schubladendenken unser größtes Problem.
Das erkennt man bei dem Beispiel von Kinder(spiel)sachen insbesondere daran, dass in armen Haushalten das Spielzeug und die Kleidung oftmals gar nicht in diesem Sinne gegendert werden könnten, da man typischerweise nimmt, was man durch ältere Geschwister und andere Verwandte sowieso schon hat oder geschenkt bekommt: selbst wenn das zweite Kind ein Mädchen und das erste ein Junge war, werden die Klamotten einfach aufgetragen und das Spielzeug geteilt. Sich gegenderte, also speziell für ein Kind gekaufte Kleider und Spielzeuge leisten zu können, wird dann viel eher zum ersehnten Luxus als dass es sich als heteronormativer Zwang präsentieren würde. So sind arme oder freiwillig sparsame Eltern mit obigem ‚Problem' auf ganz andere Weise oder gar nicht konfrontiert.

Die Endstation dieses bourgeoisen Privilegs der Flexibilisierung von Gender durch freie Kaufentscheidungen lässt sich auch im Kulturbetrieb beobachten: Was hier geschieht hängt zusammen mit der Produktion eines schönen, aber falschen Scheins, in dem wahlweise alle gleich betroffen sind oder aber niemand mehr wirklich betroffen ist. Zahlreiche Phänomene in Kunst und Kulturproduktion zeigen diesen oberflächlichen Widerstand: ‚Orange is the new black' läuft zur Prime Time und Heteros und Heteras hängen sich Starschnitte von Ruby Rose im Jugendzimmer auf. Miley Cirus und Lady Gaga stehen an der Spitze der Charts. Auch hier in Europa gewinnt eine Trans-Frau (mit Namen ‚Conchita Wurst' – noch so eine gescheiterte Provokation...) den Grand Prix und der Besuch von Moulin Rouge und Place Pigalle ist eine gewöhnliche Tourist_innen-attraktion, über die nach Heimkehr ganz normal* gesprochen werden kann. Unter der kritischen Fassade verbirgt sich eine massenkonsumkompatible Vielfaltsparty. So kommt es, dass sich die Presse wochenlang mit Conchita Wurst, Ruby Rose et alia befassen kann, während sie gleichzeitig nicht bereit wäre, den hassgetriebenen Mord an einem nicht-prominenten Trans-Menschen zu skandalisieren. Das ganze Unterfangen und ihre Protagonistixs sind unter dem Schutzmantel der Kunst zu privilegiert, um in die Gefahrenzone gelangen zu können. All das hat nichts mit den Menschen zu tun, die in der globalen Peripherie mit drakonischen Strafen belegt werden, wenn sie von Geschlechterrollen abweichen. In einem Interview hat Judith Butler (2012) dies wie folgt zusammengefasst:

> „[I:] Wenn man junge Leute von heute betrachtet, hat man das Gefühl, dass sie geschlechterspezifisch viel weiter sind als meine oder Ihre Generation. Das kreative Spiel mit den Geschlechterrollen scheint da normal zu sein.
>
> [Butler:] Es kommt darauf an, in welchem Teil der Welt wir uns befinden und wohin genau wir schauen. Wenn Sie davon ausgehen, dass wir uns in einem urbanen westeuropäischen Zentrum befinden oder mitten in New York, dann sind ein paar Verallgemeinerungen angebracht. Aber man kann nicht über eine Generation nachdenken, ohne geopolitische Parameter anzusetzen. Im kalifornischen Berkeley, wo ich lebe, sehe ich diesbezüglich große Konflikte, aber keine herausragende oder maßgebende Norm.
>
> [I:] Gehen wir von einem urbanen Zentrum aus: Die aus New York stammende Lady Gaga zum Beispiel ist weder Frau noch Mann noch Transvestit, sondern ein Kunstwesen par excellence.
>
> [Butler:] Vielleicht. Man könnte sagen, dass sie das Spiel mit den Geschlechterrollen in die Domäne neoliberaler Unternehmerlogik gehoben hat. Sie ist ja schließlich ein gut bezahlter Gegenstand des Kulturkonsums. Sie ist keine Transsexuelle auf den Straßen von Ankara, die sich vor der Polizeigewalt fürchten muss. Diese Unterscheidung sollten wir im Kopf behalten."

In sehr ähnlichem Duktus schreibt Laurie Penny (2016) anlässlich der Lockerung der Schuluniformregeln in Brighton (UK) zusammenfassend: „It's easy for rich kids to break the rules. But it's not how the world changes". Es ist zwar schön, wenn in Großbritannien darüber nachgedacht wird, welche Formen der Vergeschlechtlichung durch Schuluniformen propagiert werden, aber es ist andererseits kaum der Rede Wert, wenn den Eliten mal wieder in ihrem Freiheitsdrang nachgegeben wurde. Was bei diesen Formen künstlerischer Inszenierung fehlt, ist der realleibliche Schmerz. Deshalb betreten sie so leichtgängig den hegemonialen Diskurs.

Gleichzeitig ist fraglich, ob damit irgendwer befreit wird oder ob sich nicht lediglich die Ansprüche an Frauen vervielfältigt haben: wie im einleitenden Tango-Beispiel ausgeführt, wird durch die Flexibilisierung der Geschlechterrollen implizit kommuniziert, frau *müsse* all dies können. Fluide zwischen diesen Rollen hin- und her zu wechseln wird als Kompetenz gerahmt; es passt hervorragend zum flexiblen unternehmerischen Selbst unserer Zeit. Wie weit fortgeschritten die Hegemonisierung dieser Narration ist, lässt sich am Gegenbeispiel prüfen: Würde eine Frau, die als Mädchen nur mit Puppen gespielt hat, sich als Erwachsene auf die Kindererziehung konzentrieren – freiwillig und passioniert – dabei aber im Beruf eher so mittelmäßig abschneiden, weil es ihr auch gar nicht so wichtig ist, hielte man sie nach wie vor für doof. Ohne eine Kultur der Anerkennung von Reproduktionsarbeit, bleibt die weibliche* Frau die unterlegene, weniger kompetente. Die hier dargelegten queerfeministischen Zugänge arbeiteten nicht nur systematisch an diesem Thema vorbei, sondern verschärften diesen Konflikt sogar noch. Auch hier sind die Gegenspieler des Trilemmas echte politische Gegner_innen (ND → non-E).

In jedem Fall ist klar: Wenn Sie gerade beim Lesen dachten ‚Das geht den Männern doch auch so, dass sie unter dem Flexibilisierungsgebot leiden!', sind sie auf dieser Linie goldrichtig. Hier gibt es keinen Feminismus im engeren Sinne des Wortes mehr, sondern nur noch Geschlechterrollen, die alle* einengen. Dafür wird aber genau jenes sagbar: Die Reproduktion der Kategorisierungen kann auf deutlich radikalere Weise angegangen werden.

III.ND5 – Fazit: Wenn es normal* ist, verschieden zu sein, dann reiß dich zusammen und pass dich an

Wie in jedem Fazit gilt es, Licht und Schatten anzuerkennen. Hier sind die Gegner_innen der Identitätspolitik verortet. Sie arbeiten nicht mit den Kategorien einer unterdrückten Klasse oder eine Anderen*-Gruppe, die diskriminiert wird, und wenn sie es doch tun müssen – wie zum Beispiel die ‚Neuen Deutschen' in Abschnitt III.ND1 – schreiben sie seitenweise entschuldigende Begründungen dafür, warum dies als Umweg zum universalistischen Ziel nötig ist.
Viele Menschen bezeichnen diese Linie gelegentlich als ‚identitätspolitisch' – insbesondere in ihren queer-feministischen Formationen – sie ist aber bei genauerer Betrachtung das Gegenteil davon: Hier geht es um Individualität und individuelle Befindlichkeiten und gerade nicht um eine kollektivierte Klasse, die im emphatischen Sinne ‚Wir' sagt (was beim Gegenspieler E geschieht). Das einzige ‚Wir' in diesen Kapiteln sind ‚Wir alle'. Es ist somit eine Auflösung des identitätspolitischen ‚Wir', die mitunter gar in eine Entpolitisierung mündet.

Das Spiel operiert dabei unter der Leitfrage: Wie viele Individuen schaffen es in die Selbstverständlichkeit dieser Neuen Normalität aufgenommen zu werden, ohne dass es einen identitätspolitischen Körper braucht, der *als* Anderer* die Teilhabe an dieser Normalität* fordern muss (wie es auf der EN-Linie geschieht)? Die große subversive Chance dieser Vorgehensweise besteht in diesem Einschleichen. Wir sahen dabei zahlreiche individualistische Aporien; aber die positive Möglichkeit, einen Normalismus zu unterwandern, indem man sich als illegitimerweise verandertes Individuum einfach in ihn einschreibt, bleibt bestehen. Wir sahen jedoch ebenso, dass dies in der Regel nur den Privilegiertesten gelingt (ND1) und dass es zudem eine Atmosphäre schafft, in der aufgrund der Entnennung der dichotomen Kategorien alle als gleich betroffen erscheinen (ND4). Zudem erwies sich der Zugang als sehr leicht durch neoliberale Programme der corporate diversity vereinnahmbar (ND3). Dabei kommt es zu einer latenten Abwertung jener Differenzen, die immer noch brisant und eben nicht bunt-fröhlich-individuell sind. Wenn die Vielfalt aller* gefeiert wird, ist es schwer, an fundamentale Andersheit* zu erinnern. Wenn das Ziel aber ist, eine Zuschreibung von Andersheit* verblassen zu lassen, ist die ND-Politik genau der richtige Weg.

In einen Satz verdichtet lautet die Sackgasse der ND-Politiken daher: „Wenn es normal ist, verschieden zu sein, dann reiß dich zusammen und pass dich an!". Das Credo von der Normalität* der Verschiedenheit, das darauf zielt, ebenjenen Begriff der Normalität* zu entleeren, auf dass es nur noch Individuen und echte Universalismen gebe, droht permanent zu einem Knebel zu werden, der fundamentale Andersheit* zum Schweigen bringt. Zwar gelingt es auf dieser Linie, alle essentialistischen Adressierungen zu unterlassen, doch fallen dadurch auch Herrschaftsverhältnisse in den Raum des Unsagbaren. Wer sich weigert, diese herrschenden Dichotomien zu sehen und in diesen zu denken, obwohl sie immer noch wirkmächtig sind, kann auch nicht mehr sehen, auf wessen Kosten diese Politik sich formiert, denn sie geht auf Kosten ebenjener in ihrer Existenz verleugneten Anderen*.

III.DE – Dekonstruktion und Empowerment (DE → non-N)

Auf der Verbindungslinie von Dekonstruktion und Empowerment richtet sich die dekonstruktive Bewegung an das eigene Selbst und versucht dieses Selbstbild von der normalisierten Repräsentation der Anderen* zu entkoppeln. Es geht darum, Worte dafür zu finden, wie einem selbst diese Andersheit* erscheint, wenn man von den Stereotypen und Vorurteilen unbehelligt nach einer anderen Möglichkeit tastet, sein Anderssein* zu verstehen und zu leben. Viele dieser Bewegungen arbeiten daher mit einer positiven Aneignung von Begriffen wie „Eigensinn", „Irrsinn" oder „Parallelwelt". Positive Aneignung ist mein Übersetzungsversuch für das englische Wort ‚reclaim'. Ein Reclaim ist ein kanonisches Manöver der Kombination von Dekonstruktion und Empowerment. Definiert ist er als die subversive Wiederaneignung eines vormals als Beleidigung verwendeten Begriffs durch Verwendung dieser als Selbstbezeichnung. Luise Pusch hat dies in einer Glosse für den Slutwalk – also den Schlampenlauf – beschrieben: „Wir schlagen sie mit ihren eigenen Waffen bzw. fangen sie in ihren eigenen Netzen" (Pusch 2013, 15), oder wie es in dem wunderschönen Film „Pride" heißt: „you take it and you own it" / zu deutsch: „Das ist das erste, was du als Schwuchtel lernst. Wenn sie eine neue Beleidigung erfunden haben, nimm sie und reiß sie (stolz) an dich".

Der Preis der Entkopplung von Normalismen ist sehr offensichtlich: Da die Normalen* die Macht haben, bedeutet ein Lossagen von diesen mächtigen Zentren weniger Geld, weniger Zugang zu effektstarken Diskursen (sowohl Massenmedien als auch universitäre Diskurse), weniger Verständnis und Anerkennung. Es geht im Folgenden um die Grenze der Intelligibilität: Was wird sagbar, wenn man so anders* spricht, dass uneingeweihte Normale* nicht auf Anhieb verstehen können, wovon man da eigentlich redet? Dabei wird es auch um ein Entfernen von den etablierten demokratischen Diskursregeln gehen – wobei dies als freiwilliges Verlassen dieser öffentlichen Diskursräume vonstatten gehen kann oder aber im Sinne einer ‚Narrenfreiheit' ein Manöver darstellen, das darauf verweist, dass man in diesen öffentlichen demokratischen Diskursen niemals ernstgenommen und gehört wurde. In diesem Sinne fragt diese Linie auch nach den Grenzen der demokratischen Debatte und der Gefahr, tatsächlich keine hörbare Sprache und keine Argumente mehr zu haben.

Um die Pointe vorwegzunehmen: Man kann keinen reclaim darauf starten, subaltern und von den Normalen* unverstanden zu sein. Jede wirklich subalterne Stimme würde nämlich alles dafür geben, nicht mehr dermaßen ausradiert zu werden. Unter linksradikalen Gruppen gibt es einige, welche die normalisierten Diskursregeln verlassen, da sie sich als Anwältinnen jener subalternen Stimmen verstehen, die innerhalb der etablierten Kreise sowieso nicht gehört werden. Diese Praxis des ‚downgradings' des eigenen Diskursniveaus unter Verwerfung der Versuche, Diskursfähigkeit zu erhalten, führt jedoch in eine der dunkelsten der hier verzeichneten Sackgassen: die der Selbstviktimisierung.

Daher macht es einen enormen Unterschied, ob man *freiwillig* auf dieser Linie landet oder in eine Position hineingeboren wurde, die einem nichts anderes ermöglicht (bzw. schicksalhaft in diese gedrängt wurde). Dies macht sich auch im Vergleich der Diskriminierungsachsen deutlich bemerkbar: So haben Frauenräume eine ganz andere Geschichte als jene Räume der *Zwangs*segregation von Menschen mit Behinderung. Im weiteren Verlauf werden wir daher noch sehr oft darauf eingehen, wie verschieden sich diese Wege ausgestalten, je nachdem ob man freiwillig auf die Normalisierung verzichtet oder aber niemals die Chance darauf hatte oder aber aktiven Widerstand gegen eine aufgenötigte Normalisierung leistet.

III.DE1 – Die Sackgasse der Resignation und des Rückzugs in safe spaces: Queer leben in Berlin

Klar als DE-Aktivistinnen positioniert sind Bretz und Lantzsch (2013), wenn sie schreiben:

> „die >mainstreamisierung< von feminismus hat dazu geführt, dass nach unserem verständnis von queer_feminismus diese form der institutionalisierung und verankerung in staatlichem handeln weder als queer_feministische praxis, noch als queer_feminismus oder feministisch bezeichnet werden kann. oft sogar nicht mal mehr als >gleichstellung< oder >frauen<_>förderung<." (ebd., 69)

Deutlicher lässt sich eine anti-parlamentarische Haltung kaum artikulieren. In dieser Position des Widerstands gegen die Normalisierung zweifeln sie auch daran, dass Aktivismus überzeugend in Lohnarbeit überführt werden kann (ebd.). Folgerichtig erwähnen sie immer wieder, dass ihre Form des Aktivismus unterfinanziert ist (z.B. ebd., 66), denn wer Geld will, muss EN- oder ND-Politik machen, da nur mit Anschluss an den Normalisierungspol Geld zuverlässig fließen kann. Mit ihrem Verständnis von DE-Politik wollen sie „sicherere_diskriminierungsärmere räume schaffen" (ebd., 20), zum Beispiel im Bereich der Musik (ebd., 59). Ihr Schreiben ist dabei gekennzeichnet von einem starken Subjektivismus, der mit einer anti-akademischen Haltung einhergeht:

> „es soll nicht darum gehen, theorien zu wälzen und geschichten zu erzählen, die bereits erzählt und aufgeschrieben wurden, uns dadurch in wiederholungen zu ergehen und vielleicht menschen von diesem buch auszuschließen, die weder einen bezug zu diesen geschichten haben, noch die möglichkeit oder das bedürfnis hatten, sich mit eingehender lektüre von als >klassikern< gelabelten werken zu befassen." (ebd., 5)

Wie der Passus zeigt, wird mit der Gefahr eines klassistisch_ableistischen Ausschlusses argumentiert, der sich – genauer gesprochen – auf kulturelles Kapital bezieht. Unter Verwendung des Arguments, dass das systematische und geschulte Denken ein bourgeoises Privileg ist, wird es unterlassen. Dies ist auf dieser Linie nur konsequent, denn der Anspruch, Bildung an die Anderen* weiterzugeben, um ihnen eine Teilhabe an diesen Klassikern und deren Diskussion zu ermöglichen (eine EN-Figur), wäre ja ein normalisierender. Hier aber wird eine radikal andere Vorstellung von ‚Bildung' inszeniert, welche auch die Theorie-Praxis-Grenze überschreitet:

> „obwohl wir die trennung von theorie und praxis für unnötig halten, sind wir der auffassung, dass queer_feministische praxis in erster

> linie queer_feministischen alltag braucht. dazu ist mehr nötig als das kennen bestimmter theoretischer abhandlungen, die doch nicht in gänze erfasssen können, was und wie queer_femi-nismus in der praxis sein kann. politische selbstverständnisse sollten sich in der eigenen lebensrealität wiederfinden, denn nur so lassen sich handlungen überhaupt als politisch begreifen, analysieren und kritisieren.“ (ebd.)

Mit der Trias von Logos, Ethos und Praxis gesprochen, sehen wir in diesem Buch ein Zusammenfallen von Logos und Praxis. Alles was bleibt, ist die Konstruktion einer reflexiven Haltung der permanenten politisierten Selbstbefragung, die bestimmten innerhalb der Szene etablierten Formen folgt, und die tägliche Praxis. Der Wegbruch des Logos geht so weit, dass es im weiteren Verlauf über das eigene Schreiben heißt:

> „damit behaupten wir nicht, dass diese thesen wahr und richtig seien, weil es ein wahr und richtig in unserem theoretischen wie politischen verständnis nicht gibt. >wahrheit< und >richtigkeit< sind für uns begriffe, die einen universalen anspruch auf aussagen erheben, die vermeintlich >objektiv< getroffen worden seien (von wem?) und der sich >alle< anzuschließen haben.“ (ebd., 35)

In der Sprache des Trilemmas ist dies ein Angriff auf die ND-Linie, die – wie wir dort gesehen haben – sich genau daran abarbeitet, diesen neuen Universalismus für >alle< aufzustellen (IV.ND4). Wenn sich dieser neue Universalismus jedoch zu häufig als genauso exklusiv herausstellt, wird die Verführung groß, es mit den Universalitäts- und Wahrheitsansprüchen ganz sein zu lassen. Beide Alternativen – EN sowie ND – sind somit abgelehnt. Was hier deutlich wird ist zudem, dass eine zu starke Entkopplung von Normalität* und normalisierenden Epistemen tatsächlich diskursunfähig macht. Ohne es selbst zu merken und reflektieren zu können (da es innerhalb dieses Paradigmas ohne Wahrheitsanspruch nicht geht), haben die beiden Autorinnen in ihrem Eifer, sich von Normalisierung und den bösen Universalismen zu lösen, in ihr eigenes Buch geschrieben, dass es keine Weise gibt, sich mit ihnen kritisch auseinanderzusetzen und über einen Wahrheitsanspruch zu streiten. Deshalb tragen die Herausgeberbände, die diese Praxis kritisieren, Titel wie ‚Beißreflexe‘ (L’amour Lalove (Hg.) 2017) und ‚Feministisch Streiten‘ (Linkerhand (Hg.) 2018). Wenn ein Diskurs kein Diskurs mehr darum ist, was sinnhaft als wahr und richtig verteidigt werden kann, bleiben nur interpersonale Freundschaften und Feindschaften übrig. Dieses Primat des Sozialen – wer sich mag und verstanden *fühlt* und wer sich gerade interpersonal streitet – ersetzt den politischen und theoretischen Streit um Wahrheit und Legitimierbarkeit von Handlungen. Daher knallt es ständig:

Was in anderen Räumen ein Streit um politische Vorherrschaft und/oder Wahrheit ist, muss konsequenterweise ein zwischenmenschlicher, persönlicher Streit werden, wenn alle Normen und Werte, die man affirmiert, auf dieser persönlichen und sozialen Ebene liegen.

Erfahrungsgemäß ist daher die einzige Form der Kritik, die bei Epi_gon-innen dieser Richtung ankommt, jene zu sagen, sie hätten einen „verletzt" oder „ausgeschlossen". Die Immunisierung gegen jedwede Logik, die in diesem subjektivistischen Modus als hegemonial wahrgenommen wird, schließt das Buch gegen Kommentare von außen, die nicht auf solchen subjektiven Befindlichkeiten basieren. Die Exklusivität der DE-inklusiven Subkulturen basiert auf dieser Eingangsbarriere: Schließ dich unserer Para_Logik an oder such dir ein anderes Wohnzimmer! Es braucht diese Para_Logik, da sonst dieselbe Logik der Exklusion den Raum regierte wie außerhalb der Subkultur auch. Dann aber wäre es keine Subkultur mehr, die sich als *Gegen*entwurf verteidigen kann. Subkulturen dieser Form können sich daher nur auf Basis einer alternativen Exklusionslogik gründen, die nach nicht-hegemonialen Regeln und Standards beschließt, wer in ist und wer out. Dies findet nicht zufällig an einem Ort wie Berlin statt, an dem die Auswahl an Kneipen, Szenen und Subkulturen enorm ist, sodass tatsächlich die Möglichkeit besteht, sich einfach ein anderes Wohnzimmer auszusuchen.

Das Problem an dieser Praxis ist jedoch vor allem, dass sich darin relativ privilegierte Subjekte selbst aus den Kreisen der hörbaren Diskurse exkludieren, wobei es fragwürdig bleibt, ob dies solidarisch ist oder der Gipfel der Privilegienblindheit: Das Buch suggeriert, dass es nicht darum ginge, die eigenen Privilegien zu nutzen, um anderen Bildung und Teilhabe zu ermöglichen, sondern darum, dieses kulturelle Kapital, das man hat, in den Dreck zu werfen, um vermeintlich niemanden mehr auszuschließen. Damit schließt man jedoch all jene aus, die sich wünschten Zugang zu diesen >Klassikern< und theoretischen Diskursen zu haben und die ebenjene Haltung als groben Undank wahrnehmen würden. Wann ist es nennenswerter Widerstand zu sagen ‚Ich spiele da nicht (mehr) mit! I quit! I resign!' und wann ist es einfach nur töricht? Am leichtesten sieht man es an den beiden Extremen: Wenn jemand wirklich viel Diskursmacht bündelt, hat die eigene Resignation einen Effekt auf die Welt. Wenn zum Beispiel eine berühmte Theoretikerin oder ein Vorstand einer mächtigen humanitären Organisation bewusst auf die eigene privilegierte Stellung verzichtet, bekommt man das mit. Wenn diese Resignation gut inszeniert ist, transportiert sie eine Botschaft – und diese Botschaft wird gehört. Das andere Extrem ist ein Mensch, der tatsächlich nie gehört wurde, keine Chance hatte zu studieren, kaum weiß, wie er sich ausdrücken soll und keinen Raum hat, dies zu üben und zu tun. Resigniert ein solcher Mensch, bezieht er eine letzte Bastion. Er macht damit einer Demokratie den legitimen Vorwurf, Menschen wie ihn vergessen zu haben. Für alle zwischen diesen beiden Extremen gilt jedoch, dass ihre Resignation erstens – im Gegensatz zur diskursmächtigen Prominenz – keine Sau interessiert und zweitens keine Sau interessieren muss, da sie eben kein demokratietheoretisches Problem im Umgang mit subalternen Stimmen adressiert. Wenn man glaubt, es habe einen Effekt, die eigenen Privilegien wegzuwerfen, muss man sich daher ernstlich fragen, für wen man sich hält: für ein Opfer oder für so prominent und wichtig, dass dies der Welt nicht am Arsch vorbeigehen sollte. Weder Selbstviktimisierung noch Selbstheroisierung sind noble Gesten. Das Verwerfen des logischen Denkens und die Selbstexklusion aus der Gemeinschaft der Vernunftbegabten sind daher keine aktivistischen Figuren, mit denen man leichtfertig spielen sollte. Sehr schnell wirken sie eher pubertär als solidarisch. Das Privileg des ökonomischen Kapitals würde man ja auch umverteilen statt sein Geld in den Müll zu werfen. Genau das sollte man bei kulturellem Kapital ebenso tun...

Zurück zur Beschreibung dieses ‚safe(r) space': Eigentlich hält auf dieser Linie der Körper der Anderen* wieder Einzug, da hier die Rückverbindung zu den Empowermentansätzen stattfindet. Das Besondere an dem dort beschriebenen Raum ist jedoch, dass er nicht entlang nur *einer* Linie die Grenze zieht, sondern dermaßen intersektional gedacht ist, dass dort die verschiedensten anderen* Körper Platz haben. Man einigt sich daher auf den kleinsten gemeinsamen Nenner, der alle anderen* Körper (ob nun Schwarz, queer oder be_hindert) vereint: die Tatsache, dass ihnen Andersheit* *zugeschrieben* wird.

> „körper sind in unserem konstruktivistischen verständnis diskursiv hergestellte projektionsflächen für genderungen_disableisierungen_rassifizierungen und prozesse, die die sozialen positionen dick_fett und dünn hervorbringen." (Bretz & Lantzsch 2013, 39)

Dadurch umgeht man zwar das in III.E2 beschriebene Problem der Essentialisierung durch Rückbezug auf körperliche Eigenschaften, bezahlt dafür aber mit einem Begriff von ‚Körper', der so stark radikalkonstruktivistisch reduziert ist, dass er sich in Abstraktionen des Adressiert-*Werdens* verliert. Man könnte sagen: Der Körper ist dadurch passiviert; er ist tatsächlich nur noch Objekt und Fläche der Projektionen, die vom normalen* Standpunkt ausgehen. Um nun das körperliche Subjekt wieder reinzuholen, besinnt sich dieser Ansatz auf die besondere* Vulnerabilität von Körpern, denen eine Andersheit* zugeschrieben wird. Daher der starke Fokus auf die subjektiven Befindlichkeiten ebenjener Körper. Der Subjektivismus geht dabei so weit, dass in der Welt der Autorinnen nicht mal mehr das Körpergewicht objektiv messbar ist:

> „dick_fett und dünn begreifen wir nicht als identitäre fremd_zuschreibungen, die durch konventionalisierte und körper normierende kleidergrößen, körper>umfang<, körper>gewicht< oder >aussehen< von personen fassbar wären“ (ebd.,41).

Diese Aussage über Körper macht wiederum sehr viel Sinn, wenn man sich vor Augen hält, dass das Gebot *nicht zu verletzen* in diesem Raum das höchste Gebot ist. Die Empowermentaspekte finden sich zudem in deren „do it yourself“-Ansatz, der die freie und schöpferische Tätigkeit dieser Körper betont:

> „gründe für selbstbestimmtes und selbstorganisiertes handeln können zunächst im bereich des empowerment – der selbstermächtigung – liegen: sich bestimmte tätigkeiten anzueignen, die einer typisiert_weißen_ableisierten norm unterliegen und daher vielen personen nicht >zugetraut< werden. der autonomiegedanke ist untrennbar mit diy verbunden.“ (ebd.,45)

Unter das Empowermentverständnis fallen auch die hohe Wertschätzung gegenüber Erfahrungswissen und nicht-schriftsprachlichen Formen der Wissensweitergabe (vgl. ebd., 11) und die Vorschläge zur Arbeitsteilung in aktivistischen Kontexten, die privilegiertere Personen anhalten, Umverteilung zu betreiben „ohne eine gegenleistung oder dankbarkeit zu erwarten oder zu bekommen.“ (ebd., 32).

Insgesamt liegt mit Bretz und Lantzsch eine Variation von DE-Inklusionspolitik vor, die als exemplarisch für den Realitätsverlust (non-N: Wessen Realität? Die Realität ist immer die Realität des als normal* Gesetzten) und die logische Schließung dieser inklusiv-exklusiven Subkulturen gelten kann. Ihr großer Vorteil liegt in dem Erfinden und fürsorglichen Verwalten dieser safe(r) spaces. Aus Angst einen Menschen illegitimerweise auszuschließen, wird sich hier sogar vom Wahren, Schönen und Guten verabschiedet: Jede Prüfung des Wahren oder Richtigen wird als hegemoniale Inquisition abgelehnt, alles Schöne – wie die Musik – als Frage des subjektiven Geschmacks konstruiert. Übrig bleibt ein Raum der Freu_ndinnenschaft. Auf die Frage im Schlussteil des Buches, ob sie denn noch in der normalen* Welt klarkommen würden, lautet die Antwort folgerichtig, dass Nein:

> „denn ich möchte_kann nicht >klar kommen in der >normalen< welt<. [...] es gibt stellen, an denen kann und will ich gewaltvolle strukturen nicht ent_merken und es gibt stellen, an denen könnte

ich weg_nennen und ent_merken, sehe mich aber in der verantwortung, dies nicht zu tun“ (ebd., 85)

Es ist also nicht nur so, dass der Anschluss an die Normalität* verloren geht, dies ist sogar gewollt und wird als das eigentliche ethische Projekt verstanden.

Was ist der Wert dieser Orte für eine fundamental andere* Politik, wenn er offensichtlich nicht in schlagenden Argumenten besteht? Durch die Abwendung von einer Politik, die sich mit der Polis beschäftigt, legen diese Orte das frei, was ein Denken wie jenes von Alain Badiou häufig übersieht. Deutlich mehr Sinn macht dieses Arbeiten, wenn man es sozialtheoretisch denkt. Das Aussetzen des Logischen und der Fokus auf das Ethos machen maximal viel Platz für ein Spüren der Begegnung. Das Interpersonale mit seinen Verletzbarkeiten und Verletzungen wird hier ins Zentrum gestellt. Wie keine andere fem*inistische Politik ist diese im Stande, das Gegenüber in xihrer Singularität anzuerkennen, ohne überhaupt die Frage zu stellen, ob dies nur eine partikulare Schlacht sei. Jeder Mensch in diesem Raum ist wichtig. Er kennt keinen ‚Rest', keine Normalisierungshierarchie (III.N2) und ist gewillt, bei jedem Einspruch gegen eine Repräsentation, die sich schräg anfühlt (III.E1), sofort innezuhalten und die Bremse zu ziehen. Während sich viele, die einem anderen Begriff von ‚Politik' folgen, über den Aufstand dieser subjektivistischen Partikularitäten lustig machen mögen, muss man ihnen eines ungebrochen lassen: Niemand ist befähigt mit solcher Klarheit der Vulnerabilität menschlichen Daseins und der Fragilität jeder Begegnung Raum zu lassen. Man mag sagen, dass dies keine Politik ist, sondern nur noch Ethik, da sie sich nicht mehr an die Polis richtet, sondern an das Gegenüber. Aber gerade dann ist es doch gut, dass auch jemand diese Arbeit macht. Über die Hintertür gelangt so schließlich doch der ‚Körper' in diese Räume, auch wenn er nicht so begriffen werden will, und steht sogar im Mittelpunkt: die *Affektivität* hat dort Raum. Das konnten wir von den ND-politischen Gruppen bei_leibe nicht sagen.

Ebenso klar ist jedoch auch die Sackgasse dieser Form von Aktivismus: Wer sich erstens in sein safe space-Wohnzimmer zurückzieht, zweitens das rationale Argumentieren verwirft und drittens auch gar nicht mehr mit diesen Kritiken, die vom normalen* Standpunkt aus artikuliert werden, klarkommen will, der hat auch keinen nennenswerten Einfluss auf die Welt. Gerade weil dieses Vorgehen nicht mehr ‚politisch' im Sinne von ‚an die Polis gerichtet' ist, verläuft es sich in Bedeutungslosigkeit. Man wird es nicht schaffen, politisch zu werden, ohne jemanden zu ‚verletzen': es gibt keine Politik, mit der sich alle ‚wohlfühlen'. Also muss man es konsequenterweise lassen, wenn ‚nicht verletzen' und ‚Wohlbefinden' die höchsten ethischen Werte sind, die man hat.

Wer sich über diese Räume aufregt oder über sie herzieht, ist also nicht deshalb ein Arschloch, weil er politisch anders denkt, sondern weil er gerade Witze über einen *therapeutischen* Raum macht, für den die Spielregeln des politischen Parketts gar nicht mehr gelten. Die Autorinnen haben selbst in ihr Buch geschrieben, dass man sie auf intellektueller Ebene nicht ernst nehmen muss. Es steht in ihrem eigenen Buch drin. Es ist ok. Es ist eine Bastelgruppe. Gerade wer noch rational denkt, sieht also leicht, dass es keinen rationalen Grund gibt, eine Bastelgruppe anzugreifen.

Das einzige, worüber man sich hier vernünftigerweise aufregen kann, ist die Sackgasse der Resignation: Je mehr Leute sich dafür entscheiden, Bastelgruppen zu gründen statt Formen des politischen Widerstands zu leben, die diesen Schutzraum verlassen und eine Wirkung entfalten, desto schwächer wird die Bewegung. In diesem Sinne ist es diskutabel, ob man safe spaces nicht für Leute reservieren sollte, die tatsächlich zu schwach sind. Wenn nur jene in safe spaces gehen würden, die tatsächlich einen safe space brauchen, wären diese vermutlich auch deutlich safer als sie es jetzt sind. Wer würde es noch wagen, Witze über diese Bastelgruppen zu machen, wenn sich darin tatsächlich nur Menschen befinden würden, die des Lebens müde, ihrer Kräfte beraubt und von all den Kämpfen traumatisiert sind? Das Gegenmittel zur Sackgasse der Resignation ist daher die kritische Selbstbefragung, ob man tatsächlich zum Opfer geworden ist oder sich gerade zum Opfer macht. Gute safe spaces dienen dazu, stark diskriminierten Personen aus der Opferrolle herauszuhelfen, indem sie ermöglichen, in einem geschützten Umfeld wieder Erfahrungen mit Handlungsmacht und Selbstwirksamkeit zu machen. Sie arbeiten dazu mit traumatherapeutischen Ansätzen – ob es ihnen bewusst oder nicht: So lässt sich obiges Konzept des ‚Do it yourself'-Empowerments unter dem Fachbegriff ‚Ergotherapie' nachschlagen. Die Mädels machen wirklich gute Arbeit; das ist sogar empirisch validiert, dass das hilft. Pervers wird es nur, wenn diese traumatherapeutischen Konzepte – der vorsichtige Umgang mit Körper-Themen, der Fokus auf Affektivität, das Nicht-Hinterfragen und bedingungslose Akzeptieren der Betroffenenperspektive – auf Menschen angewendet werden, die nicht traumatisiert sind. Dann produziert ein vermeintlicher safe space nämlich selbst ‚Opfer' statt Menschen zu helfen, sich *nicht mehr* als Opfer zu erleben.

III.DE2 – Die Sackgasse der Beschwörung einer anderen* Vernunft – Zwischen Filiasophie und Ihrsinn

Statt den Anspruch einer vernünftigen Prüfung aufzugeben, kann man auch den Weg wählen, sich an ebenjenem Vernunftbegriff abzuarbeiten und ihn neu zu entwerfen. Da die im Folgenden vorgestellte differenzfeministische Strömung an die Möglichkeit glaubt, ein weibliches Subjekt ins Leben zu rufen, nimmt sie im Vergleich zu ihren Vorrednerinnen auch eine andere Abzweigung nach der Kritik an phallozentrischer Logik: sie glaubt an eine weibliche* Vernunft. Diese sei anders*, aber eben auch vernünftig. Das Vernunftprinzip wird hier also nicht suspendiert, sondern umgeschrieben und neu erfunden. Bei der Alma-Mater-Akademie heißt es zum Beispiel:

> „**Unsere Filiasophie**
> Im Rahmen der Akademie werden gültige Lebensregeln und Visionen matriarchaler Kulturen vermittelt. Die Erkenntnisse matriarchaler und feministischer Forschung der letzten Jahrzehnte werden gebündelt und zu einem weiblichen Weltbild weiter-entwickelt.
> Der weibliche Blick auf das Leben wird sichtbar gemacht. Frauenspezifische, gesellschaftliche Veränderungsprozesse der letzten Jahrzehnte werden bearbeitet und als gesellschaftliche Entwicklungen in allen Lebensfragen manifestiert.
> Die mütterliche Ordnung ist Gegenstand der Lehre, damit eine weibliche Freiheit entsteht, die selbstbewusst den Impuls zu einem Paradigmenwechsel herbeiführen kann."
> (http://www.alma-mater-akademie.de/)

Es gab nie viele Orte dieser Art und es sind weniger geworden. Zu den Einrichtungen, die einer solchen Philosophie folgen, gehören neben den Frauenkulturzentren, die in manchen Städten (noch) existieren zum Beispiel auch das Frauenbildungshaus in Zülpich, das mit Abschluss dieser Arbeiten voraussichtlich ebenso geschlossen sein wird. Die meisten Quellen dieses Feminismus führen uns in die 70er Jahre zurück.

Zudem wird es wahrscheinlich nicht überraschen, dass dies der am wenigsten weiß dominierte Feminismus unter allen drei Verbindungslinien ist. Noch ist nicht die ganze Welt vom liberalen ND-Verständnis von Selbstbestimmung und Wahlfreiheit als kleiner Schwester der Freiheit kolonisiert worden. Vielerorts ist der feministische Weg nicht jener, an Geschlechterrollen rumzudekonstruieren, sondern er verweilt in ebenjener Ruhe zu sagen: es gibt Frauen* und (unabhängig davon!) gibt es Weiblichkeit* und diese haben Respekt und Achtung verdient, damit Polis (und Kosmos) im Gleichgewicht bleiben. Auch hier bemerke man die vielleicht kleine, aber hochbedeutsame Differenz im Vokabular: Gleich-*gewicht*, nicht Gleichberechtigung.

Andernorts wird dieses weibliche Weltbild, das zu einem Paradigmenwechsel führen soll, auch als „Gynozän“ (Zeitalter der Frau) bezeichnet (vgl. IV.EN6). Was diese DE-Ansätze eint, ist ein differenzfeministischer Zugang, der weibliche Eigenschaften als Tugenden oder Fähigkeiten wertschätzt und fördert auf Basis der Überzeugung, dass die Verachtung dieser nicht nur Teil patriarchaler Logik ist, sondern das Gleichgewicht der Welt insgesamt stört. Etablierte Verbindungen bestehen zur Friedensbewegung und zur ökologischen Bewegung.[25]

Wozu brauchte es nun überhaupt dieses Gegenbild einer weiblichen* Vernunft? Valerie Solanas hat vorgeführt, wie es aussähe, würde man die patriarchale Logik einfach symmetrisch spiegeln, also unterstellen, dass das Matriarchat dasselbe wie davor nur in umgedreht sei. Sie zeigt in ihrem S.C.U.M.-Manifesto (1968) die wohl stärkste Vision einer segregativen differenzfeministischen Politik an: die Ausrottung der Männer.

> „Life in this society being, at best, an utter bore and no aspect of society being at all relevant to women, there remains to civic-minded, responsible, thrill-seeking females only to overthrow the government, eliminate the money system, institute complete automation and destroy the male sex.“ (ebd.),

so der Eröffnungssatz. Der kurze Text ist – man muss ihn selbst lesen[26] – ein Kunstwerk. Ihn wiederzugeben macht so viel Sinn wie die Paraphrase eines Gedichts. In einer ähnlichen Logik wie auch „Töchter Egalias“ (Brantenberg 1981) liegt ihm das Stilmittel des Geschlechtertauschs/ genderswaps zugrunde: er rekonstruiert genussvoll wie wir über Männer sprechen würden, sprächen wir über sie so wie das Patriarchat über uns Frauen. Der größte Witz an diesem Text besteht jedoch in seiner Rezeptionsgeschichte: Gewisse Männer nahmen ihn ernst. Todernst. Sie erkannten den Kunst-griff nicht als solchen und glaubten, einen Text zu lesen, in dem eine Frau ganz rational und sachlich für die Abschaffung der Männer plädiert. Statt darüber zu reflektieren, wie die Worte ‚rational und sachlich‘ im Patriarchat missbraucht wurden, um Frauen als hysterisch und unsachlich zu diskreditieren, tappten sie geradeaus in die

[25] Frauen und Ökologie. Gegen den Machbarkeitswahn. Dokumentation zum Kongress vom 3.-5.10.86 in Köln, herausgegeben von Die Grünen im Bundestag AK Frauenpolitik, Köln 1987

[26] vielerorts gratis im Internet; z.B. hier: http://www.ccs.neu.edu/home/shivers/rants/scum.html

Falle und suchten vernünftige Antworten auf die Frage, wozu es Männer überhaupt noch brauche. Doch auch den gegenteiligen Fehler gab es: So nahmen ihn andere überhaupt nicht ernst; so sehr, dass sie darin gar keine Botschaft oder politische Aussage mehr fanden, sondern in dem Text lediglich den Ausdruck einer verstörten Geisteskranken sahen.

Diesen beiden patriarchalen Verhaltensweisen – die Reduktion der Vernunft auf einen kalten Logizismus, der viel zu lange braucht, um auf das *ethische* Argument zu kommen, dass man einfach keine Bevölkerungsgruppen ausrottet (egal welche!) und das Exkludieren der Anderen* aus der Gemeinschaft der Vernunftbegabten, das nicht einmal versucht, den Sinn der Aussagen der Anderen* zu ergründen und zu verstehen – diesen beiden Irrungen galt es zu entgegen, dass es noch eine andere* Vernunft geben muss.

Nennt man diese andere Vernunft jedoch weiblich*, macht sie also an einem Geschlechtscharakter fest, perpetuiert man damit fragwürdige und stereotypale Essentialismen. Dennoch machen diese Zugänge etwas vernehmbar, das von einer noch unerhörten Form, Weiblichkeit* zu denken und zu leben, kündet. Man muss die Gegenfrage stellen: Wenn es niemand wagt, neu zu bestimmen, was Weiblichkeit* bedeutet, schrei-ben wir dann nicht einfach das alte Bild von wahlweise entwerteter oder inexistenter Weiblichkeit fort (siehe III.ND4)? Die alten Fehler eines hardcore-essentialistischen Differenzfeminismus brauchen wir nicht zu wiederholen; aber glücklicherweise gibt es heute zahlreiche neue Versuche, mit dieser Sackgasse umzugehen (IV.EN6; IV.N4; IV.ND4).

III.DE3 – Die Sackgasse wahrer Eigenheit: Lesbischer Separatismus im Endstadium (und deren dekoloniale Brüder)

In keinem der hier beackerten Felder lässt sich eine so lange Tradition *separatistischer* (das Wort „Segregation" hat hier tatsächlich nicht mehr genug Schärfe) Phantasien nachzeichnen wie in der lesbischen Szene. Ziel dieser Separation ist das in die Existenz Rufen einer neuen Weiblichkeit*, die gänzlich losgelöst vom männlichen* Blick und heteronormativen Zwängen sein soll. Wir wählen dazu im Folgenden ein US-amerikanisches Beispiel aus den 70ern. In dieser maximalen Abkehr vom Normalismus des Heteronormativen wird sich ebenso von geschätzten 99% der lesbischen Eigengruppe abgewandt, die nicht unter den selbstgewählten Ehrentitel „Radikallesbe" fallen. In den „CLIT-Papieren" der gleichnamigen New Yorker Gruppe von 1974, die im englischen Original nur im Selbstverlag/Raubdruck kursierten und auch in der deutschen Übersetzung 1977 im *Tomyris – Frauenselbstverlag* erschienen, geht es zunächst um ein Entkoppeln von hegemonialer Medienproduktion:

> „Um aber die Eingliederung von Lesbierinnen in den Apparat der Medien aufzuhalten, bitten wir alle lesbisch-feministischen Schreiberinnen und Leserinnen, aufzuhören, in den heterosexuellen Medien zu publizieren, heterosexuelle Publikationen zu lesen oder zu kaufen. Wir bitten darum, weil wir nicht wollen, daß die heterosexuellen Medien unsere Ideen unter ihr liberales Mäntelchen nehmen. [...] Wenn wir die heterosexuellen Medien kaufen, werden wir gelähmt durch den hoffnungslosen Zustand der Welt, wie er uns von der männlichen Nachrichtenfront vermittelt wird." (CLIT 1977, 4f)

Der Normalismus, der im Zentrum der Kritik steht, ist ein liberaler Medienstaat, der das Andere nicht mehr leugnet, sondern durch Vereinnahmung neutralisiert: „Wenn Männer und männer-orientierte Frauen ‚feministisch' genannt werden, wenn konservative, reaktionäre, männlich-identifizierte Frauen herausgegriffen und zu ‚feministischen' Stars gemacht werden, die sich eitel in den Medien präsentieren, haben sie das Wort ‚Feminismus' soweit entstellt, daß sich jeder männliche Transvestit in Amerika für ‚feministisch' hält." (ebd., 24). In diesem Kampf um Deutungshoheit wird in einer Kaskade mit sehr klarer Stoßrichtung zunächst den männlich dominierten Massenmedien, dann den heterosexuellen Frauen, dem Großteil feministischer Aktivistinnen, schließlich den Bisexuellen, an denen sie ebenso kein gutes Haar lassen (ebd., 14ff) und schlussendlich den assimilierten Lesben (vgl. u.a. ebd., 58ff), den Butches und Femmes, rhetorisch der Gar ausgemacht. Auch wenn sie freundlicherweise im Schlusswort schreiben, dass es nicht darum ginge einen „elitären Club“ (ebd., 91) aufzumachen, ist die Identifikation und die Okkupation der ‚wahren' Bedeutung des Lesbierinnentums derart stark, dass es am Ende ihres Gedankendanks nicht möglich ist, eine ‚Lesbierin' zu sein ohne diese ganz bestimmte Politik zu vertreten. Sie produzieren eine klare Spaltung, nach der es wahre Lesben gibt – das seien sie selbst – und assimilierte, also in Wahrheit immer noch männer-orientierte Pseudo-Lesben: „Radikale Lesbierinnen spielen keine Rollen miteinander, und wenn du es tust, dann bist du *keine* radikale Lesbierin, wie du's auch drehst und wendest.“ (ebd., 91)

Diesem Motiv der Opposition gegen die Vereinnahmung entsprechend wird natürlich nicht dagegen gekämpft essentialistisch verandert zu werden (wie bei den ND-Ansätzen), sondern *für* die Essentialisierung und Veranderung plädiert, damit anerkannt wird, dass es sich bei der lesbischen Lebensweise um eine fundamental andere* handelt. Diese *soll* wesentlich anders* sein:

> „Wir sind nicht wie alle anderen in diesem verrotteten Patriarchat – wir sind keine Männer und wir sind keine heterosexuellen Frauen. Die Medien verbreiten – und schwule Männer unterstreichen das, um ihre männlichen Privilegien unverkürzt zu behalten – ‚bloß weil du im Bett was anderes machst, bist du im Arbeitsleben noch lange nichts anderes als normale Menschen.' Das trifft zu für schwule Männer, weil sie Männer sind, die in einer männlichen Gesellschaft leben. Aber für Lesbierinnen ist das Unsinn.“ (ebd., 13)

Damit wird das Lesbierin-Sein zu einer Hauptidentität und einem letzten Grund, der alle anderen Personeigenschaften zu sekundären macht. So verheißt der Pamphlet – jede Sekte auf diesem Niveau bedarf einer Verheißung, eines Heilsversprechens – im Falle des Beitritts eine paradiesische lesbische Parallelwelt, die frei ist von rassistischen und klassistischen Spaltungen (ebd., 48).

So essentialistisch das Selbstbild ist, so essentialistisch ist dabei auch das Fremdbild: „Der Medienstaat offenbart die charakteristische männliche Sprachunfähigkeit.“ (ebd., 22). In Anschluss an Solanas ist ‚der Mann an sich' in diesem Text liebesunfähig und zu nichts zu gebrauchen. Ab einem gewissen Ausmaß an Segregation wird hier die Kontakthypothese wieder interessant, um ein Verständnis für diese Selbst- und Fremdbilder zu entwickeln...

Im Unterschied zu Solanas' Satire aber wird die Lösung nicht in der Ausrottung gesehen, sondern in der Abschottung. Einig sind sich die beiden darüber, was nicht Teil der strategischen Erwägungen sein dürfe: Es ginge nicht darum, „Gefühle und Zeit in Diskussionen darüber [zu stecken], wie sie eine Frauenwelt schaffen könnten, ohne Männern weh zu tun" (ebd., 83), denn an Macht zu verlieren ist nunmal schmerzhaft.

Was lässt sich nun aus diesem – zugegeben extremen – Beispiel für die heutige Situation und auch für andere Achsen der Diskriminierung und Ungleichheit lernen? In einer anderen Theoriesprache würde man sagen, dass die Gruppe versucht, die lesbische Lebenswelt zu ‚dekolonisieren'; und genau dort – in den dekolonialen, nicht in den post-kolonialen Zugängen – finden sich auch die geistigen Brüder, die vor genau derselben Sackgasse stehen: Getrieben von dem Begehren, das eigene *‚wahre Selbst'* zu finden, rennt man einer paradiesischen Freiheit hinterher, die man zu finden glaubt, sobald alle Normalismen* abgeschüttelt sind. So wie die CLIT-Papers-Gruppe versucht, alles Männliche* und von Männern* Geprägte hinter sich zu lassen und abzuschütteln, versuchen Schwarze Menschen, die sich dieser DE-kolonialen Linie angeschlossen haben, alle weißen* europäischen* Einflüsse ausfindig zu machen und aus ihrem Leben zu entfernen. Das Trickreiche am ‚wahren Selbst' ist jedoch, dass dieses immer vorgängig ist, in diesem Fall also in einem präkolonialen Paradies gesucht wird, das genauso wenig existiert wie die ersehnte prä-patriarchale Essenz des rein Weiblichen. Die Ontologisierung des wahren Selbst verführt dazu, einem Mythos hinterherzurennen, ohne zu erkennen, dass man diesen selbst hervorbringt, dass er also nur durch das eigene Begehren lebt. Wie sich in obigen Ausführungen zeigt, führt dies im schlimmsten Fall zu Bereinigungsaktionen, die einer Hexenjagd gleichen: Überall wittert man Kontaminationen durch die ungeliebten Normalismen*. Mehr und mehr kulturelle Praktiken, Erfindungen, Bücher und schlussendlich auch Personen müssen ausgegrenzt und devaluiert werden, um an dieser Reinheitsphantasie festzuhalten. ‚Hexenjagd' ist auch deshalb ein treffender Begriff, da diese Sackgasse – zieht man vorher nicht die Notbremse – als gewissermaßen bitterste Ironie des Schicksals zum (vermeintlichen) Schutz der diskriminierten Andersheit* zu denselben Mitteln greift wie die Unterdrücker es taten: denkt man die dekolonialen Austreibungen alles Weißen* und Europäischen* zu Ende, erinnern sie an ethnische Säuberungen, ebenso wie obige Passagen das allzu bekannte Spiel wiederholen, eine bestimmte Sexualform zur reinen Weiblichkeit* zu erheben und alle anderen Frauen im Klartext zu verlotterten Schlampen zu erklären. Dabei wird gleichsam dem eigenen Selbst die Absolution erteilt. Es entsteht ein Trugbild, das suggeriert, das derart bereinigte ‚wahre Selbst' sei frei von allen Sünden. Alles Böse wird dabei nach Außen projiziert. So wurden in dergestalt segregierten Frauengruppen zum Beispiel lange Zeit die wüstesten antisemitischen Klischees perpetuiert, da man glaubte, in diesen ‚jüdischen Anderen' den Inbegriff des Patriarchats ausmachen zu können (Antmann 2017, 31; Walgenbach 2007, 36). Gleichzeitig wurde weibliche (Mit-)Täterschaft in der NS-Zeit sowie danach verleugnet, da alles Kriegerische und Gewalttätige mit dem Männlichen identifiziert wurde, um dieses mythische Bild reiner Weiblichkeit aufrechtzuerhalten (ebd.).

Es gibt kein ‚wahres Selbst' vor oder hinter der Diskriminierung. Es gibt ein diskriminiertes Selbst und mehr oder weniger verzweifelte Iterationen. Wird diese politische Strategie sachte und mit Bedacht betrieben, kann sie zum Beispiel im Rahmen von Austauschgruppen unter Gleichbetroffenen dazu dienen, ein paar Gedankenexperimente durchzuspielen, wer man in einer anderen Welt wohl gewesen wäre. Diese utopischen Impulse lassen sich nutzen, um Inspirationen für eine andere Politik aus ihnen zu ziehen. Die identitäre Abschottung, die zu den Behauptungen führt, es gäbe ‚echte Schwarze' oder ‚echte Lesben' und Abtrünnige, führt jedoch sehr schnell zu einer Identifikation mit dem Aggressor, die sodann tatsächlich dieselbe gewalttätige Politik ‚in umgedreht' wiederholt. Aus diesem schlichten Grund sollte man tief beruhigt sein, wenn Teilnehmer_innen von segregierten Anderen*-Gruppen ihr wahres Selbst niemals finden: was geschieht, wenn sie glauben es gefunden zu haben, ist viel schlimmer.

Exkurs: Keine Sackgasse, sondern Polit-Sekte

Dieser Exkurs steht hier nur für den Fall, dass jemand die Sackgasse sucht, in der beschrieben steht, wie es passiert, dass eine vermeintlich anti-diskriminierende Politik ins Okkulte abrutscht, sich von Andersdenkenden abkapselt und in dieser Isolation nur noch ‚böse Menschen da draußen' sieht.

Der Verfassungsschutz interessiert sich nur für Gewaltbereitschaft, die dem Staat schadet. Dadurch wird in Diskursen um Extremismus häufig suggeriert, die einzige gefährliche Grenze wäre jene zu körperlicher Gewaltanwendung. Es gibt aber noch eine zweite gefährliche Grenze: Wenn eine Gruppe ihre Mitglieder unter Druck setzt, einen bestimmten Lebensstil zu verfolgen und ihren Diskursraum dermaßen geschlossen hat, dass es sich um Indoktrination/Gehirnwäsche handelt, handelt es sich um emotionalen Missbrauch. Dem Staat kann das egal sein, aber Dir sollte es nicht egal sein, denn es geht um Deine psychische Gesundheit: Wenn dir eine Gruppe wie zum Beispiel die in III.DE3 beschriebene das Gefühl gibt, du seist ‚keine echte Lesbe', wenn du nicht dies oder jenes tust und denkst, oder verallgemeinert: wenn dir eine Gruppe einredet, du seist noch nicht ‚erleuchtet' genug, solange du noch so denkst und handelst wie du es tust, renn! Wenn du das Gefühl hast, absurde Initiationsriten durchlaufen zu müssen und deinen ganzen Lebensstil umkrempeln zu müssen, um in dieser Gruppe akzeptiert zu werden, renn!

Polit-Sekten, die *nur* diese Form von emotionalem Missbrauch zeigen, aber nach Außen hin friedlich sind, werden selten erforscht (eben weil sie verfassungsschutzrechtlich irrelevant sind). Die meisten Befunde zu diesem Thema stammen aus den Forschungen zu Verschwörungstheorien. Werden diese nicht mit Handlungen verbunden, welche die öffentliche Ordnung oder den Staat stören, bleiben sie oft gänzlich im Verborgenen. Hier zur Sicherheit also die Liste der Warnzeichen, die nichts mehr mit Politik zu tun haben (und deshalb auch keine Sackgassen in dieser Karte bezeichnen), weil sie Indikatoren für das Hineingezogen-Werden in eine Polit-Sekte sind:

- Wenn du das Gefühl hast, die Gruppe zeichnet ein **düsteres Bild von der Welt** und arbeitet mit einem harschen Kontrast zwischen ‚den bösen Menschen da draußen' und denen, die dich ‚beschützen' hier drinnen, renn!

- Wenn du das Gefühl hast, du wirst **von andersdenkenden Menschen isoliert**, oder dir suggeriert wird, du solltest dich nicht mehr mit Leuten anderer Gesinnung unterhalten, renn!
- Wenn du das Gefühl hast, dir wird ein **Heilsversprechen** gemacht oder dir wird suggeriert zu einer auserwählten Gruppe an Revolutionären zu gehören, renn!
- Wenn du nicht mehr über die imperativische Aufforderung zu rennen stolperst, weil du dich bereits daran gewöhnt hast, dass eine **Guru-ähnliche Autorität** dir vorschreibt, was du für den ‚richtigen' politischen Widerstand zu halten hast, renn!
- Wenn du dir nicht sicher bist, ob deine Gruppe Züge einer Polit-Sekte annimmt, mache vier Witze zu den oben genannten Punkten: Wenn niemand darüber lacht, renn! (Eine zweite Daumenregel lautet: Wenn du Angst hast, diese Liste zu kopieren und zur Diskussion zu stellen, ist die Kacke bereits am Dampfen. Vernünftige politische Gruppen kennen die Gefahr, sich selbst zu einer verfolgten Avantgarde zu stilisieren und können offen darüber reden und sogar scherzeln.)

Diese Phänomene – Angst vor der bösen Welt da draußen, Isolation gegenüber Andersdenkenden, Heilversprechen und Selbstinszenierung als ‚auserwählt', eine charismatische Führungspersönlichkeit und die dazugehörigen ‚Schäfchen' – sind keine Sackgassen des politischen Aktivismus, sondern Warnzeichen, dass man gerade in etwas hineinrutscht, dass nichts mehr mit Politik zu tun hat (und deshalb auch nichts mehr mit Links oder Rechts).

III.DE4 – Die Sackgasse des nackten Überlebens: Widerstand gegen kulturellen Genozid und die Enteignung des Begehrens

In Zeiten, in denen in der deutschen Schulpädagogik gerne behauptet wird, die desegregierte Gemeinschaftsschule sei die Lösung für alle Diskriminierungsprobleme, ist es von besonderer Bedeutung den Maximalkontrast aus Australien aufzuzeigen.

> „In June [2015], the Federal government handed responsibility for essential and municipal services in remote Indigenous communities to state governments. The Western Australian Premier stated that up to 150 communities may be closed as a result; widespread protests ensued."[27]

Wir sehen dort ein rassistisches Regime, das versucht die Kultur der Aboriginals auszurotten, indem sie eine Zwangsschließung der communities vorantreiben und auf allen Ebenen ersuchen, ihre communities zu zerstreuen, ihren Zusammenhalt zu schwächen und ihnen jede Segregation in einem Schutzraum zu erschweren. Dies impliziert auf staatspädagogischer Seite eine beherzte Empfehlung zur gemeinsamen Beschulung zur Erleichterung der Assimilation.

Für das, was dort von statten geht, wählen die Sonderberichte humanitärer Organisationen daher das Wort „Kultureller Genozid": eine Ausrottung, die nicht durch direkte Tötung, sondern durch legislative Eingriffe geschieht, die einen Kulturraum systematisch benachteiligen und ihm die Existenzgrundlage zur Ausübung dieser kulturellen Praktiken entziehen. Die Zwangsschließung der communities ist ein direkter Angriff auf das Erbe des DE-politischen Outstation-Movement, das sich im Widerstand gegen die Zwangsassimilation in den 70ern formiert hatte. Das Outstation/Homeland-Movement ist ein hervorragendes Beispiel für eine wiederaneignende DE-Politik, denn hier geht es nicht nur im symbolischen, sondern im strengsten territorialen Sinn um einen Reclaim. Gut die Hälfte der so entstandenen ‚homelands' sollen nun geschlossen werden. Über diese heißt es im UN-Sonderbericht:

> *„Homelands are widely understood to have lower levels of social problems, such as domestic violence and substance abuse, than more populated communities. According to reports, the health of Indigenous people living on homelands is significantly better than of those living in larger communities. Homelands are also used*

---

[27] https://www.amnesty.org/en/countries/asia-and-the-pacific/australia/report-australia/

effectively as part of substance abuse and other programmes for at-risk Aboriginal youth living in more populated or urban centres."[28]

Neben den nachweislich positiven Effekten auf die Gesundheit der indigenen Bevölkerung, sind diese communities der einzige Ort, an dem indigene kulturelle Praktiken friedlich und ungestört vollzogen werden können und an denen die indigenen Sprachen vor dem Aussterben bewahrt und unterrichtet werden. Diese communities und mit ihnen die Schulen zu schließen ist ganz klar keine Inklusion, sondern ein Verbrechen. Hier ist die Nötigung zum Besuch einer Gemeinschaftsschule Teil einer nivellierenden Vernichtungsagenda.

Der zweite Maximalkontrast zu den deutschsprachigen Diskursen besteht darin, dass in dem Differenz nivellierenden Rassismus, der dort betrieben wird, insbesondere die Individualität und individuelle Entscheidung hochgehalten werden, um Aboriginals zu beschämen und ihnen die Schuld am Zerfall ihrer communities zu geben. So prägte Tony Abbott den Ausspruch:

> „What we can't do is endlessly subsidise lifestyle choices if those lifestyle choices are not conducive to the kind of full participation in Australian society that everyone should have,"[29]

Indem er den indigenen Lebensweg als individuelle Lebenstil-Entscheidung darstellt, diskreditiert er die kommunitären Ansprüche der Aboriginals. Dabei wird der Partizipationsbegriff ein Synonym zu nivellierender Assimilation. In Opposition zu Abbott sagt nun die Widerstandsbewegung das exakte Gegenteil dessen, was die Hijabi in III.ND2 soeben vertrat: „Identity is not a lifestyle choice"[30].

Was Tony Abbotts Ausspruch und obige Antwort darauf zeigen ist, dass mit denselben Begriffen und Argumenten, die in III.ND2 bei der Kopftuchdebatte in Deutschland *gegen* Rassismus verwendet wurden, auch *für* Rassismus gearbeitet werden kann (s.a. III.ND3). Dort bestand die antirassistische Hoffnung darin, dass man anerkennen möge, dass es sich doch nur um ein äußerliches Erscheinungsbild handele, das eine nicht essentiell verschieden mache, und dass dies bitte als individuelle Entscheidung anerkannt werden möge. In Australien kämpfen Menschen für

---

[28] http://www.amnesty.org.au/indigenous-rights/comments/26411/

[29] http://www.abc.net.au/news/2015-03-10/tony-abbott-backs-decision-to-close-wa-indigenous-communities/6295296

[30] https://medium.com/@occupySYDNEY/may-1st-sosblakaustralia-stop-closure-of-remote-communities-rallies-a-z-61d18b904ee1

das exakte Gegenteil: dass man anerkennen möge, dass das keine individuelle Entscheidung sei, sondern eine kommunitäre kulturelle Praxis, dass diese nicht bloß äußerliche Fassade sei, sondern tief verwurzelt in einer sehr alten Kultur und dass diese *essentiell* verschieden ist von der Leitkultur, sogar so wesentlich anders*, dass sie eines segregierten Schutzraums bedarf um gelebt werden zu können.

Ein weiteres Beispiel für den Maximalkontrast zum Verständnis von Anti-Rassismus bei Aboriginals ist die hier in Deutschland heiß diskutierte Frage „Woher kommst du?". In der deutschen Geschichte ist sie assoziiert mit Stammbaumurkunden, die zur Erstellung eines Arierausweises benötigt wurden. Im deutschsprachigen Aktivismus versuchen daher viele, den Menschen beizubringen, sie mögen People of Color bitte nicht ständig fragen woher sie kommen, da dies suggeriere, dass Menschen, die anders aussehen, nicht deutsch sein könnten oder über ihre Herkunft immer noch rechenschaftspflichtig wären. In der aboriginal community hingegen gehört es zum guten Ton, bevor man anfängt zu sprechen, zu sagen woher man kommt, damit das Gegenüber weiß, woran es ist. Auch das ist eine der kulturellen Praktiken, die attackiert werden, weswegen die Widerstandsbewegung und weiß-australische Verbündete Gespräche damit eröffnen, ihren Stammbaum darzulegen. In einer Welt, in der Herkunft zum Verschwinden gebracht werden soll, besteht der anti-rassistische Widerstand darin, immer wieder zu betonen, woher man kommt. Trifft eine deutschsprachige Aktivistin wie jene aus Abschnitt III.ND1 auf eine Aborigina, kann es daher zu fatalen Konstellationen kommen: Beide zeigen zur Begrüßung ein Verhalten, das in der jeweils anderen Welt klar als rassistisch wahrgenommen wird. Wiederum zeigt sich die hohe Kontextabhängigkeit aller Bewertungen als ‚rassistisch' und die Unmöglichkeit, eine der hier präsentierten politischen Formen für alle Zeiten und Welten als ‚gerechten Umgang' mit Differenz festzulegen.

Zusammenfassend lässt sich demnach festhalten, dass alles was auf der ND-Linie im deutschsprachigen Diskurs als inklusionsförderlich dargestellt wurde – Desegregation, Entessentialisierung, Individualisierung, Entscheidungsfreiheit, Entnennung von Differenz, etc. – in Australien einmal auf den Kopf gestellt den Jargon eines rassistischen Regimes bildet. Australien ist tatsächlich unser Antipode…

Aber auch innereuropäisch lässt sich diskutieren, ob die momentan dominierende Vorstellung von Inklusion als einem desegregierten Miteinander die beste Idee ist. Im Kontext der europäischen Fluchtdebatte tut sich vor allem Genosse Zizek (2016) – lautstark wie wir ihn kennen – hervor, um mit Lacan für eine Segregation zu inklusiven Zwecken zu plädieren:

> „Vor allem müssen wir uns von dem linksliberalen »Verstehenwollen« für alles, was da an Neuem und Fremdem kommt, verabschieden. Die political correctness, verbunden mit heuchlerischen Selbstbezichtigungen hilft nicht weiter. Wir sollten so etwas wie ein konstruktives Desinteresse füreinander entwickeln, das Andere der zu uns kommenden Lebensgewohnheiten respektieren, Assimilation und Integration nicht als Ziel ausgeben.“ (ebd.)

Diese Argumentation ist unter Linken zuweilen unbeliebt, aber wie sich in diesem Abschnitt zeigt nicht dumm. Das lacansche Element findet sich darin zu respektieren, dass wir Menschen auf vielfältige Weise versuchen, uns die Anderen vom Hals zu halten. Es ist die Distanz, nicht die Nähe oder das Verstehen, die uns befähigt, im Angesicht des Anderen* tolerant und gelassen zu bleiben. Um eine Bevölkerungsgruppe auszurotten oder eine Hetzkampagne gegen die Anderen* zu starten, muss man sich extensiv mit der betreffenden Minderheit befassen, sie erforschen, sie überwachen, ihren Lebensstil kennen und fortlaufend kommentieren. Wir müssen mit Zizek und Lacan davon ausgehen, dass Pegida dem Islam näher steht als Anti-Rassist_innen es je wollen könnten: sie sprechen über kaum etwas anderes, ein Großteil ihrer Gedanken ist diesen Anderen* gewidmet; ihre größte Angstphantasie – die „Islamisierung des Abendlandes“ – gilt ihnen. Genau diese fehlende Distanz macht sie so gefährlich: in ihrer Vorstellungswelt betrifft alles, was Moslems in diesem Land tun, sie höchst persönlich. Ein solides Desinteresse an ethnischen Minderheiten ist folglich keineswegs per se rassistisch, sondern mitunter das toleranteste und friedfertigste, was man tun kann.

Eindeutig rassistisch wird es demnach erst, wenn den Anderen eines von beidem – die Integration oder die Segregation – mit Gewalt aufgezwungen wird. Aus der Geschichte bekannte Mittel für eine solche Zwangsintegration oder Zwangssegregation sind unter anderem Zwangsumsiedlungen (im einen Fall mit zerstreuenden Vektoren, im anderen Fall in Lager/Ghettos) und gewiss Manipulationen des Schulsystems: Im Falle der Zwangsintegration operiert man mit Zwangsmonolingualität und gemeinsamer Beschulung bei gleichzeitiger Verteilung der minoritären Schüler_innen (z.B. maximal zwei davon in einer Klasse). Explizite oder implizite Kommunikationsverbote sollen dabei verhindern, dass sich die Minoritären mit etwas anderem Befassen als der Leitkultur und mit Anderen unterhalten als Mitgliedern der Mehrheitsethnie. Im Falle der Zwangssegregation gründet man eigene Schulen für die Gruppe oder unterbindet deren Beschulung gänzlich.

Faschistisch wird es, wenn Menschen beginnen paradoxe Befehle auszusprechen, ohne diese als solche zu erkennen: Wettert zum Beispiel ein Mensch gegen die „Parallelgesellschaft" (Anti-DE / Pro-N), behindert dann aber durch Diskriminierung bei sozialem Aufstieg und Teilhabe die Normalisierung, die er selbst doch soeben eingefordert hat (Anti-N), sagt er damit insgesamt: ‚Pass dich an, aber tu das zuhause!' bzw. ‚Such Nähe zu uns, aber bleib auf Distanz!'. Der Unterschied zwischen einem Rassisten und einem Faschisten ist demnach, dass Ersterer glaubt bestimmen zu dürfen, wer hier integriert und wer segregiert gehört, während Letzterer einen paradoxen Befehl ausspricht, dessen unmögliche Erfüllbarkeit ihn schließlich zur Auslöschung der betreffenden Menschen antreibt. Auf dem Pausenhof ist der Proto-Rassist jener, der bestimmen will, wer mitspielen darf, statt sich auf symmetrische Begegnungen einzulassen. Der Proto-Faschist hingegen ist jener, der Andere nicht mitspielen lässt und sie dann dafür beschimpft, nicht mitspielen zu wollen. Willkürlich wechselt er seine Projektionen. Aktivist_innen haben dieses Phänomen neulich „Schrödinger's immigrant" genannt. Schrödingers Immigrant nimmt den Deutschen die Arbeitsplätze weg, während er faul dem Sozialstaat auf der Tasche liegt („lazes around on benefits whilst simultaneously stealing your job"). [31]

Die Begriffe von Nähe und Distanz helfen dabei zu verstehen, was ein gerechter Umgang mit Differenz im Kontext von Segregation bedeutet: Die Würde eines jeden Menschen zu wahren heißt ihm keine Nähe aufzuzwingen, ihn also nicht der Zwangsassimilation zu unterwerfen, ihn aber auch nicht wegzustoßen, wenn er diese Nähe sucht. Es darf weder Zwangsintegration noch Zwangssegregation geben. Aber vor allem darf es keine willkürliche Gleichzeitigkeit beider Forderungen geben, da dies unmittelbar in die faschistische Verdunklung führt: Wer will, dass sich die Anderen* integrieren *und* dass sie einen in Ruhe lassen, kommuniziert damit nichts anderes als den schlecht verdeckten Wunsch, der Andere* möge einfach gar nicht existieren.

Die faschistische Rhetorik führt außerdem zu einer Enteignung des Begehrens, da es unter diesem paradoxen Befehl nun nichts mehr gibt, das als *eigenes* widerständiges Begehren erfahren werden kann. Was danach übrig bleibt, ist ein nacktes ‚Nein'. Der Widerstand bündelt sich in dieser Figur der Verweigerung als würde er nur noch schreien ‚Lasst uns doch alle in Ruhe!'. Dieses absolute Nein ist die letzte Bastion jener,

---

[31] http://newsthump.com/2014/11/28/ukip-warns-of-schrodingers-immigrant-who-lazes-around-on-benefits-whilst-simultaneously-stealing-your-job/

denen man durch die oben beschriebene faschistoide Strategie jedes positiv formulierte Begehren entrissen hat. Durch den unerfüllbaren Doppelbefehl gibt es keine Möglichkeit mehr, teilhaben zu wollen und keine Möglichkeit mehr, sich in Frieden zu segregieren und ein anderes* Leben zu führen, da einem beide Begehrensvektoren durch die doppelte Nötigung entrissen wurden. Das ist ein echter schizophrenogener *double bind* nach Bateson und vielleicht sollte man das Wort sogar für derart faschistoide Situationen reservieren. Solange es Begehren gibt, gibt es noch Hoffnung. In der Situation des faschistoiden double-binds begehrt das Subjekt jedoch nicht mehr; es sagt nur noch ‚Nein'. ‚Töte mich nicht'. ‚Rotte uns nicht aus'. Diese Sätze artikulieren kein Begehren, sondern das basalste Interesse, das wir Menschen haben: Überleben.

III.DE5 – Die Sackgasse der Verdopplung von Exklusion: Krüppelbewegung und die Irrenoffensive

Der Buchtitel „Budenzauber Inklusion“ aus der Sprechposition eines altgedienten, sehr erfahrenen Behindertenaktivisten will gewiss nicht sagen, dass Inklusion eine schlechte Idee sei. Vielmehr weist Udo Sierck in diesem Werk darauf hin, dass der Begriff „Inklusion“ bereits jetzt hegemonial vereinnahmt und entschärft ist. Das Ziel der Ausführungen Siercks ist es folglich aufzuzeigen, wie sehr das, was heutzutage „Inklusion“ genannt wird, die altbekannte, unveränderte Parade an Lippenbekenntnissen und Zwangsnormalisierungen darstellt. Der Wandel läge vor allem im Vokabular. Unter der Überschrift „Von der Wohltäter-Mafia zur Inklusionsmafia“ (Sierck 2013, 29) heißt es dazu:

> „Dichtung und Wahrheit liegen auch in der Behindertenpolitik eng beieinander. Seltsamerweise ist dies aber ein Gebiet, in dem die Augen besonders gern verschlossen werden und Sprachkosmetik hoch im Kurs steht (sehr beliebt sind Anleihen aus dem Englischen, die niemand recht übersetzen kann, jedoch modern klingen: Community Care und Empowerment für alle!): Aus Anstalten werden Stiftungen, die Sonderschule nennt sich Förderschule, die Werkstatt für Behinderte heißt heute Werkstatt für behinderte Menschen – geändert hat sich für die dort Arbeitenden allerdings nichts.“ (ebd., 40)

Vieles wird zur „Inklusion“ umgetauft, um der UN-BRK auf möglichst oberflächliche Weise „gerecht“ zu werden, ohne etwas zu verändern, das über die Umbenennungspraxis hinaus geht. Im Folgenden soll daher zunächst die Kritik an den ND-Ansätzen, die er als „Sprachkosmetik“ bezeichnet, dargelegt werden und sodann die contrahegemoniale DE-Position skizziert werden, die Sierck stattdessen vorschlägt.

Kritik an der ND-Sprachpolitik in DE-Sprache

Udo Sierck, der lieber bei der Selbstbezeichnung „Krüppel und Krüppelfrauen“ bleibt (ebd., 75), nennt drei Hauptargumente gegen die normalisierende Dekonstruktion von Behinderung. Das erste bezieht sich auf Sprachkosmetik als Abwehr gegen die Anerkennung des Anderen*. Das zweite kritisiert die Leugnung der nicht dekonstruierbaren Körperlichkeit im verkürzten Verständnis des sozialen Modells von Behinderung. Hier bedarf es einer differenzierteren Argumentation, um nicht in eine Nivellierung von Differenz zu verfallen. Das dritte Argument schließt daran an und kritisiert den Anpassungsdruck, der von dieser Normalität dekonstruierenden Nivellierung ausgeht.

1. Sprachkosmetik als Abwehr und (internalisierte) Behindertenfeindlichkeit

> „Das eigene Erscheinungsbild, die eigenen Bewegungen weichen ganz offensichtlich von der Normalität der Umgebung ab. Daran gibt es nichts zu deuteln und es hilft kein Herumreden.“ (ebd., 21)

Viele der ND-Politiken, so haben wir gesehen, waren darum bemüht, Veranderungen aufzuheben. In der Beschwörung eines vielfältigen ‚Wir‘ wollten sie Behinderung rhetorisch zum Verschwinden zu bringen. Mit flexibel-normalistischen Provokationsfragen wie „Sind Brillenträger_innen denn auch sehbindert?“ versuchten sie, die Grenze zwischen Behinderung und Nicht-Behinderung zu verwischen und den sozial konstruierten Charakter von „Behinderung“ zu entblößen. Nun ist die Sache im Vergleich zu Fragen des Geschlechts bei Behinderung aber so gelagert, dass häufig gerade das Nivellieren, Kleinreden und Wegreden von Differenz, diese spezifische Form von Diskriminierung (genannt: Ableismus) kennzeichnet: ‚Ich nehm' dich gar nicht als behindert wahr!‘, sagen die Menschen; und performativ sind sie damit beschäftigt, wegzusehen, bloß nicht den Eindruck zu erwecken auf die jeweils betroffenen Körperteile (wie z.B. ein Brandmal im Gesicht, einen Spasmus, Verkabelungen, etc.) ‚draufzustarren‘. Wohlerzogene Menschen, so befindet der hegemoniale Diskurs, schauen bei Behinderungen diskret weg und sind bemüht, die Menschen ‚ganz normal* zu behandeln‘. Dieses dominante Verständnis vom vermeintlich ‚richtigen‘ Umgang mit Behinderung führt nun zu all jenem „deuteln“ und „herumreden“, das Sierck kritisiert. Gleichzeitig aber geht es in diesem Passus um den Empowermentprozess, also die Befreiung von internalisierter Diskriminierung. So heißt es dort weiter:

> „Das Sichtbare zu akzeptieren und nicht selbst zu erschrecken und zu verstecken, diese Position zu bewahren und die Kompetenz im alltäglichen Handeln zu behalten – das waren Kernpunkte der Idee von einem selbstbestimmten Leben.“ (ebd.).

Die Konzeption des „selbstbestimmten Lebens“ (was Siercks präferierter Begriff gegenüber dem Anglizismus „Empowerment“ ist und an vielen Stellen synonym dazu verwendet wird) geht folglich einher mit dem Bewusstsein, sich nicht verstecken zu müssen, ergo sich nicht nivellieren zu lassen, sondern in voller Sichtbarkeit zu sich selbst zu stehen (s.a. III.E2 und III.EN1). Das Deuteln und Herumreden wird vor diesem Hintergrund der Mechanismen (internalisierter) Behindertenfeindlichkeit erkennbar als beschämend bzw. als Schamabwehr: Aus falschem Mitleid schauen die Nicht-Behinderten schamhaft weg und ersuchen so, die Differenz zu nivellieren, sie unsichtbar zu machen, sie möglichst nicht wahrzunehmen. Diese Entwahrnehmungsversuche der offen_sichtlichen Differenz wiederum werden im Falle eines mangelnden Empowerments internalisiert und richten sich gegen das Selbst des von Stigmatisierung betroffenen Menschen mit Behinderung, indem dieser das Versteckspiel mitmacht und sich fortan selbst versteckt und schämt. Diese Mechanismen lassen sich sowohl als sprachliche Inszenierungen als auch nonverbal/performativ nachzeichnen. Bei der Verbindung von Empowerment und Dekonstruktion, die Sierck vertritt, richtet sich das dekonstruktive Moment folglich auf die selbstbestimmte Sichtbarkeit des eigenen Körpers, das den behindertenfeindlichen Blick (engl. ableist gaze) irritiert. Solche Irritationen durch Politiken der selbstbestimmten Sichtbarkeit beginnen bei kleinen Dingen des Alltags wie sich in aller Selbstverständlichkeit eine Insulinspritze mitten im Straßencafé zu setzen, statt sich auf dem Klo zu verstecken. Von solchen Alltagsdingen können sie weit reichen bis hin zu dezidierter Straßenperformancekunst. Der Empowermentaspekt betont das Recht darauf, ohne Scham in der Öffentlichkeit zu sein. Die ND-Linie kann dieses Empowerment nicht liefern, da diese „Sprachkosmetik", die so tut als lebten wir bereits in trans-normalistischen Zeiten, letztendlich die behindertenfeindliche Realität verleugnet und somit Menschen mit Behinderung schadet.

Vor dem Hintergrund dieser Betrachtungen, kann der Reclaim auf die Begriffe „Krüppel und Krüppelfrauen" nur noch als folgerichtig gelten. Im Gegensatz zu Reclaims, die sich in ihrer Provokation abgerieben haben und heute vollständig normalisiert sind (der Reclaim auf „schwul/lesbisch" zum Beispiel ist längst keiner mehr), fühlen sich bei der Selbstbezeichnung „Krüppel_ine" bis heute viele nicht-behinderte Zuhörende/Lesende ertappt, was ebenjenen Affekt der Beschämung zurück an die Absender_innen schickt. Als harscheste Zurückweisung blumig-euphemistischer Begriffe, bildet der Reclaim auf „Krüppel" daher ein Kernelement einer empowernden Politik gegen das Regime der ND-Deutelungen. Es sei erinnert, dass Herumreden und Euphemismen gerade hierzulande tradierter Bestandteil in der Geschichte der Behindertenfeindlichkeit sind. Man denke zum Beispiel an Begriffe wie „Euthanasie" oder „Umerziehung". Bis heute wird aus „Zwangsmedikation" in den Akten „Notfallmedikation", aus körperlicher Gewalt in totalen Institutionen wird „Fixierung" – natürlich „zur eigenen Sicherheit". Die solidarische Feminist_in aus dem Lager der ND-Sprachkritik möge daher bitte verstehen, dass weite Teile der Behindertenpolitik davon leben, all den Dreck und die Scheiße möglichst unsensibel und in aller Härte beim Namen zu nennen, da in diesem Fall die privilegierte Gruppe die „Sensibelchen“ sind. Hier ist es genau andersrum: es ist nicht die diskriminierte, sondern die privilegierte Gruppe, die Angst hat vor diesen „harten Worten“, die fragt, ob man das nicht irgendwie netter sagen könnte oder vielleicht am besten gar nicht, weil das ja schon ein „schweres Thema“ sei. Die zuweilen vulgäre Ausdrucksweise in Publikationen und Aktionen von Krüppelbewegung und Irrenoffensive sind ein notwendiges und strategisch klug gewähltes Mittel in diesem Kampf. Sprach-„Kosmetik“ als Metapher verweist auf die hegemoniale Forderung doch bitte „hübsch“ zu sein und zu formulieren; „satt, sauber, still“ – wie es heißt und für die Krüppel_Frau gleich mit doppeltem Vulgaritätsverbot: „reinlich, sittsam und bescheiden“.

2. Dieser verschissene Körper

So wie es auf dem theoretischen Plateau in IV.D diskutiert wurde, ist der Streit zwischen einer ND-politischen Dekonstruktion und einer DE-politischen Dekonstruktion auch in den Betroffenenbewegungen vorhanden.

> „Um der Flut von Diagnosen glaubwürdig zu begegnen, müssen (behinderte) Personen sehr differenziert argumentieren. Denn es macht keinen Sinn, jegliche körperlichen oder seelischen Beschwerden als soziale oder gar historische Konstruktion darzustellen.“ (ebd., 77)

Politisch gewendet eröffnet dies die Frage, wie mit dem eigenen Körper Politik gemacht werden kann. In III.E2 haben wir bereits angedeutet, dass Körperpolitiken ein machtvolles Mittel sein können um Räume non-verbal zu irritieren und jenes ‚Zwischen’ zu markieren, das den dekonstruktiven Raum ausmacht. Sierck bezeichnet die „Beschäftigung mit den Körperidealen“ gar als „wichtigstes Element der Selbstbestimmung“ (ebd., 20). Dabei macht es einen Unterschied, ob eine Behindertenbewegung kapitalismusaffirmativ oder kapitalismuskritisch argumentiert, insbesondere wenn es um die Körperideale der Leistungs- und Arbeitsfähigkeit geht. Sierck plädiert mit anthropologisch universalen Körpererfahrungen um die Verbundenheit aller Menschen zu zeigen:

> „Der eine sinnvolle Perspektive eröffnende Weg weist in die Richtung der Erkenntnis, dass Schmerzen und Leiden wie Freude und Glück in einem Leben vorkommen. Das klingt nahezu banal, wird in Zeiten allgemeiner Leistungsoptimierung in der Regel aber nicht gedacht.“ (ebd.)

Dieses Ablenken von primären leiblichen Erfahrungen, die so natürlich sind, dass sich kein Mensch ihnen entziehen kann, ist einer Leistungsgesellschaft zu eigen, die so narzisstisch ist, dass jede Konfrontation mit Krankheit, Tod und körperlichem Zerfall von ihr durch Entwertung oder Leugnung abgewehrt werden muss. Schließt man sich einer Politik an, die daran arbeiten möchte, dass die Polis das Leiden nicht mehr vor die Stadtmauern verbannt, sondern bedingungslos als menschlich und universal anerkennt, kann man keinen Zugang gebrauchen, der dieses universale Leiden dekonstruieren will, weil er fürchtet, dies reproduziere ein einförmiges Stereotyp von Behinderung. Daher auch die folgende harsche Kritik an den ND-Behindertenbewegungen, die dies tun:

3. Un_wesen_tliche Behinderüngchen

Differenzabblendende ND-Politik läuft Gefahr zu einer Nivellierung und somit Verleugnung von Differenz zu verkommen. Sie sorgt im Extremfall dafür, dass Menschen in diesem Aspekt ihres Daseins übersehen werden:

> „Damit übt der unreflektierte Integrationswille einen enormen Anpassungsdruck aus auf die Werte und Normen der Leistung, des Verhaltens oder des Aussehens. Sich dem zu beugen setzt für behinderte Menschen die Verleugnung von Teilen ihrer Identität voraus." (ebd., 11)

Betrachtet man prominente Behinderte wie etwa Viktoria Modesta, so verkörpern diese das materialisierte Endergebnis eines radikalkonstruktivistischen Modells von Behinderung. Dieser Cyborg_Transhumanismus mit seinen Verkettungen organischer und anorganischer Körperteile ist das stärkste Gegenbild zur Vulnerabiltät des menschlichen Körpers. Behinderung wird darin als sexy, stylish und arbeitsfähig inszeniert. Fraglos ändert dies das öffentliche Bild von Behinderung drastisch; es schließt aber immer an ebenjene Normen sozialer Achtung – Schönheit, Arbeits- und Leistungsfähigkeit, etc. – an und affirmiert diese. Der flexibelnormalistische Behinderungsbegriff passt hervorragend zu den Zeiten des flexiblen Kapitalismus, der in *jedem* Körper das Potential optimierbarer Ausbeute erblickt. Wenn Behinderung, um alle Essentialisierungen bereinigt, als situational und hochgradig interdependent gedacht wird, bedeutet diese Entessentialisierung jedoch mitunter auch etwas zu entreißen, das einen Menschen wesentlich mitbestimmt. Dieser Ansatz vergisst zu fragen, ob eigentlich alle dazugehören und „gleich" sein wollen. Er stellt den Universalismus des Kapitals über den Universalismus menschlicher Verletzlichkeit. Adornitisch argumentiert daher Sierck in seiner Einleitung, wenn er schreibt:

> „Und wie lässt sich Inklusion denken, ohne die Besonderheit des Anderen zum Verschwinden zu bringen? Erinnert sei an Theodor W. Adornos Warnung, dass in der Betonung der Gleichheit der Menschen ein unterschwelliger Totalitätsgedanke mitschwingt, dem nur durch die Akzeptanz der Vielfältigkeit und Verschieden-

> heit zu begegnen sei. Insofern müsste der Inklusionsgedanke akzeptieren, dass Menschen das Gegenteil dieser Idee anstreben: Die Freiheit zum selbst gewählten Ausschluss, zur Exklusion." (ebd., 10)

Dieses Recht auf selbstgewählte Segregation und Exklusion ist der ethische Kern der DE-Politik.

Zusammenfassung der ND-Kritik aus DE-Perspektive

Im Unterschied zur Diskussion um gender und queer theory, stellen wir für den Diskurs um Behinderung zusammenfassend fest, dass sich privilegierte Menschen hier von sich aus die Zunge verknoten und regelrecht nach Euphemismen ringen. Während auf der Ebene von Geschlecht der hegemoniale Diskurs nicht bereit ist, seine Sprache „verschandeln" zu lassen, ist der hegemoniale Diskurs im Bereich Behinderung von akrobatischen Umschreibungen, falschem Mitleid und einer pervertierten Vorstellung von distanziertem „Respekt" übersät. Durch diesen Unterschied kommt es, dass die DE-Behindertenpolitik sich über Sprachkosmetik lustig macht, während gleichzeitig in den Diskursen um gender massiv eingefordert wird, mensch solle sich in sensibler Sprache üben (s. III.DE1). Von den einzelnen Differenzkategorien abstrahierend, lernen wir daraus: „Sensible Sprache" kann nicht nur ein Instrument des Widerstands sein, sondern mit „sensibler Sprache" kann auch die hegemoniale Verschleierung von Macht gelingen. Kurz und sarkastisch zugespitzt: *Es drücken sich immer die Falschen politisch korrekt aus.*

Wenn jede_r Bildungsminister_in den Spruch, dass Menschen nicht behindert *sind*, sondern beHindert *werden*, rückwärts singen kann, dann ist es an der Zeit einzusehen, dass das soziale Modell der Behinderung jede Sprengkraft verloren hat, dass es hegemonialen Status erreicht hat und somit zum Widerstand nicht mehr zu gebrauchen ist. Vielmehr entpuppt es sich als bourgeoise Phantasie eines erlesenen Kreises an medizinisch Wohlversorgten, mindestens Arbeitsfähigen wenn nicht Berufstätigen, die sich die ND-Illusion, alles was ihnen im Weg stünde seien Vorurteile und Schubladendenken, *leisten* können (im doppelten Sinne des Wortes). Im Bereich Behinderung ist diese Position in den Kanon der Parlamentsreden aufgestiegen; Waldschmidt bezeichnet den Behinderungsbegriff der UN-BRK gar als flexibel-normalistisch und dem sozialen Modell entsprechend (Waldschmidt 2003b), womit es als positiv-rechtlich sedimentiert gelten kann. Sofern man die Disability Studies als widerständige Disziplin versteht, heißt das zu sagen, dass das soziale Modell der Behinderung in den Disability Studies nicht mehr verwendet oder stark revidiert werden sollte. Viel angebrachter wäre es zu erforschen, wer auf einmal so alles Behinderung als sozial konstruiert darstellt und mit welcher politischen Motivation dies geschieht. Assimilation und Zwangsintegration auf den Arbeitsmarkt sind zwei davon.

DE-Politik im Themenfeld Behinderung

Der Fokus der Verbindung von Dekonstruktion und Empowerment im politischen Bereich liegt auf der Emanzipation von der hegemonialen Lesart des Selbst. Zu diesem Zweck findet sie in mindestens teilsegregierten Räumen statt, damit das Normale* im metaphorischen oder im ganz konkreten Sinne „vor der Tür bleibt". Am Beispiel von selbstorganisierten Behindertengruppen hieße das folglich, das Bild von Behinderung zu verändern, ihr eine andere Bedeutung als die hegemoniale zuzuweisen, um zu einer selbstbestimmten Haltung gegenüber den Zuschreibungen, Vorurteilen und Stereotypen zu kommen, mit denen das Selbst durch die Normalismen konfrontiert ist.

> „Da das Wort ‚Selbstbestimmung' nicht geschützt ist, gehen viele Organisationen mit diesem Etikett spazieren. Die Selbstbestimmt-Leben-Initiativen besitzen hingegen eindeutige Kriterien:
> Zunächst muss sicher gestellt sein, dass alle Entscheidungskompetenzen in den Händen oder Füßen von Menschen mit Behinderungen liegen.
> Dann soll mindestens drei Viertel der bezahlten oder ehrenamtlichen Tätigkeiten in der Verantwortung behinderter Personen liegen.
> Und schließlich sollen im Sinne des Selbstvertretungsprinzips Versammlungen, Verhandlungen und öffentliche Auftritte ausschließlich von behinderten Frauen und Männern wahrgenommen werden." (Sierck 2013, 24)

Diese drei Grundprinzipien dienen der Absicherung gegen die Kolonisierung durch die Normalen*. Hier werden sie im wörtlichen Sinne für Verhandlungen und Versammlungen vor der Tür gelassen. Wie unter dem Stichpunkt der Empowermenttheorien dargelegt, kommt dem Sprechen in der Öffentlichkeit eine besondere Bedeutung zu. Nicht für sich sprechen zu lassen, sondern selbst zu sprechen, ist Grundlage selbstbestimmter Betroffenenpolitik.

Dennoch bleibt immanente Facette aller DE-Politiken das Subalternitätsproblem (vgl. IV.E4), die Unmöglichkeit des contra-hegemonialen Sprechens aus einer Position, die nicht gehört werden kann, da sie beständig von Vereinnahmung und Instrumentalisierung bedroht ist. So benennt Sierck die Kehrseite der Disability Pride:

> „Dabei ist es unbestritten, dass die Behinderung manchmal von Nachteil ist und Leid bedeuten kann. Nur zugeben konnten behinderte Frauen und Männer dies schwer: Denn ständig lag die Aufforderung in der Luft, doch zuzugeben, dass das Leben mit Behinderung eine trübsinnige Angelegenheit sei. Gleichzeitig hatte die Behindertenbewegung sich vorgenommen, dem gängigen Bild des hilflosen, abhängigen behinderten Menschen einen Gegenentwurf zu präsentieren: Die Krüppel und Krüppelfrauen waren kämpferisch, aktiv, mutig und stolz auf sich selbst. Deshalb war es in der Behindertenbewegung >lange Zeit geradezu verpönt, über die eigenen ‚Leiden', also die Probleme, die Schmerzen etc. [...] zu sprechen, denn das hätte das Bild, das Nichtbehinderte von Behinderten haben, bestätigt.<" (ebd., 75; darin zitiert: Swantje Köbsell 2003)

Wie keine andere Form, sind die DE-Formen immer wieder gezwungen zu reflektieren, was in welchem Raum gesagt werden kann. Das Grundmuster ist dabei das Folgende: Erstens wird versucht, eine contrahegemoniale Gegenrede zu sprechen („Stolz ein Krüppel zu sein!"). Zweitens wird diese nicht gehört, sondern nur die Irritation wahrgenommen („Das geht doch gar nicht. Das kann nicht stimmen."). Drittens wird versucht, diese Irritation loszuwerden, indem das subalterne Subjekt genötigt wird, das Gesagte zurückzunehmen, zu relativieren, in die hegemonialen Ströme zurückzulenken („Gib doch zu, dass behindert Sein echt anstrengend ist!"). Wie Fannie Lou Hamer einst so schön zusammenfasste: „I'm sick and tired of being sick and tired."[32]

Es kommt durch diese Konflikte häufig zu Differenzierungen zwischen *internen* Debatten, die in den segregierten Räumen geführt werden, und *externen* Präsentationen im öffentlichen Raum. Diese Spaltung zwischen Innen- und Außenkommunikation ist direkte Folge der Entkopplung vom normalistischen Element innerhalb des Trilemmas. Die Aufforderung in der Luft, doch „zuzugeben, dass" stellt die Bedrohung des normalistischen Aneignungsakts des subalternen Sprechens dar. Es signalisiert die Instrumentalisierungsgefahr und das selektive Zuhören. Weitere Beispiele für solche Elemente, die in der Öffentlichkeit unsagbar sind, gerade weil die Betreffenden ständig genötigt werden sie „zuzugeben", sind

---

[32] http://www.thedailybeast.com/articles/2014/09/02/remembering-civil-rights-heroine-fannie-lou-hamer-i-m-sick-and-tired-of-being-sick-and-tired.html

- die Nötigung von Trans_Menschen „zuzugeben“, dass eins sich der Transition zum gewählten Geschlecht manchmal nicht ganz sicher ist
- die Nötigung von Lesben „zuzugeben“, dass sie manchmal an Sex mit Männern / einem Phallus denken
- die Nötigung von Muslimas „zuzugeben“, dass ihre Männer sexistisch sind (s. III.ND2)
- die Nötigung von Langzeitarbeitslosen „zuzugeben“, dass sie keine Lust mehr haben, Bewerbungen zu schreiben, etc.

Über diese und viele weitere Themen kann nicht mehr offen gesprochen werden, da die jeweiligen Betroffenen zu häufig auf äußerst unangenehme und indiskrete, distanzlose Weise gezwungen wurden, darüber zu sprechen. „Das ist eine Diskussion unter uns, den gegenwärtigen Sachwaltern des kommunistischen Gespensts, keine Diskussion mit dem Rattenmann[33].“, wie Badiou (2008, 44) es schreibt.

Die Sackgasse besteht also in dem Versuch, sich in einer Welt, die einem nicht zutraut, dass man normal sein könnte, nicht dermaßen normalisieren zu lassen. Verweist man auf die besondere Vulnerabilität der Anderen*-Gruppe läuft man Gefahr, auf diese Defizite reduziert und erneut für unfähig erklärt zu werden. Schrei(b)t man dagegen an und präsentiert sich als genauso fähig, bunt und vielfältig, droht man von einer Welle der Nivellierung von Differenz in seiner Andersheit* plattgedrückt und erschlagen zu werden.

[33] „Rattenmann“ ist a.a.O. Badious Name für den derzeit frisch gewählten Präsidenten Sarkozy. Auch dieses Vergeben von ‚Spitznamen‘ und das Entwickeln eines eigenen Jargons sind typisch für DE-Räume.

III.DE6 – Fazit: Wozu/Wann braucht es fundamental andere* Räume?

Ein letztes Mal müssen wir nun noch die Potentiale und Aporien einer Verbindungslinie skizzieren; dann sind wir fertig und können zum Fazit übergehen.
Das größte Potential der DE-Räume lag darin, Gegenkulturen und Gegenentwürfe ausbilden und erproben zu können. Manche davon verstanden sich dezidiert als Schutzräume/safe spaces und schlossen ganz konkret die jeweiligen nicht-betroffenen Normalen* aus. Bei anderen war dies stärker symbolisch gemeint und sie machten zwar nicht die Tür zu, aber zielten doch darauf, sich von dem Blick der Normalen* loszulösen, um zu einem selbstbestimmteren Selbstbild zu finden.
Die Risiken bestanden dabei vor allem darin, dermaßen an der Grenze der Intelligibilität zu kratzen, dass sich die Exklusion verdoppelt. Dies ist insbesondere dann der Fall, wenn ein segregierter Raum nicht gegründet wird, um sich für den Kampf um Teilhabe (EN) oder den Einzug in eine neue Selbstverständlichkeit ohne Differenzmarkierungen (ND) zu wappnen, sondern wenn er Selbstzweck ist und daher auf Dauer angelegt.
Aufgrund dieser Tatsache haben wir in diesem Abschnitt an mehreren Stellen festgehalten, dass es einen enormen Unterschied macht, ob man die DE-politische Linie freiwillig betritt oder gezwungenermaßen nichts anderes tun kann. Verstehensgrenzen, Grenzen der Demokratie und gewalttätige Grenzfälle kennzeichneten diese Räume. So haben sowohl Menschen mit Behinderung als auch die hier besprochenen ethnischen Minoritäten in der Menschheitsgeschichte immer wieder erfahren müssen, dass ihr Recht auf Leben zur Debatte steht. Es ist also kein Wunder, dass diese geschützten Räume insbesondere dann wichtig werden, wenn Diskriminierung nicht nur alltäglichen Stress oder Probleme beim sozialen Aufstieg bedeutet, sondern tatsächlich eine existentielle Bedrohung darstellt. Werden diese Schutzräume sodann auch noch verlacht oder sogar verfolgt, wiederholt sich demnach eine der brutalsten Exklusionen.

Gleichzeitig gilt jedoch, dass segregierte Räume, die von Menschen betrieben werden, die nicht existentiell bedroht sind (wie zum Beispiel einer hippen Gruppe Berliner Studentinnen...), dazu neigen, sich selbst als marginalisierter zu inszenieren als sie sind. Solche ‚Schutzräume' sind tatsächlich zum Schmunzeln, denn die Arbeit an der eigenen Identität, die in diesen stattfindet, hat sehr offensichtlich nichts mit dem mühsamen Restaurieren einer zerstörten und verfolgten Identität zu tun, sondern lässt sich wohl am treffendsten mit dem Begriff ‚Pubertät' beschreiben.

Pubertieren ist auch Identitätsarbeit; sie ist auch anstrengend, ja. Aber sie lebt davon, *selbstgewählte* Wege der Abgrenzung von einer als langweilig und einengend erlebten Normalität* zu gehen. Das ist etwas fundamental anderes als die Traumabewältigung tatsächlich verfolgter und stigmatisierter Minderheiten, die in diesen Räumen stattfinden kann.
Am Beispiel der Aboriginals wurde gezeigt, dass der Umgang mit dergestalt segregierten Anderen*-Gruppen ein Prüfstein der Demokratie ist. Hier entscheidet sich, ob man den Anderen* sein lassen kann, ohne ihn auszurotten oder ihn der Zwangsassimilation zu unterwerfen. Daher wurde auf dieser Linie im Vergleich zu den anderen beiden sehr viel über Ethik gesprochen.
Dies ist einerseits der Fall, da diese Ethik das ist, was bleibt, wenn man sich zurückzieht. Andererseits sind dergestalt segregierte Gruppen häufig von rohester Gewalt und Verfolgung betroffen. Es ist also kein Zufall, dass das Sprechen über Körper auf dieser Linie vor allem ein Sprechen über Vulnerabilität bedeutet. Überall außer in der Behindertenbewegung, für die der Begriff ‚Therapie' anderweitig verbrannt ist, wurde sich daher eines Vokabulars aus der Traumatherapie bedient: es geht um Heilung des gespaltenen Selbstbildes, um Versöhnung und Frieden mit sich selbst, um Erfahrungen der Selbstwirksamkeit und der Verbundenheit.

Daher musste zuletzt die Aporie festgehalten werden, dass dieses wahre Selbst, das versöhnt und nicht gespalten, sondern ‚heil' ist, eine Illusion bleibt. Und vor allem gilt es, den jeweiligen normalisierten Subjekten zu kommunizieren: „Es wird nie wieder alles gut." (Czollek 2017, 123). Man darf sich den Heilungsversuch, der sowieso zum Scheitern verurteilt ist, nicht auch noch dadurch enteignen lassen, dass Nicht-Betroffene auf ihn warten oder ihn einfordern. Sierck wetterte darüber, wie man aus Selbstbestimmung und Selbstorganisation von behinderten Menschen so eine Farce machen konnte; und auch bei dem dekolonialen Versuch, ein imaginiertes prä-koloniales Schwarzsein* wieder zu beleben oder bei dem Versuch, Weiblichkeit* neu und selbstbestimmt zu erfinden, sahen wir jedes hoffnungsvolle Wünschen gegen die Wand fahren.

Wenn die hier skizzierten Gegenentwürfe und anderen* Bilder sich in keiner Form mit dem Normalisierungspol des Trilemmas verbinden (und das bedeutet stets: lesbar werden, Einzug in die Hegemonie, Kanonisierung, Anschluss an Institutionen, Kapitalbündelung und dadurch Domestikation der kritischen Spitze), laufen sie ins Leere und sind nicht mehr als therapeutische Phantasien. Mögen sie uns noch weiter selbstbestimmt bei Laune halten.

Fazit: Erschlagen von Sackgassen... bis auf dass es Ereignisse gibt

Einleitend führten wir den Begriff ‚Solidarnosc' als Konzeptmetapher für eine unterdrückte Gruppe ein, die sich organisiert, um sich von ihren vermeintlichen Befreiern zu befreien. Aufgrund der trilemmatischen Situation lässt sich nun resümieren, dass es für jede Linie der Diskriminierungskritik eine solche Solidarnosc-Gruppe gibt, nämlich jene, die sich am Punkt des ausgeschlossenen Dritten – des Gegenspielers im Trilemma – bewegt. In einer anderen Phrasierung könnte man zusammenfassen: Es gibt Widerstand gegen jedes Konzept von Widerstand gegen Diskriminierung. Die sich wiederholenden Grundformen dieses *Widerstands gegen den Widerstand* zeigen folgendes Muster:

Tab. 3: Widerstand gegen den Widerstand

	Artikulation des Widerstands	Artikulation des Widerstands gegen den Widerstand
EN → non-D	‚Wir Anderen* fordern unser Recht auf Teilhabe.'	‚Ich will weder am Geforderten teilhaben noch verstehe ich mich als Teil dieser Anderen*-Gruppe. Ich halte dieses Wir* für einen illegitimen Essentialismus.'
ND → non-E	‚Ich fordere allgemeine Rechte, die allen gelten und die sich individuell wahrnehmen und ausgestalten lassen.'	‚Ich glaube, wir kommen als Individuen zu nichts. Wir müssten *als* Kollektiv eine Forderung erheben, *als* unterdrückte Klasse, *als* Betroffenengruppe. In der Rhetorik des Allgemeinen gehen wir unter und werden als strukturell benachteiligte Gruppe übersehen.'
DE → non-N	‚Wir sind anders* - und das ist auch gut so. Wir begehren nicht, normal* zu werden und leben unsere Gegenentwürfe.'	‚Ich glaube, diese Segregation führt zu nichts. Ich will kein Leben in einer Subkultur führen, die sich selbst limitiert und um sich selbst dreht.'

Daher das Gefühl, dass sich die Debatten in einer endlosen Wiederholung von Widerstandsartikulationen und deren Scheitern im Kreis drehen. (EN) Versuch, in der parlamentarischen Politik die andere* Stimme zu erheben. Läuft nicht. (ND) Versuch, als Büger_in allgemeine Rechte einzufordern. Läuft nicht. (DE) Anti-parlamentarischer Widerstand in selbstorganisierten Gruppen. Läuft nicht. Zurück auf Anfang. (EN) Balance aus Differenz- und Gleichheitsfeminismus: Wir machen Frauenpolitik im Kampf um Gleichstellung bei der Teilhabe an allen Lebensbereichen. Oder doch (ND) Kritik der heteronormativen Matrix – nicht mehr *als* Frau* sprechen, sondern als gegenderter Mensch? Oder doch (DE) schauen, wie weit man in queeren Subkulturen dabei kommt, Geschlecht neu zu denken? Zurück auf Anfang. (EN) Schwarze Identitätspolitik; sich auf Multi-Kulti-Partys instrumentalisieren lassen. Schnauze voll davon. (ND) Einen auf bunte Vielfalt machen und alle so ‚Yeah! Diversity!'. Nicht ernsthaft. (DE) People of Color-Plüschgruppen zum Empowerment und ich fühle mich nur noch schwächer. Zurück auf Anfang. Raus aus der Segregation, vor an die Front: (EN) Für eine Behindertenpolitik, die sich einmischt. Rolle rückwärts: (ND) Gegen die Zuschreibung der Behindertenrolle – Ich bin doch ein Bürger! Ich *werde* nur be_hindert; oder doch (DE) ich *bin* behindert. Und das ist ok. Ich kann nicht mehr. Ich bin müde. Von vorne anfangen.

ABER – juchhu! – zum Abschied gibt es noch einen Plottwist. In der französischsprachigen Philosophie nennen wir diesen ‚Ereignis'. Ein Ereignis ist per definitionem die Ausnahme. Einig ist sich diese Garde französischer Jungs darüber, dass das Ereignishafte als eine unmögliche Möglichkeit zu bestimmen ist (Derrida 2003): es setzt einen Bruch mit den ontologischen Regeln voraus (genauer in IV.E1; dann aber mit Badiou, nicht mit Derrida). In unserem Fall heißt das:

Gerade weil es nicht möglich ist, dieses Trilemma aufzulösen, sind politische Ereignisse als Einbrüche der Inklusion möglich. In diesem Fazit zur trilemmatischen Inklusionspolitik soll daher ein solches Ereignis dargestellt werden, das den Sinn alles bisher Gesagten in Frage stellt und allen genannten politischen Organisationen vorführt, dass das Aussetzen des Trilemmatischen statthaben kann – wenn auch unvorhersehbar und nicht erzwingbar und zu dem Preis, nicht mehr in die verstehbaren Raster einziehbar zu sein. Als Beispiel wählen wir folgendes Szenario, das später auch von Butler und Spivak (2011) rege diskutiert wurde, die beide ihre Verstehensgrenze gegenüber dem Geschehenen offen legen:

> Fallvignette: *Eine Masse an illegalisierten Hispanics tat sich in den USA zusammen, um öffentlich auf ihre Lage und ihr Recht auf Zugehörigkeit hinzuweisen, indem sie die US-amerikanische Nationalhymne auf Spanisch sangen.*

Prüfen wir die Szene zunächst schrittweise auf die enthaltenen Elemente:

Empowerment – Es handelt sich definitiv um eine Situation der Selbstermächtigung: hier treten Menschen, die sonst nicht gehört werden, im öffentlichen Raum zusammen, um pluralisch ihre Stimme zu erheben. Da sie illegalisiert sind, ist dieses öffentliche Sprechen für sie hochgefährlich: schließlich könnten sie jederzeit inhaftiert und abgeschoben werden. Sie schließen sich zusammen zu einem Kollektiv, um sich solidarisch als Masse, als vereinigter Körper, gegen diese Gefahr zu schützen. Die Szene enthält demnach alle Facetten von Empowerment – die Kollektivierung und die Entindividualisierung (niemand in dieser Masse hat ein Gesicht, in den Berichten wird niemals ein Name genannt; dies muss aus besagten Gründen der drohenden Verfolgung auch so sein, etc.); das Erheben der Anderen* Stimme (Vereinigung zu einem Chor) und das Sichtbarwerden im öffentlichen Raum (sich in die Präsenz rufen; es handelt sich um eine klassische Straßenparade).

Normalisierung – Was hier normalistisch affirmiert wird, ist das Prinzip der Nationalstaatlichkeit. Die Forderung bezieht sich schließlich auf einen legalen Aufenthaltstitel, wenn nicht sogar eine Einbürgerung. Beides impliziert eine Anerkennung der Grenzregime und eine Unterwerfung unter das herrschende Recht. Demnach handelt es sich gerade nicht um eine Kritik am Nationalismus, sondern um ein affirmatives Einfordern des Rechts auf Inklusion in die Nation.

Dekonstruktion – In derselben Szene steckt aber auch ein Moment des Künstlerischen. Die Nationalhymne auf Spanisch zu singen bricht ebenjene nationalistischen Zeichen gleichzeitig wieder auf. In der Szene wird die Frage legitimer Zugehörigkeit auf musikalische Weise inszeniert. Das dekonstruktive Moment pendelt zwischen kollektiviertem Singen – ein Chor tritt auf, der eine nicht-normale* Gemeinschaft konstituiert – und individualisierendem Singen – eine Hymne wird einem Kollektiv entrissen und gemäß der eigenen, der Gegen-Geschichte der Singenden *umgedichtet*.

Rekonstruiert man die Schlachtrufe in diesem Gesang, treten somit auch sämtliche Verbindungslinien des Trilemmas auf:

EN – ‚Wir Illegalisierte fordern unser Recht auf Zugehörigkeit zu dieser Nation!'. Diese Forderung entspringt einem kollektivierten, essentiellen Revolutionskörper und affirmiert das Prinzip der Nationalstaatlichkeit.

ND – ‚Lasst diese Nation vielstimmig werden!'. Die weiße, anglophone Suprematie dieser affirmierten Nation wird dekonstruiert zu der Vorstellung eines ‚Neuen polyphonen Patriotismus' (flexibel- bis transnormalistische Taktiken), ähnlich wie oben in dem Kapitel zu den ‚Neuen Deutschen' (III.ND1).

DE – ‚Wir Hispanics grenzen uns ab von anglophoner Monokultur!'. Im selben Moment ist es aber durch die dekonstruktive Oszillation auch möglich, den Gesang als Entwurf einer eigenen Hymne – gar einer Gegenhymne – wahrzunehmen. Hier geht es um eine Verteidigung einer subkulturellen Eigenheit, welche die Normalisierung verweigert.

Inwiefern macht dieses Ereignis also etwas Unmögliches möglich? Es lässt drei Unmöglichkeiten aussetzen, die da lauten:

EN – Wie ist es möglich, für eine Staatsbürgerschaft oder einen Aufenthaltstitel zu kämpfen ohne den Nationalismus zu affirmieren? Es ist unmöglich. Wenn sich das Begehren auf Zugehörigkeit zu einer Nation richtet, ist dies ein Begehren der Affirmation und Unterwerfung unter nationalistische Prinzipien.

ND – Wie ist es möglich, dieses Land zu lieben, das mich hasst und verfolgt? Wie kann ich hier als Bürgerin sprechen ohne mich selbst dabei zu verlieren? Es ist unmöglich. Wenn ich als entnannte/nicht-rassifizierte Bürgerin singen will, muss ich dies auf Englisch tun, wodurch ich die Teilhabe an dem kollektivierten hispanophonen Chor, dem ich angehöre, verliere. Wenn ich die andere* Stimme erhebe hingegen, verliere ich die Chance auf Entrassifizierung.

DE – Wie ist es möglich, dass wir uns als Andere* selbstbestimmt gegen Normalisierung wehren, ohne den Ausschluss aus dieser Normalität* zu wiederholen und zu verfestigen? Es ist unmöglich. Wenn wir eine eigene (Sub-)Kultur entwerfen, unsere eigenen Lieder singen und Feste feiern, dann legitimieren wir unsere Veranderung.

Diese drei Unmöglichkeiten waren es, die das Trilemma konstituierten. In allen Kapiteln und in allen Beispielen haben wir gesehen, wie die verschiedensten Gruppen das Unmögliche als Inklusion einforderten: Menschen, die Betroffenenpolitik machen, waren es müde, ständig als Betroffene adressiert zu werden (EN wünscht sich D). Menschen, die an Dekategorisierung und Individualisierung arbeiteten, fühlten sich verlassen und außer Stande gesetzt, Machtverhältnisse zu adressieren und über ihr überindividuelles Leid zu sprechen (ND wünscht E). Menschen, die sich freiwillig segregieren und gegen die Hegemonie der Normalen* arbeiten, beschwerten sich, von dieser überhört und nicht wahrgenommen zu werden (DE wünscht sich N). Diese Unmöglichkeiten, die im logischen Ausschluss des jeweiligen dritten Satzes unter den gegebenen ontologischen Regeln bestehen, sind es, die das Durchbrechen des Trilemmas zum Ereignis machen. Inwiefern ist dies in obiger Szene nun geschehen?

Über dieses Ereignis ist es nicht möglich, in den gängigen Begriffen einen widerspruchsfreien Satz zu bauen: es affirmiert den Nationalismus und negiert ihn zugleich. Der Kollektivkörper segregiert sich sprachlich von der anglophonen Hegemonie, fordert aber auch die Desegregation durch Aufnahme in ebenjene anglophone Nation. Es inszeniert zugleich ein Bild von bunter, polyglotter Vielfalt und tritt als entindividualisierter, kollektivierter Körper auf, in dem es keine Gesichter gibt. Sie sind ein Aufmarsch und eine Party; eine Demonstration und ein Familienfest; sie haben eine monothematische Agenda (single issue politics) und sind so viel facettenreicher als so manches intersektionale Schwadronieren.

Um aber zu einem sagbaren und verstehbaren politischen Ereignis werden zu können, dem die Treue gehalten werden kann, muss es so zerlegt und verbalisiert werden, dass es wiederum in die trilemmatische Lage Einkehr hält. In diesem Sinne ist jede politische Allianz ein Ereignis. Sie formiert sich nur für einen Augenblick und ist alsbald wieder zerfallen.

Eine starke Front durch lose Verbindungen

Versucht man sie festzuhalten, fällt die Dissonanz des Begehrens auf und alles zerfällt über einer Formulierung des dritten Stichpunkts auf dem vierten Flyer links unten. Von vorne anfangen. Wir müssen weiterstreiten. Denn jeder hier verzeichnete Einwand ist berechtigt, aber – und das ist die ganze Pointe – das ist er *nicht immer*. Es gibt diese Momente, in denen ereignishaft die Artikulation eines Begehrens gelingt. Als hätte man die Dissonanz kurz überhört; und aus der Kakophonie menschlichen Begehrens werden Symphonien eines konzertierten Interesses. Nur für einen Augenblick. Bis wir von vorne anfangen.

Literaturverzeichnis

Das Literaturverzeichnis, das gleichzeitig den Quellenkorpus der schizoanalytischen Diskurssynthese darstellt, findet sich zusammen mit dem Methodenteil unter der URL:

https://www.edition-assemblage.de/buecher/trilemma-methodenteil

Band I – Methodenteil

Band II – Subjekte der Inklusion

Band III – Politiken der Inklusion

Band IV – Theorien der Inklusion

IV.E – Ermächtigende schulische Inklusionspädagogik

Zwischenfrage: Hat der Anspruch des Empowerments nicht auch forschungsmethodische Implikationen?

Zwischenfrage: „Ich will aber nicht mit dem Inklusionsbegriff arbeiten oder mit ihm in Verbindung gebracht werden!"

Zwischenfrage: Was soll ‚Inklusive Diagnostik' sein?

IV.N - Normalisierende schulische Inklusionspädagogik

Zwischenfrage: Wer spricht (nicht) von ‚Sonder-Konventionen', wenn es doch allgemeine Menschenrechte sind?

Alisa Tretau (Hg.)
Nicht nur Mütter waren schwanger
Unerhörte Perspektiven auf die vermeintlich natürlichste Sache der Welt

176 Seiten | 14,00€ | 978-3-96042-041-5

Nicht nur Mütter waren schwanger vereint marginalisierte Erfahrungen mit Kinderwunsch, Schwangerschaft und Eltern-sein.

kollektiv sternchen & steine
Begegnungen auf der Trans*fläche

128 Seiten | 9,80€ | 978-3-942885-12-6

Kurzgeschichten und Illustrationen reflektieren Momente des transnormalen Alltags

Sina Holst und Johanna Montanari (Hg.)
Wege zum Nein
Emanzipative Sexualitäten und queer-feministische Visionen

256 Seiten | 14,00€ | 978-3-96042-015-6

Beiträge für eine radikale Debatte nach der Sexualstrafrechtsreform in Deutschland 2016

www.edition-assemblage.de